HISTOIRE
DE
DOUZE ANS

(1857-1869)

NOTES ET SOUVENIRS

PAR

ALFRED DARIMON

ANCIEN DÉPUTÉ DE LA SEINE

PARIS

E. DENTU, LIBRAIRE-ÉDITEUR

PALAIS-ROYAL, 15-17-19, GALERIE D'ORLÉANS

—

1883

Tous droits réservés.

HISTOIRE
DE
DOUZE ANS
(1857-1869)

PARIS — IMPRIMERIE CHAIX, SUCCURSALE DE SAINT-OUEN, 86, RUE DES ROSIERS

PRÉFACE

Je n'ai pas eu la prétention d'écrire une histoire ni même de rédiger des Mémoires pour servir à l'histoire de mon temps. J'ai eu occasion, pendant douze années que j'ai eu l'honneur de représenter Paris au Corps législatif sous le second Empire, de me frotter à beaucoup d'hommes et à beaucoup de choses. Ayant beaucoup vu, j'ai beaucoup retenu. L'idée m'est venue d'enchâsser dans une suite de récits les notes et les souvenirs que j'avais recueillis. Il en est résulté ce livre qui révèle au public un ensemble de faits dont les uns étaient inconnus de lui, et dont les autres ne lui sont apparus que d'une façon confuse.

On me reprochera peut-être de m'être appesanti sur une foule de détails. Je ferai remarquer que ce sont les détails qui composent les gros événements et qui les rendent intelligibles. Je crois par là avoir jeté un peu plus de lumière sur les motifs qui ont dicté certains actes et sur les raisons qui ont déterminé certains changements dans la politique générale.

Un lien rattache ces récits les uns aux autres. Le lecteur l'apercevra tout de suite. La transformation de la Constitution quasi-absolutiste de 1852 en une Constitution libérale n'a point été, comme on a longtemps essayé de le faire croire, l'œuvre personnelle de Napoléon III. Dans les diverses étapes qu'il a traversées pour arriver au plébiscite du 8 mai 1870, l'Empereur a obéi le plus souvent aux suggestions de ses conseillers ou de coopérateurs étrangers. Mais il a cédé surtout et le plus souvent à la force des choses, à cette nécessité invincible qui résulte du mouvement et de la pression de l'opinion publique.

Cela ne diminue en rien le mérite du souverain qui a su, quand les circonstances l'exigeaient, faire abandon de l'immense pouvoir dont le peuple l'avait investi. Napoléon III est peut-être, au dix-neuvième siècle, le seul chef d'État qui ait marché d'un pas déterminé et constant dans la voie des concessions libérales. Il a hésité parfois; mais quand il avait posé les bases d'une réforme, il allait en avant sans arrière-pensée et sans faiblesse.

Les réformes sont-elles toujours venues en temps opportun? Les hommes d'État chargés de les réaliser ont-ils toujours été à la hauteur de leur tâche?

Ce sont là des questions que je n'avais pas à résoudre.

Il est certain que le décret du 24 novembre 1860, arrivant après les hésitations de l'expédition d'Italie, et que la lettre du 19 janvier 1867, paraissant au lendemain des défaillances de la guerre de 1866 et des humiliations du Mexique, fournissaient aux adversaires de l'Empire les moyens de prendre contre lui une revanche éclatante.

D'un autre côté, Napoléon III n'a pas toujours attaché aux questions de personnes une importance suffisante. Il ne s'est pas rendu compte, sinon au dernier moment, qu'à chaque changement dans le gouvernement devait coïncider un changement dans le personnel gouvernemental. Il s'attachait à ses ministres; il subissait leur joug; et il ne pouvait se résoudre à les abandonner, même quand le salut de l'État l'exigeait.

Les gauches n'ont pas fait leur devoir. Les Cinq avaient réussi pendant six années à les maintenir sur le terrain solide de l'opposition légale et constitutionnelle. Mais après les élections de 1863, les gauches n'avaient pas tardé à verser dans l'opposition systématique; aux élections de 1869, elles avaient tendu les mains aux irréconciliables. Au lieu d'encourager l'Empire à se réconcilier avec la liberté, elles caressaient ouvertement l'espérance de le renverser.

Quant au tiers-parti, composé d'hommes imbus de préjugés parlementaires, il poursuivait un seul but; il voulait faire prendre à Napoléon III la suite des affaires de Louis-Philippe.

Il y avait là plus d'éléments qu'il n'en fallait pour faire échouer l'Empire libéral. Ceux qui ont essayé de faire réussir cette difficile entreprise doivent-ils s'en repentir aujourd'hui? Je ne le crois pas. Les efforts faits pour établir la liberté sont toujours honorables.

Résolu à me renfermer dans les faits, je n'ai pas voulu mettre de conclusion à ce livre. Mais si l'on en veut une absolument, il est facile de la dégager de tous les événements que je me suis efforcé de décrire.

Cette conclusion, c'est que, dans la Constitution la plus autocratique, si l'on remet à une assemblée le droit de voter les lois et l'impôt, il est impossible qu'à la longue, cette assemblée, quelle que soit son origine et quel que soit le mode employé pour la recruter, ne devienne pas le pouvoir prépondérant.

Ou il ne faut pas d'assemblée, ce qu'aucune nation, et la nation française moins qu'une autre, n'est disposée à admettre;

en présence des exigences de la société moderne, ou il faut faire tout de suite à l'assemblée qui détient le pouvoir législatif la part la plus large ; car ce qu'on lui refuserait, on serait bientôt forcé de le lui concéder, et ce qu'on chercherait à lui marchander, elle le prendrait bientôt d'elle-même.

En un mot, si l'on veut échapper aux concessions, il faut se résigner à une bonne Constitution.

A. D.

HISTOIRE DE DOUZE ANS

(1857-1869)

I

L'ÉLECTION DES CINQ

La question du serment a tenu une grande place dans les élections générales de 1857 et dans les élections partielles de 1858, qui ont amené la formation du petit groupe des Cinq. En me rangeant du côté des *sermentistes*, il me sera facile de prouver que je ne faisais que rester conséquent avec moi-même et que j'étais fidèle aux doctrines que j'entendais professer autour de moi.

M. Émile Ollivier a consacré à la théorie du serment tout un chapitre de son livre : *Le 19 Janvier*. Appartenant à un parti qui n'admet pas le serment politique, parce qu'il le considère, suivant le mot de M. Thiers, comme « une vexation du vainqueur imposant le parjure au vaincu », M. Émile Ollivier avait à se justifier vis-à-vis de ses anciens amis d'un acte qu'ils considéraient comme un oubli des principes. Il l'a fait, à mon sens, d'une façon victorieuse; il n'y a pas une ligne à retrancher de ce beau chapitre. Je n'ai pas à m'inscrire en faux contre une seule des considérations que M. Émile Ollivier fait valoir. J'étais autrement à l'aise sur cette question si controversée. Dès 1848, je m'étais séparé du parti républicain à propos du serment.

Un décret du gouvernement provisoire, contresigné *Crémieux*, avait aboli le serment politique. Par dérogation à ce décret, l'article 48 de la Constitution du 4 novembre imposait l'obligation du serment au Président de la République. Cette disposition n'était pas du goût des députés de la Montagne ; ils auraient voulu qu'on restât dans la logique et qu'on effaçât complètement le serment de la Constitution républicaine. Je ne partageais pas cet avis et voici ce que j'écrivais dans *le Peuple*, numéro du 15 octobre 1848 :

« Nous ne comprenons pas, nous l'avouons, chez des amis de la République, cette horreur du serment.

» Le serment est ce qu'il y a d'universel dans la religion ; à ce titre, le serment est le premier dogme de la religion naturelle ; c'est la religion de l'humanité même.

» Le serment, considéré dans son essence, n'est que la formule solennelle et mystique de la foi jurée. C'est le serment qui fait le mariage, et qui constitue le lien, l'obligation de tous les contrats. Dans toute promesse, le serment est nécessairement exprimé ou sous-entendu. Abolir le serment, c'est donc supprimer l'obligation morale. C'est dire aux débiteurs : vous contractez des dettes, mais vous ne promettez pas de les payer ; aux époux : vous vous appartenez l'un à l'autre, mais vous ne vous engagez point ; aux citoyens : vous devez fidélité à la patrie, mais sans promesse de votre part.

» M. Crémieux a trouvé cela, et nous avons des républicains qui l'admettent ! »

Cet article souleva d'ardentes colères dont on retrouverait les traces dans les journaux montagnards du temps. C'était là cependant la pure expression du droit; mais l'école jacobine n'a jamais rien compris au droit; la raison d'État est son seul guide. Mon article venait déjouer certains calculs et peut-être troubler certaines consciences. Aussi causa-t-il un véritable scandale.

Au mois de juillet 1852, Proudhon publia son livre : *la Révolution sociale démontrée par le coup d'État*. Il fut amené naturellement, par la nature du sujet, à s'expliquer sur la prestation du serment imposé aux sénateurs, aux députés et aux fonctionnaires de tout ordre par la Constitution ; il le fit en termes qui ne laissaient de place à aucune équivoque. Si je me permets de rapprocher l'admirable page de ce livre des humbles lignes écrites par moi en 1848, c'est uniquement pour constater l'identité des doctrines :

« Que dirai-je du serment ? une inconséquence de plus.

» Les partisans de la légitimité, sur l'avis du comte de Chambord, refusent de le prêter; ils ont raison; ils font en cela preuve de sagacité; dans les idées royalistes, le serment est un acte de vasselage qui lie d'un lien unilatéral et personnel celui qui prête le serment à celui qui le reçoit. Mais j'avoue que je ne saurais admettre cette délicatesse chez un républicain, et les raisons de MM. Cavaignac et Carnot ne m'ont point convaincu. Le serment, pour un républicain, n'est qu'une simple reconnaissance de la souveraineté du peuple en la personne du chef de l'État, par conséquent un contrat synallagmatique, qui oblige également et réciproquement les parties. Le royaliste jure sur l'Evangile, le républicain sur la Révolution : ce qui est fort différent. C'est ainsi que prêtèrent serment à Louis-Philippe, Garnier-Pagès, Lamartine, Ledru-Rollin. Louis-Napoléon l'entendrait-il autrement ? Ce qui est certain, c'est qu'il ne l'oserait dire. J'estime donc que les représentants républicains, après avoir, sous le régime du 2 décembre, participé aux élections, devaient participer aussi aux travaux du Corps législatif et conditionner leur serment par leur opposition. Il n'y avait là ni parjure ni restriction mentale; c'était s'accorder avec soi-même et affirmer la République. Mais la subjectivité nous aveugle tous : dans nos opinions, nous ne voyons que des hommes; dans nos contradicteurs, que des hommes; dans les événements qui nous pressent, que des hommes; et toujours des hommes. Louis-Napoléon, Henri V et le comte de Paris ne sont pas les seuls qui règnent sur la France. Quant à la République, à la patrie, au pays, termes honnêtes sous lesquels chaque chef de parti déguise son autorité, chaque parti sa servilité. »

Depuis, Proudhon est revenu sur cette déclaration si nette et si précise; il a prétendu que c'était là une opinion du moment empruntant toute sa valeur aux circonstances. Il se trompait sur ses propres intentions, quand il voulait déchirer cette page d'un livre qu'on ne relit pas assez aujourd'hui. Proudhon, il l'avait sans doute oublié en 1857 et en 1863, a failli devenir en 1852 député au Corps législatif, et cela, tout à fait dans les mêmes conditions que nous, cinq ans plus tard. Le fait est peu connu; il a passé inaperçu au milieu des événements qui ont marqué la fin de l'année 1852; on me permettra donc d'entrer, à ce sujet, dans quelques détails.

MM. Carnot et Cavaignac, nommés députés par les électeurs de Paris, avaient été déclarés démissionnaires pour refus de serment. Il s'agissait de les remplacer. Le parti républicain semblait vouloir suivre la même tactique qu'aux précédentes élections : on devait substituer aux noms de Carnot et de Cavaignac les noms d'autres hommes de 1848; ceux-ci, s'ils étaient élus refuseraient, à leur tour, le serment; on continuerait ainsi jusqu'à ce qu'on eût épuisé la liste des personnages marquants de la Révolution du 24 février. Par une protestation incessante contre le coup d'État du 2 décembre, on espérait réveiller les esprits et ameuter l'opinion contre le gouvernement de Louis-Napoléon. L'un des candidats proposés était M. Goudchaux, ancien ministre du gouvernement provisoire de 1848. Cette candidature avait un caractère d'autant plus manifestement hostile à l'Élysée que M. Goudchaux avait été choisi pour être le banquier des proscrits du 2 décembre ; c'était entre ses mains que se concentraient toutes les sommes qui étaient envoyées à ces malheureux à titre de secours.

A ce moment, Proudhon qui venait de sortir de Sainte-Pélagie, à l'expiration des trois années de prison auxquelles il avait été condamné en 1849, était parti pour la Franche-Comté et pour le Lyonnais. Je reçus un matin la visite de notre ami Beslay. Il venait m'apprendre qu'il s'entendait avec plusieurs personnes, parmi lesquelles se trouvaient MM. Furet et Briosne, anciens compagnons de captivité de Proudhon, pour préparer à celui-ci une candidature à Paris. Proudhon, suivant Beslay, devait être très fortement appuyé par le journal *la Presse*, et il n'était pas impossible que M. de Girardin se mît, lui aussi, sur les rangs. On adopterait la ligne de conduite qui avait été tracée dans le livre : *La Révolution sociale démontrée par le coup d'État du 2 décembre* ; on romprait avec le parti jacobin ; Proudhon, s'il était nommé, prêterait le serment ; il profiterait de son mandat pour commencer, vis-à-vis de l'Élysée, une politique de mise en demeure en faveur des aspirations du Prolétariat.

Bien que cette tactique me parût en parfaite conformité avec la politique que nous avions constamment suivie, je n'accueillis les ouvertures de Beslay qu'avec une certaine défiance. Beslay, bien qu'il ait été étrangement mêlé aux choses de la Commune, était au fond un brave homme ; il a toujours été animé d'excellentes intentions, mais la manie qui le possédait de vouloir jouer un rôle l'a livré toute sa vie aux intrigants. M. Furet n'a jamais été qu'un aventurier politique ; en ce moment il était l'homme de M. de Girardin ; il s'était attaché à sa fortune politique, depuis que *la Presse* avait révélé les ignobles traitements qu'on lui avait fait subir en prison. Je connaissais peu M. Briosne qui n'avait pas encore la notoriété qu'il s'est faite en 1868 par ses discours dans les réunions publiques ; mais je savais qu'il était mis en suspicion par ses camarades, qui l'accusaient, peut-être à tort, de se montrer peu scrupuleux sur les moyens d'arriver à ses fins.

Dans ces projets, je ne voyais qu'une chose qui me parût claire, c'est que M. de Girardin brûlait d'envie de redevenir député, et que, pour étayer sa candidature, il cherchait un appui dans le parti socialiste. Proudhon semblait avoir rompu pour toujours avec les républicains formalistes ; ses idées mettaient à l'aise la conscience de M. de Girardin qui attachait peu d'importance à la forme du gouvernement. De là sans doute les avances qu'il faisait faire à Proudhon et l'offre qu'il lui adressait de le soutenir dans la *Presse*, s'il acceptait une candidature.

C'était à M. Goudchaux que ces messieurs se proposaient d'opposer Proudhon. Cette combinaison accentuait plus fortement le sens de la manifestation projetée. M. Goudchaux avait toujours professé pour les doctrines socialistes le plus grand éloignement. Quoi de plus rationnel que de lui susciter pour adversaire une des personnalités les plus brillantes du parti socialiste!

M. Furet écrivit à Proudhon ; je lui écrivis de mon côté, et je reçus à la date du 13 septembre 1852, la réponse suivante :

« J'ai répondu à Furet, et, afin qu'il pût répondre pertinemment à qui de droit de mes intentions, je lui ai écrit que la question d'opportunité mise à part (c'est aux électeurs qu'il appartient d'en juger) j'accepterais la candidature aux conditions suivantes :

» 1° Que mon nom ne serait point pris pour protester contre celui de Goudchaux ou tout autre, et mettre la division dans le parti républicain, et comme je persiste après tout dans mes idées de ralliement, que j'aimerais mieux m'effacer que de mécontenter la classe moyenne;

» 2° Que ma candidature aurait pour signification la pensée développée dans mon dernier livre;

» 3° Que j'entendais rester *libre* sur la question de serment.

» Hors de là, néant.

» Je vous suppose assez de pénétration pour voir que, dans ces termes, l'affaire est excellente, de même que vous avez parfaitement jugé que, prise pour machine de guerre contre l'Élysée, ma candidature était un péril et un non-sens. »

Ce n'était pas très net; Proudhon, visiblement tiraillé entre des influences contraires, évitait de s'expliquer. On retrouve des traces de la lutte qui avait lieu autour de lui dans le 5° volume de sa correspondance. Il est bien difficile, même après avoir lu les lettres qu'il adressait à M. Furet et à Beslay, de dire qu'il eût accepté la candidature dans les termes où elle lui avait été proposée par ces messieurs. Plus on le pressait, plus il semblait hésiter;

n'osant pas refuser, il mettait à son acceptation des conditions qu'il croyait devoir rendre sa candidature impossible. Mais le point sur lequel il insistait le plus, c'était sur le serment :

« Je n'entends point, écrivait-il de Lyon à M. Furet, désapprouver les citoyens qui ont refusé ou refuseront le serment à Louis-Napoléon. Quiconque obéit à sa conscience me paraît souverainement estimable, même lorsqu'il se trompe. Mais pour ce qui me concerne, je persiste à dire qu'autre chose est le serment féodal qu'on prêtait aux anciens rois, et autre chose le serment civique institué par la première révolution. Toute la société moderne peut se ramener à cette dernière espèce de serment... »

La perspective de voir Proudhon devenir ce que plus tard il a appelé un *démocrate assermenté* effrayait beaucoup nos amis. On était trop près du coup d'État pour que l'ébranlement moral causé par les événements du 2 décembre permît de les juger avec calme. Même parmi les hommes de son entourage, le livre que Proudhon venait de publier sur le coup d'État n'avait été accueilli qu'avec réserve. On ne lui avait pardonné sa semi-adhésion aux faits accomplis que parce qu'on y avait vu un moyen détourné de faire accepter le programme de la Révolution sociale. Aussi, tandis que MM. Beslay et Furet redoublaient leurs instances pour obtenir de Proudhon une acceptation définitive, d'autres amis s'efforçaient de lui arracher un refus. Placé loin du théâtre de la lutte, ne sachant auquel entendre, Proudhon finit par prendre ce dernier parti; mais si l'on en juge par la lettre de désistement qu'il adressa à Beslay, il ne le fit qu'à regret. Il est probable que s'il avait été libre, c'est une toute autre marche qu'il eût adoptée.

Le passage suivant de la lettre écrite à Beslay est empreinte d'une certaine amertume : « Je viens vous
» déclarer, monsieur et ancien collègue, qu'après
» nouvelle réflexion, je me désiste de toute candida-
» ture. Je vous prie en conséquence de le faire con-
» naître au besoin par la voie des journaux. Que la
» démocratie vote en masse pour M. Goudchaux, je
» serais désolé qu'un seul suffrage se perdît sur mon
» nom devenu suspect et mis à l'index. C'est aux
» honnêtes, je le reconnais, à nous conduire jusqu'à
» nouvel ordre : pour le moment, la Révolution règne
» et ne gouverne pas. »

Je reçus de mon côté une lettre que j'étais chargé de porter à M. Goudchaux et même au besoin de communiquer aux journaux, après en avoir pris copie. Dans cette lettre, datée du 21 septembre 1852, Proudhon expliquait comment il avait été amené d'abord à accepter la candidature contre l'ancien ministre de la République et ensuite à la retirer. Il persistait dans sa théorie du serment.

« Vous n'approuvez pas, disait-il, ma théorie du *serment civique* que j'oppose au serment féodal. Je suis convaincu que cette théorie renferme toute la Révolution. Vous êtes si frappé des dangers que présente, sous ce rapport, mon dernier livre, que vous voudriez qu'il se vendît *cinquante francs*. D'autres personnes voudraient qu'il se vendît *cinquante centimes*, et ces gens-là ne sont certes pas des gens de réaction. »

Proudhon tenait beaucoup à la publication de cette lettre : « Le sens de l'élection, m'écrivait-il, serait « ainsi fixé ! Ce serait un beau coup. » Mais Proudhon, avec une malice visible, avait décerné à M. Goudchaux un certificat de bonne conduite socialiste, dont celui-ci

1.

ne tenait pas du tout à se parer devant les électeurs. La lettre resta dans son portefeuille, et, malgré tous mes efforts, je ne pus obtenir de lui l'autorisation de faire usage de la copie que j'avais été autorisé à en tirer.

Le 22 septembre, le *Siècle* publiait un entre-filet qui, ne tenant aucun compte du désistement de Proudhon, repoussait en termes presque injurieux sa candidature :

« La *Patrie*, disait le journal de M. Havin, sait fort bien que nous n'avons cessé de combattre les idées de M. Proudhon et qu'il ne peut être notre candidat. Le doute qu'il émet est une gentillesse de mauvais goût envers des adversaires qui n'ont pas la liberté de discuter et d'exprimer leur pensée. »

Cet entre-filet me fut communiqué par M. Briosne qui m'écrivait en même temps le billet suivant :

« 22 septembre 1852.

» Monsieur,
» Je ne reviendrai pas sur ce qui a été dit, fait ou écrit, mais je crois que vous ferez bien de méditer ceci avant de vous déterminer à une insertion qui ne serait plus qu'une reculade aux yeux de tous les hommes résolus.
» Recevez, Monsieur, l'assurance de ma considération.

» Alfred Briosne. »

C'était un dernier effort pour le maintien de la candidature de Proudhon. L'article du *Siècle* était une de ces petitesses politiques auxquelles se livrait trop souvent ce journal. Le directeur du *Siècle* devait certainement à cette date avoir connaissance du désistement de Proudhon, mais il tenait sans doute à faire croire que ce désistement était le résultat du refus que les républicains de sa nuance avaient exprimé d'appuyer cette candidature. On eut un moment l'idée parmi nous d'écrire à Proudhon pour le faire revenir sur sa décision; mais le temps manquait, la nouvelle de son désistement s'était répandue parmi les masses électorales. Nous eûmes peur d'être accusés d'avoir voulu au dernier moment provoquer une scission. Nous laissâmes donc les choses suivre leur cours.

Ainsi échoua la première tentative qui ait été faite de former, sous le régime de la constitution de 1852, une opposition légale et constitutionnelle.

C'est dans les premiers mois de l'année 1857 que ces tentatives furent renouvelées.

Cette fois il s'agissait de rompre ouvertement avec le parti de l'abstention, de prendre une part active aux élections, et d'imposer aux députés républicains, qui seraient nommés, l'obligation de siéger et de prêter le serment.

Je fus invité à un dîner politique chez un haut personnage. Parmi les convives figuraient MM. Proudhon, de Girardin, Gervais, (de Caen) Ducoux, Texier (du *Siècle*), Nefftzer, et, si je ne me trompe, M. L. Havin. Après le dîner, la conversation s'engagea sur ce que ferait l'opposition lors du prochain renouvellement du Corps législatif. Il ne se manifesta aucune dissidence; toutes les personnes présentes tombèrent d'accord que l'abstention avait fait son temps, que le refus de serment était une manifestation puérile, et que l'opposition démocratique se devait à elle-même de ne plus rester étrangère à l'action politique.

Proudhon se prononça énergiquement en faveur de cette ligne de conduite. On exprima le désir qu'une brochure fût faite pour combattre l'abstention et pour montrer les avantages d'une opposition s'appuyant sur la légalité. Spontanément Proudhon s'offrit pour rédiger cette brochure.

Si la réunion s'était renouvelée à quelques jours de distance, nul doute que Proudhon ne se fût exécuté. Malheureusement ce fut là une conversation toute fortuite, et qui ne devait point avoir de suite. Néanmoins, à la date du 20 mai 1857, je trouve un billet de M. Proudhon qui prouve qu'il n'avait point abandonné son projet :

« 20 mai 1857.

« Mon cher Darimon,

« Je vais m'occuper d'un écrit sur les élections.

« Ma tête est au-dessous du médiocre; mais comme j'ai ralenti mon impression, je pourrai, je crois, m'occuper de cette bluette, qui me semble avoir son importance.

« J'aurais besoin auparavant de juger l'état des esprits. Sont-ils dans l'attente ou dans l'indifférence? En pareille affaire, vous savez que le grand point est de répondre à un vœu secret de l'opinion.

« Du reste, nous sommes au 20 mai, la chose ne brûle pas, et je suis bien aise de voir un peu venir.

« A vous de cœur,

P.-J. Proudhon. »

Depuis mon entrée à la *Presse*, j'avais évité de me mêler aux luttes de la politique, et je m'étais renfermé dans l'étude et la discussion des questions économiques et sociales. Ce n'est pas que la politique me laissât indifférent, mais je croyais remplir un rôle plus utile en donnant le premier rang à la solution des problèmes sociaux. A la suite du coup d'État, un prodigieux mouvement économique s'était manifesté ; les esprits spéculatifs s'étaient donné carrière ; la féodalité financière, profitant de la réaction contre le socialisme, cherchait à se constituer sur des bases régulières ; le gouvernement lui venait en aide en multipliant les concessions et les monopoles ; on endormait le Prolétariat au moyen d'institutions philanthropiques, qu'on lui vantait comme les seules propres à améliorer son sort.

Il fallait qu'une voix se fît entendre pour dénoncer le piège et pour montrer ce qu'il y avait de faux, de contraire au droit et à la science dans ces institutions et dans ces entreprises dont la spéculation financière et le machiavélisme gouvernemental environnaient la société française. C'était la tâche que je m'étais donnée, et je puis me rendre cette justice que, pendant plusieurs années, je l'ai remplie avec conscience ; il n'y a pas une seule question à l'ordre du jour que je n'aie envisagée sous toutes ses faces ; je tenais à prouver que, parmi les socialistes, il s'en trouvait qui n'étaient point étrangers aux affaires ; je ne sais point si j'ai réussi, mais les encouragements qui me sont venus de tous les côtés montrent que j'étais dans la bonne voie et que mes efforts n'étaient point complètement stériles.

Un matin, M. Nefftzer me donna un mémoire de M. Duboy, avocat à la Cour de cassation, en me priant de consacrer un ou deux articles à la question qui y était traitée. Au point de vue des élections générales qui allaient avoir lieu, cette question était d'une importance capitale : les tribunaux avaient soulevé la prétention d'assimiler le bulletin de vote à un *écrit* et de le soumettre aux prescriptions de la loi sur le colportage; c'était interdire toute candidature autre que celles qui auraient l'agrément de l'autorité. Appel de cette décision avait été fait devant la Cour de cassation, et c'était pour appuyer l'appel que M. Duboy avait rédigé un mémoire concluant et substantiel, qui avait reçu les adhésions des principaux membres du barreau.

Je rédigeai à l'appui de la thèse de M. Duboy deux articles, que je considère comme les meilleurs que j'aie jamais écrits ; le second surtout présentait la question à un point de vue que M. Duboy et ses collègues du barreau avaient négligé. Ces messieurs s'étaient contentés de démontrer que les arrêts des cours et des tribunaux étaient en contradiction avec les textes de la loi électorale ; j'allais plus loin, je prouvais que la loi électorale était la base de la Constitution de 1852, et que, si les prétentions des juges du premier degré étaient admises, la Constitution de 1852 n'existerait plus. Je fis, à ce propos, un exposé de la Constitution de 1852, qui dut faire réfléchir plus d'un homme politique ; pour la première fois peut-être, on s'aperçut du parti que pouvait en tirer une opposition qui consentirait à se renfermer dans les limites d'une stricte légalité. Au reste, voici la conclusion de mon article ;

« Il en est des constitutions comme des contrats ; tous les articles qui les composent s'interprètent les uns par les autres, en donnant à chacun le sens qui résulte de l'acte tout entier. Il est bien vrai que, de l'aveu du législateur, la Constitution de 1852 a été faite pour renforcer le pouvoir exécutif et pour donner aux corps électifs une allure moins indépendante. Mais, il n'est pas un article qui prouve que, pour arriver à ce résultat, on ait éprouvé le besoin de mettre des entraves à la liberté des électeurs.

» On a renoncé complètement au système électoral de la Constitution de l'an VIII, qui mettait les élections entre les mains du pouvoir exécutif. On a maintenu le suffrage universel et direct, tel qu'il avait été établi par le gouvernement de la République ; les modifications qui ont été introduites sont de pure forme et n'en ont point changé l'essence. On a voulu, comme on l'a dit, en finir avec le régime parlementaire; on a conservé le système représentatif. — Nous ne dirons pas seulement, avec M. Duboy et ses confrères, qu'il est impossible d'assimiler un bulletin de vote à un écrit sans détruire la liberté des élections; nous dirons de plus qu'eux : l'interprétation qu'on veut donner de la loi sur le colportage et l'extension qu'on veut en faire à la distribution des bulletins de vote est contraire au droit public établi ; il faut, ou bien y renoncer, ou bien déclarer que la Constitution de 1852 est modifiée en ce sens. »

Les questions électorales ont, surtout dans les premières années de l'Empire, tenu une grande place dans les préoccupations de l'opinion. Les candidatures officielles forçaient le gouvernement à rechercher tous les moyens d'entraver les élections. Aussi était-ce un sûr moyen de conquérir la popularité que de combattre les manœuvres auxquelles l'administration avait recours. J'étais un des premiers qui eût osé rappeler le gouvernement impérial au respect et à la pratique de sa propre Constitution. Mon article fut considéré comme un acte d'audace, et m'attira la considération de tous les partis opposants.

La Cour de cassation se prononça dans le sens des conclusions de M. Duboy ; le bulletin de vote cessa d'être assimilé à un *écrit ;* la seule formalité à laquelle il fut soumis fut celle du dépôt préalable ; on put le distribuer sans avoir besoin d'autorisation ; les candidatures purent se produire librement. Ce fut un pas important fait en avant. On me sut gré, dans l'opposition et surtout parmi les gens qui voulaient fonder une opposition constitutionnelle, d'avoir contribué, pour ma faible part, à amener ce résultat ; à la veille des élections générales, il était capital.

Cependant la période électorale était ouverte, et les partis, au contraire de ce qui s'était passé en 1852, se préparaient à Paris à soutenir la lutte. Dans les départements, les candidatures libres et opposantes paraissaient devoir être très clairsemées. La pression était si forte que nul ne se souciait de courir de gaîté de cœur au-devant d'un échec. D'ailleurs, la confiance des populations dans le gouvernement impérial était encore entière ; il pouvait y avoir des mécontentements locaux ; il n'y avait point d'opposition. Pour se hasarder contre un candidat officiel, il fallait avoir une situation très forte, et bien se garder de se présenter comme un candidat hostile ; c'est tout au plus si l'on pouvait risquer le titre de candidat indépendant.

Je n'avais jamais songé à me porter soit à Paris,

soit ailleurs, quand, dans les premiers jours de juin, en arrivant à la rédaction de la *Presse*, je trouvai dans le cabinet de M. Nefftzer, MM. Havin, directeur du *Siècle*, et Benazet, ancien maire du Ier arrondissement de Paris. A peine étais-je entré et sans me laisser le temps de me reconnaître, ces messieurs me déclarèrent qu'un comité s'était formé pour les élections du département de la Seine et que j'avais été désigné comme candidat de la septième circonscription. Je me défendis et longtemps, en donnant toutes les raisons qu'on peut donner en pareille circonstance; ce fut en vain; M. Nefftzer vint joindre ses instances à celles de MM. Havin et Benazet; il me dit que dans la situation présente de la *Presse*, le choix qu'on faisait de ma personne pour une candidature à Paris devait relever l'importance politique du journal; moitié de gré, moitié de force, je cédai.

Je ne tardai pas à m'apercevoir que le fameux comité dont MM. Havin et Benazet s'étaient fait les organes, n'existait pas, ou que du moins il ne se composait que de gens appartenant au journal *le Siècle*. De plus, il n'y avait point de liste arrêtée. Le véritable comité électoral de Paris se composait d'anciens républicains, ayant tous occupé, sous le régime de 1848, des positions importantes. On y comptait MM. Arnaud (de l'Ariège), Bastide, Bethmont, Buchez, Carnot, Cavaignac, Charton, Corbon, Degousée, H. Duboy, Garnier-Pagès, Goudchaux, Guilbert, Hérold, Laurent Pichat, F. Morin, E. Pelletan, Jean Raynaud, Sain, Jules Simon, Vacherot. J'ai acquis la certitude que jamais ce comité n'avait pensé à m'offrir une candidature, et que, comme disciple de Proudhon et comme collaborateur de M. de Girardin, j'inspirais à la majorité de ses membres le plus invincible éloignement. Que signifiait donc la démarche faite auprès de moi par le directeur du *Siècle?* Je ne tardai pas à avoir la clé de l'énigme.

M. Havin était guidé par un double sentiment, il voulait entraver l'action du comité républicain qui avait refusé de se soumettre aux exigences de la rédaction du *Siècle;* il prétendait se séparer nettement des hommes qui, ne sachant pas se résigner à l'abstention, ne recherchaient la candidature que pour avoir l'occasion de refuser le serment. Il paraît que M. Havin avait d'abord consenti à figurer sur la liste du comité, mais à condition qu'on lui donnerait la quatrième circonscription, où, disait-il, le *Siècle* comptait un grand nombre d'abonnés; cette circonscription ayant été réservée au général Cavaignac, qui s'était déjà présenté et qui y avait été élu en 1852, on n'avait pas pu donner satisfaction à M. Havin.

Diverses combinaisons avaient été tentées; elles avaient toutes échoué. De là une grande irritation chez le directeur du *Siècle,* qui, ainsi que l'a dit spirituellement M. Prévost-Paradol, s'est toujours considéré comme un des grands rouages de l'Etat. A côté de ces questions de personnes, il y avait d'autres motifs de dissidence entre le *Siècle* et le comité : le comité voulait renouveler la manifestation qui avait été faite en 1852, par MM. Cavaignac, Carnot et Goudchaux, il s'agissait pour lui de choisir des candidats qui s'engageraient à refuser le serment au cas où ils seraient élus ; le *Siècle,* au contraire, voulait que les candidats élus entrassent à la Chambre et prêtassent le serment. Sur ce terrain, il n'y avait pas de conciliation possible, et la séparation devint tout de suite très tranchée entre ceux que M. Havin appelait les *sermentistes* et les *non-sermentistes*.

Dans le but, disait-il, de montrer son désintéressement, mais en réalité pour ne pas s'exposer à une lutte inégale contre le général Cavaignac, M. Havin renonça à toute candidature. La liste du *Siècle* et de la *Presse* se composa de noms empruntés à la liste du comité et de noms nouveaux. Pour la 3e circonscription, personne n'avait été désigné. Quelqu'un mit en avant le nom de M. Emile Ollivier. On fit différentes objections, mais cette candidature fut soutenue avec chaleur par un jeune avocat qui avait assisté à plusieurs de nos pourparlers, et qui s'était rangé du premier coup parmi les plus acharnés *sermentistes;* c'était M. Ernest Picard. M. Nefftzer appuya ce choix de son côté, et le nom de M. Emile Ollivier fut inscrit sur la liste. M. Ernest Picard et moi nous fûmes chargés d'aller voir M. Emile Ollivier et d'obtenir son adhésion. Nous ne le trouvâmes pas chez lui, rue Saint-Guillaume; ce fut sur l'escalier de son médecin, rue Saint-Arnaud, que nous le mîmes en demeure d'accepter ou de refuser la candidature qui lui était offerte. Ses hésitations ne furent pas bien longues; au bout de cinq minutes, nous emportâmes son consentement.

M. Picard était de longue date l'ami de M. Ollivier. Quoi qu'il ne fût pas le promoteur de sa candidature, il mit le plus grand zèle à la faire triompher. Un moment même, il espéra la faire admettre par le terrible comité. Des scrupules étaient venus à M. Ollivier ; il répugnait à se séparer de gens avec lesquels il avait toujours marché d'accord et qu'il avait jusque-là considérés comme ses amis ; surtout, il n'avait pas vu du premier coup d'œil où pouvait le mener l'acceptation d'une candidature dans les termes où elle se présentait ; l'idée de fonder une opposition légale et constitutionnelle ne lui apparaissait que vaguement dans l'esprit.

M. Picard et moi, nous fîmes des démarches pour arriver à une conciliation ; elles échouèrent. Nous nous résignâmes dès lors à une lutte que, dès le premier jour, j'avais considérée comme inévitable. M. Ollivier et moi, nous trouvâmes dans M. Picard l'appui le plus solide ; il se multipliait pour faire admettre nos deux noms par les journaux qui montraient de l'hésitation et de la répugnance. C'est à son intervention que nous dûmes de figurer sur la liste du *Journal des Débats*. Il est vrai que nous avions fait de notre côté une concession au journal de la rue des Prêtres en acceptant le nom de M. Edouard Laboulaye, un de ses rédacteurs.

M. Ollivier fit une profession de foi ; je crus devoir m'abstenir d'en présenter une. Ces sortes de morceaux m'ont toujours paru aussi humiliants pour le candidat qui les rédige que pour les électeurs qui les exigent. A moins qu'il n'y ait lieu de se prononcer sur des questions précises, une profession de foi ne peut se composer que de phrases vagues et élastiques, qui ne constituent point un engagement sérieux. D'ailleurs comment prévoir dans une profession de foi toutes les circonstances qui peuvent se présenter et toutes les solutions aux difficultés qui doivent surgir ?

Pour qu'un programme eût le caractère d'un contrat entre le député et ses électeurs, il faudrait que les uns et les autres eussent le don de prophétie. Quelque précision qu'on donne à cette sorte de préface électorale, il y aura toujours quelqu'un qui trouvera que le député va en-deçà et au-delà de ses promesses. Pour la dignité des uns et des autres, il vaudrait mieux qu'on y renonçât dans la plupart des cas, et qu'un homme, connu par ses antécédents ou par ses écrits, fût déchargé de cette obligation équivoque.

Dans le tourbillon où j'étais entraîné depuis que j'avais accepté la candidature, j'avais négligé de voir Proudhon. J'étais convaincu qu'il était resté dans les mêmes idées et qu'il approuvait la ligne de conduite que j'avais adoptée. MM. Havin et Nefftzer me pressaient beaucoup pour obtenir de lui une lettre recommandant ma candidature. Je répugnais à ce patronage, qui ne pouvait que m'amoindrir aux yeux de mes électeurs et me mettre vis-à-vis de Proudhon dans une situation de dépendance gênante.

Quelle était à ce moment l'opinion de Proudhon sur la question du serment ? Il est fort difficile de s'en rendre compte. Au moment où commence la lutte électorale, il écrit à un de ses amis :

« On me mande que ces messieurs (Cavaignac, Goudchaux et Carnot) sont décidés à prêter serment, si l'opinion l'exige. Ils feraient la chose *purement* et *simplement*, ce qui me paraît bien pauvre. Quoi qu'il en soit, si Nefftzer tient à favoriser l'élection du général, il pourrait annoncer la chose comme un *on dit* : cela déciderait nombre de braves bourgeois. »

On peut voir, si l'on veut, dans cette citation, une

approbation implicite du serment. A la date du 29 juin, au plus fort de la mêlée, Proudhon m'écrit :

« 29 juin 1857.

« Mon cher Darimon,

» En 1848, j'exprimais l'innovation ; vous exprimez aujourd'hui la transition. J'ai rencontré l'antagonisme, soulevé la protestation et la colère ; vous recueillez la méfiance, le dénigrement, la jalousie. Il y a progrès, en mieux, ou, si vous voulez, en moins mal.

» Pourquoi vous tourmenter de ces misères ? L'humanité ne marche pas encore dans la liberté ; elle suit ses intérêts. Aussi sa déraison est plus logique que ne le serait son rationalisme.

» Ce qui doit arriver arrive. Vous êtes, malgré les anciens, le candidat de l'opposition, vous resterez candidat, à moins que vous ne fassiez quelque sottise. Ne dites rien, ne parlez pas ; attendez votre élection en patience, et ne vous étonnez pas si, après l'élection, les mauvais propos redoublent. Cela doit être et cela sera.

» Quant à vous, devenu le signe de l'opposition démocratique, agissez selon les inclinations de cette opposition, non en esclave qui cherche son mot d'ordre, mais en esprit libre qui le devine et s'y soumet.

» C'est ainsi que vous dominerez les autres et vous ferez respecter.

» J'userai de vos renseignements en bon ami, croyez-le, mais je suis peu ému en ce moment de ce qui vous vexe. *Fata volunt.* Ou vous, ou personne. C'est dans la logique de la situation.

» Voulez-vous donc faire tomber les cancans ? Ne vous écartez jamais de cette règle : *Un représentant doit se placer toujours au point de vue de son parti, dire sa pensée, donner son avis, et si cet avis ne prévaut pas, suivre le sentiment commun.*

» A ce sacrifice de votre jugement personnel, on reconnaîtra en vous l'homme probe et loyal.

» Bonjour et espoir.

» P. J. PROUDHON. »

Le sentiment commun, dans le parti, c'était le refus du serment. Pour qui savait lire entre les lignes, Proudhon aurait voulu, si j'étais nommé, que je suivisse l'exemple de MM. Carnot et Goudchaux. Ainsi, à quelques semaines de distance, le grand publiciste avait émis les avis les plus contradictoires. Evidemment, il ne pouvait plus être pour moi un guide. Je pris la résolution de me soumettre non au parti, mais aux électeurs, ce que je considérais comme le plus probe et le plus loyal.

La 7e circonscription, dans laquelle j'étais porté comme candidat, se composait des quartiers de l'Observatoire, Saint-Marcel, la Sorbonne, Saint-Jacques, Jardin des Plantes, Ile Saint-Louis, les Arcis, l'Hôtel-de-Ville, l'Arsenal. Elle s'étendait sur les deux rives de la Seine et comprenait des populations qui n'avaient ni les mêmes idées ni les mêmes intérêts.

Le candidat du gouvernement était M. Lanquetin, gros négociant en vins, membre du conseil municipal, et député sortant. Les *non-sermentistes* m'opposaient M. Bastide, ancien ministre des affaires étrangères en 1848, un des hommes les plus honnêtes du parti républicain. Sur ses affiches, M. Bastide prit le titre de *candidat de l'opposition démocratique;* je me contentai de celui de *candidat de l'opposition.*

La lutte fut vive entre le *Siècle* et l'*Estafette,* qui était l'organe des partisans de la liste des *non-sermentistes;* mais, comme il y avait plus de dépit que de colère, elle ne dépassa pas les bornes des convenances. Il n'en fut pas de même du côté de l'administration où l'on essaya de toutes les armes, même de la calomnie pour avoir raison de M. Ollivier et de moi.

L'attitude que tous les deux nous avions prise inquiétait très fort le gouvernement. M. Ollivier avait rédigé une profession de foi d'une modération extrême, Je m'étais renfermé dans un silence complet, laissant à mes opinions bien connues le soin de plaider ma cause. M. Nefftzer mena du reste la campagne électorale avec une prudence et une habileté consommées : aux *anciens,* comme les appelait Proudhon, il disait qu'il fallait des hommes *nouveaux;* à la presse officieuse, il déclarait qu'il s'agissait de constituer non point une opposition systématique, mais ce qu'au-de là du détroit, on appelait *l'opposition de l'Empereur.*

On retrouve des traces des préoccupations gouvernementales dans la circulaire adressée aux préfets le 19 juin 1857 par M. Billault, ministre de l'intérieur.

« La plupart, y était-il dit, des candidats que l'on
» a fait surgir, professaient autrefois les idées répu-
» blicaines ou socialistes, et certes aucun d'eux ne
» déclarerait aujourd'hui qu'il les a répudiées. Que
» veulent-ils donc ? Présenter de nouveau la question
» de la République au suffrage universel, que la France
» a trois fois solennellement condamnée ? Cela n'est

» pas sérieux. Prêter serment à l'Empire, et, se sou-
» mettant à la Constitution, remplir loyalement le
» mandat de député? Personne ne le croira. Dès lors,
» que reste-t-il? Essayer de semer le trouble et l'agita-
» tion, d'embarrasser l'action de l'Empereur. »

C'était là un singulier procédé de polémique; rien ni dans nos paroles ni dans nos démarches ne laissait suspecter nos intentions; nous nous gardâmes de protester, cette malencontreuse circulaire ne pouvant avoir d'autre effet que de nous ramener l'opinion.

Le scrutin s'ouvrit les 21 et 22 juin.

Comme aucun des candidats n'avait obtenu la majorité, il y avait lieu à un scrutin de ballottage, qui fut renvoyé aux 5 et 6 juillet.

Dans l'intervalle, les journaux officieux redoublèrent de violence. Je ne fus pas mieux traité par l'*Estafette.* Quant au comité *non-sermentiste*, il ne me ménagea pas les marques de malveillance; au premier tour de scrutin, il m'avait impitoyablement écarté de sa liste; au second tour, il me fit une autre vilenie; tandis que M. Garnier-Pagès se retirait devant M. Ollivier, qui avait obtenu la majorité relative, on discuta fort sérieusement si M. Bastide ne devait pas maintenir sa candidature en face de la mienne; cela était tellement contraire à tous les usages reçus, qu'on dut renoncer à ce beau projet; seulement il fut décidé que M. Bastide garderait le silence et ne ferait pas connaître son désistement.

J'éprouvai, de ce procédé, un grand chagrin; un instant, il me vint à l'esprit de me retirer et de laisser le champ libre aux intolérants; ce fut pour me détourner de cette résolution que Proudhon m'écrivit la lettre que j'ai citée plus haut. Je me résignai donc, et bien m'en prit, car, au bout de quelques jours, toutes les dissidences disparurent devant le désir du succès. Les partisans de M. Bastide semirent d'eux-mêmes à ma disposition. Aussi au ballottage, je l'emportai sur M. Lanquetin. Il était temps que la lutte cessât ; j'étais à bout de force et de patience.

M. Ollivier a raconté dans son livre : *Le 19 janvier*, qu'au lendemain de son élection, il avait pris tout de suite la résolution de prêter le serment. J'avais pris de mon côté la même résolution. Je ne comprenais pas, en effet, qu'après nous être séparés dans l'élection des anciens du parti démocratique, et cela de la façon la plus éclatante, nous nous unissions à eux dans un acte de protestation révolutionnaire contre l'Empire. A nous conduire ainsi, nous nous exposions à être traités comme des politiques sans cervelle, et à être accusés d'avoir trompé nos électeurs.

Ce n'était pas, en effet, une lutte puérile de personnalités qui avait eu lieu le 21 juin et le 6 juillet ; c'était bien véritablement un changement d'attitude dans la masse électorale. Les électeurs de Paris voulaient évidemment en finir avec l'agitation stérile et confier le mandat de député à des hommes disposés, non à renverser le gouvernement, mais à le pousser en avant. Cela résultait non seulement du langage tenu dans les petites réunions préparatoires, auxquelles nous avions été invités à assister, mais encore des mises en demeure qui nous furent adressées au lendemain de l'élection.

Je reçus à ce sujet une masse de lettres qui ne permettaient aucune échappatoire. Les ouvriers surtout se montraient les plus ardents à nous conseiller de prêter le serment : « Si les députés démocrates ne prêtaient pas le serment, m'écrivait l'un d'eux, les masses à qui on a recommandé de ne point s'abstenir dans les élections diraient : — Autant s'abstenir, puisque nos candidats n'acceptent pas. Et alors il s'ensuivrait une indifférence générale à la vie publique. » Refuser le serment, c'était donc décourager les électeurs et rejeter les masses dans l'abstention.

Après la lutte électorale, les candidats nommés ne s'étaient point revus. J'avais repris mes travaux à la *Presse*, M. Ollivier était parti pour l'Italie. Quant à MM. Cavaignac, Carnot et Goudchaux, je n'avais ni à les voir ni à les consulter, puisque leurs sentiments m'étaient connus. Nous n'eûmes donc point d'occasion de mettre en discussion la ligne de conduite à suivre. M. Ollivier et moi, nous nous décidâmes chacun de notre côté, et sans prendre l'avis de personne.

M. Ollivier a donné publiquement les motifs de sa résolution. Je ne suivrai pas son exemple. Les faits que je viens d'exposer suffisent pour rendre compte de la ligne de conduite que j'ai cru devoir adopter.

Pour rester fidèle à la Constitution qui voulait, qu'en cas de dissolution du Corps législatif, un nouveau Corps législatif fût réuni dans un délai de six mois, le gouvernement convoqua les députés pour le 28 novembre 1857, à l'effet de procéder à la vérification des pouvoirs. Il y eut, à la veille de l'ouverture de cette session, une réunion chez M. Carnot, où ni M. Ollivier ni moi nous ne fûmes appelés. Il s'agissait en apparence de discuter l'éternelle question du serment, en réalité d'empêcher M. Hénon, qui avait été nommé à Lyon, de venir se joindre à nous; il était d'autant plus important pour ces messieurs d'avoir M. Hénon de leur côté, qu'en 1852, élu député par le département du Rhône, M. Hénon, comme MM. Cavaignac et Goudchaux, s'était associé à leur refus de serment. M. Hénon ne céda point aux obsessions dont il fut l'objet; en arrivant à la Chambre, nous le trouvâmes assis sur un banc, tout au haut de l'extrême gauche, où, d'office, des places nous avaient été reservées. A la réunion Carnot avait été également convoqué M. Curé, député de Bordeaux. M. Curé, ancien maire de Bordeaux en 1848, avait été à la vérité élu par l'opposition; mais comme on ne lui avait imposé aucune condition, et qu'il était conservateur par tempérament, il reconnut dès le premier jour, qu'il s'était fourvoyé en venant s'asseoir à nos côtés. Nous entretînmes avec lui de bonnes relations; mais ce fut tout : il ne vota jamais qu'accidentellement avec nous.

En ouvrant la première séance, M. de Morny prononça un discours dans lequel je relève le passage suivant : « Restez fidèles aux principes qui ont dirigé
» la précédente Législature; ne nous laisons pas écarter
» de cette politique qui avait pour programme que *la*
» *véritable indépendance n'est ni dans une approbation*
» *aveugle ni dans une opposition constante...* » Plus tard, en 1863, M. Ollivier a dit dans sa profession de foi :
« Admirer toujours est servile; blâmer quand même
» est injuste ; je ne veux ni l'approbation systématique,
» ni l'opposition systématique. » C'est mieux dit, mais c'est la même idée.

On procéda à l'appel nominal, et chaque député dut prêter le serment exigé par la Constitution. M. Olli-

vier et moi nous répondîmes à l'appel de notre nom par un : *Je le jure*, nettement accentué. — MM. Carnot et Goudchaux avaient écrit au président qu'ils refusaient le serment ; il fut donné lecture de leurs lettres. Quant à M. Hénon, pour éviter de prononcer le *juro* obligatoire, il s'était avisé d'un singulier expédient ; il avait adressé au président une lettre dans laquelle il expliquait, en termes fort confus, pourquoi, après avoir refusé de prêter serment en 1852, il se résignait à le prêter en 1857 ; la lettre se terminait ainsi : « En con-
» séquence, j'ai l'honneur de vous envoyer *mon adhé-*
» *sion* à la formule prescrite par l'art. 14 de la Consti-
» tution du 14 janvier 1852, modifiée par l'art. 16 du
» sénatus-consulte du 25 décembre 1852. » M. Hénon n'avait pas dû trouver cela tout seul ; il avait trop de franchise pour se retrancher derrière de pareils échappatoires ; c'était là une [dernière tentative de réunion Carnot. M. de Morny fit observer qu'une déclaration entourée de pareilles réserves ne pouvait suffire ; M. Hénon s'exécuta immédiatement ; il prêta le serment pur et simple.

Notre entrée au Corps législatif causa une vive irritation dans la majorité et dans l'entourage de l'Empereur. Évidemment on avait espéré que nous n'oserions pas rompre ainsi avec les sentiments et les rancunes du parti démocratique. On nous fit un accueil qui frisait de près la grossièreté. Les huissiers reçurent l'ordre de nous parquer sur les derniers bancs, à l'extrémité de la gauche ; il n'y avait personne autour de nous ; nous étions complètement isolés. Dans les couloirs, à la bibliothèque, à la salle des conférences, on affectait de ne pas nous adresser la parole, et on passait à côté de nous sans nous donner la moindre marque de politesse.

Dans les bureaux, c'était à qui éviterait de s'asseoir à côté de nous. Quand vint le travail de la vérification des pouvoirs et qu'il fallut répartir les dossiers, comme nous étions présents, M. Hénon et moi, on ne put se dispenser de nous donner notre part de la tâche à remplir. Je fus chargé de rapporter l'élection de M. de Veauce, député de l'Allier ; je me rappellerai toujours le désespoir comique de cet excellent homme en apprenant que c'était sous mon patronage qu'il allait faire son entrée dans la nouvelle Législature. M. Ollivier s'était dérobé à ces ennuis en s'abstenant de paraître dans les bureaux.

Il y avait sur les bancs de la Chambre des hommes avec qui j'avais entretenu autrefois des relations ; ceux-là me saluaient quand ils me rencontraient seul dans un couloir, mais pour peu qu'ils fussent exposés à être vus, ils feignaient de ne pas me connaître. Ce n'étaient pas seulement les membres de la majorité qui se conduisaient ainsi, c'étaient des députés indépendants : mes deux compatriotes et amis, MM. Pierre Legrand et Jules Brame, me recevaient volontiers chez eux, mais à la Chambre j'étais pour eux un inconnu ; s'ils me serraient la main, c'était en cachette ; ils ne me disaient bonjour que de loin. Un jour, M. Ollivier crut pouvoir aborder M. le comte de Chambrun, qui avait été son camarade à l'école de Droit et à la conférence Molé ; M. le comte de Chambrun, avec une franchise qui l'honore, lui déclara nettement que désormais il ne lui adresserait plus la parole, et qu'il désirait que M. Ollivier en fît autant de son côté.

Quant à M. Hénon, c'était la bête noire de la majorité; on avait répandu dans la Chambre le bruit qu'il avait été, en 1848, le chef des *voraces* lyonnais; aussi inspirait-il une véritable horreur.

Parmi les gens du Château, on ne savait comment nous faire sentir que notre présence à la Chambre était pour le gouvernement une gêne et un ennui. On résolut de s'en prendre aux journaux qui avaient soutenu nos candidatures. Il fut question de supprimer le *Siècle;* une démarche de M. Havin auprès de l'Empereur para le coup. La *Presse*, le lendemain du jour où les députés de l'opposition avaient prêté le serment, publia un article de M. Peyrat un peu violent dans la forme, mais au fond très modéré et dans tous les cas très constitutionnel; M. Peyrat attaquait en termes très vifs MM. Carnot et Goudchaux, qu'il accusait de s'être placés, par leur refus de serment, en dehors de l'opinion démocratique.

L'article avait reçu l'approbation de la *Patrie*, qui l'avait reproduit en grande partie.

Le 4 décembre, au milieu du concert d'éloges qui étaient adressés à M. Peyrat de tous les côtés, la *Presse* reçut la notification d'un décret signé *Billault*, qui suspendait le journal pour deux mois. Ce fut comme un coup de foudre dans un ciel serein; personne ne s'attendait à une pareille mesure; elle fit sur l'opinion publique le plus déplorable effet. Ce qu'il y a de plus triste, c'est que l'Empereur était, dit-on, l'auteur des considérants du décret de suspension; il n'avait pas cru que son ministre eût une compétence suffisante pour motiver une mesure aussi extraordinaire; il avait tenu la plume lui-même. Je ne rapporte ce bruit que sous bénéfice d'inventaire. Il n'était ni dans les habitudes ni dans le caractère de Napoléon III de descendre dans de pareils détails.

Les considérants du décret passaient par dessus la *Presse*, pour atteindre directement les députés démocrates qui avaient prêté le serment. « Considérant, y
» était-il dit, que, dans l'intérêt surtout de ces masses
» laborieuses dont nul, jamais en France, ne s'est
» plus activement et plus efficacement préoccupé que
» l'Empereur, le gouvernement a le droit et le devoir
» de se montrer sévère contre les folies de ces pré-
» tendus démocrates, dont l'influence, s'ils en avaient
» jamais une, ne saurait qu'être funeste au bien-être
» et au progrès régulier de cette démocratie qu'heu-
» reusement ils sont désormais impuissants à agi-
» ter. »

On avait fait là une démarche bien impolitique ; de telles paroles ne pouvaient avoir qu'un résultat, c'était de grandir l'importance des députés qui venaient d'être élus, et c'est ce qui ne manqua pas d'arriver.

Ça a été la constante préoccupation des gens du Château, pendant toute la durée de l'Empire, de rapporter à l'Empereur seul l'initiative de ce qui se faisait de bon et d'utile en faveur des masses ; les courtisans ne pouvaient souffrir qu'en dehors de l'Empereur, quelqu'un se proclamât l'*ami du peuple*. Cette prétention eût été excusable si elle n'avait pas été dictée par des sentiments étroits d'exclusivisme. Mais ce dont on avait peur surtout, dans l'entourage de l'Empereur, c'était qu'une personnalité puissante attirât l'attention du souverain, et que celui-ci fût amené à l'appeler dans ses conseils. La *camarilla*, car, sous le second Empire, il y a eu une *camarilla* comme sous Louis-Philippe, voyait de mauvais œil tout ce qui pouvait produire un changement de système, et par suite un changement de personnes. Ce n'est jamais la grandeur du règne qu'elle a eue en vue, mais uniquement la conservation de ses places, de ses honneurs et de ses dignités. En cela elle a agi comme toutes les *camarillas*; mais, comme elles aussi, elle a abouti à la chute du régime.

La suspension de la *Presse* m'atteignit directement. Je perdis pour un temps la position que j'avais dans ce journal. Je ne la retrouvai que quelques années après, lorsque la propriété de la *Presse* passa des mains de M. Millaud entre celles de M. F. Solar, l'associé du fameux M. Mirès.

M. Peyrat avait été maladroit dans la façon dont il avait exposé le caractère de la nouvelle opposition ; il n'y avait pas lieu de rajeunir en cette circonstance de vieilles formules révolutionnaires ; il fallait tracer nettement le rôle de l'opposition dans les limites de la Constitution impériale. Mais M. Peyrat n'a jamais été qu'un pur jacobin ; pour juger le présent, il a constamment fait appel aux souvenirs de 93 ; aussi, avec de véritables qualités d'écrivain, n'a-t-il jamais été qu'un piètre politique. Ce que M. Peyrat n'avait pas su faire, ce fut M. de Girardin qui le tenta. Avec cette sûreté de coup d'œil qui le distinguait, il dit tout de suite le mot de la situation nouvelle ; il réclama l'*Empire avec la liberté*. Ce mot a fait fortune ; il a servi de programme à toute une école ; il a abouti à la Constitution et au plébiscite de 1870 ; il importe donc de bien marquer sa date et son origine.

Le journal le *Courrier de Paris* venait de passer entre les mains de M. Clément Duvernois, avec M. Jules Ferry comme collaborateur. M. E. de Girardin qui, depuis sa sortie de la *Presse*, cherchait un journal qui consentît à lui prêter ses colonnes, fut accueilli à bras ouverts au *Courrier de Paris*. La *Presse* venait d'être suspendue, et l'espoir de racoler un grand nombre de ses lecteurs faisait de cette collaboration un excellent calcul. M. de Girardin chercha naturellement un thème qui pût frapper l'opinion, et il trouva celui de l'*Empire avec la liberté*.

Le premier article parut le 6 décembre ; il posait très nettement la question sur son véritable terrain. Cet article était intitulé : *la Presse constitutionnelle*. « L'entrée de MM. Darimon, Hénon et Ollivier au
» Corps législatif, disait M. de Girardin, est le point
» de départ d'une politique nouvelle qui peut se ré-
» sumer en ces termes : liberté par la Constitution,
» liberté par les élections, liberté par le suffrage uni-
» versel, liberté enfin par l'opposition constitution-
» nelle. — Opposition constitutionnelle, presse con-
» stitutionnelle, ces quatre mots sont le programme
» de la politique nouvelle. Cette politique laisse en
» arrière tous les vieux partis, toutes les vieilles
» passions, toutes les vieilles rancunes, pour ne
» s'attacher qu'aux idées et aux préjugés. »

Les articles de M. de Girardin furent réunis en brochure sous ce titre : *l'Empire avec la liberté*. Je dois confesser qu'ils eurent peu de retentissement. Ils exprimaient une idée trop juste pour qu'elle fût comprise. Ce n'est pas au milieu des luttes civiles qu'il faut parler aux partis le langage du sens commun ;

ils n'écoutent jamais que les clameurs des passions. M. de Girardin devançait l'opinion de cinq ou six ans. Il n'en a pas moins eu le mérite de dire le premier tout haut ce que beaucoup de gens pensaient tout bas.

Il ne nous vint ni aux uns ni aux autres la pensée de nous inscrire en faux contre le rôle que M. de Girardin assignait à l'opposition. Ce ne fut pourtant pas faute d'être sollicités. Des amis effarés auraient voulu nous voir répudier le programme de l'*Empire avec la liberté*. La seule idée que l'Empire pût devenir libéral les mettait hors d'eux-mêmes. Nous eûmes, en cette circonstance, le pressentiment qu'un malentendu ne tarderait pas à s'établir entre nous et un certain nombre de nos amis : évidemment on ne se rendait pas compte des obligations morales que nous imposait le serment que nous avions prêté. Notre tort, ce fut de ne pas nous expliquer tout de suite. Nous y aurions perdu la sympathie de quelques personnalités plus bruyantes qu'utiles ; nous y aurions gagné d'être plus libres dans nos allures et d'avoir plus de force pour entraîner l'opinion. A coup sûr, nous eussions créé un courant que nous aurions été les maîtres de diriger à notre gré. Nos hésitations ne nous portèrent pas bonheur ; elles firent croire à du louche et à de l'équivoque dans notre conduite ; elles nous créèrent plus tard de véritables embarras.

Cependant il fallait songer au remplacement du général Cavaignac, qui était mort, et de MM. Carnot et Goudchaux, qui étaient démissionnaires pour refus de serment. Les collèges électoraux avaient été convoqués pour le 27 avril 1858.

Cette fois, nous n'eûmes pas à lutter d'influence avec un comité démocratique.

A l'ardeur de l'année précédente avait succédé une indifférence absolue. Si nous n'avions pas pris l'initiative, l'abstention eût été complète, et les candidats officiels n'auraient rencontré devant eux aucun concurrent. MM. Hénon, Ollivier et moi, nous nous constituâmes en comité électoral ; MM. Havin et Nefftzer nous prêtèrent encore une fois leur appui. M. Ollivier avait un secret penchant pour les hommes de 1848 ; sa préoccupation était de décider une des personnalités marquantes de cette époque d'entrer dans la Chambre ; il croyait par là clore la bouche à ses anciens amis, qui l'accusaient d'avoir, en prêtant serment à l'Empire, cédé à des visées ambitieuses. Il songea d'abord à M. Jules Favre et à M. Marie.

Le nom de M. Jules Favre s'imposait, en quelque sorte, de lui-même ; le grand orateur venait de remporter un immense succès avec sa plaidoirie en faveur d'Orsini. M. Ollivier fit quelques démarches auprès de lui et parvint à le décider. Le choix de M. Marie était moins heureux ; les ouvriers parisiens avaient conservé le souvenir de la dureté qu'il avait montrée à la veille des journées de juin ; c'était pourtant un excellent homme, de relations douces et faciles, et enclin à la conciliation. M. Ollivier prétend qu'on songea à M. Peyrat pour le remplacer ; je n'ai jamais entendu parler de M. Peyrat à cette occasion ; il est probable que si son nom fut prononcé, il dut être écarté immédiatement. Au dernier moment, sur le refus de M. Marie, on inscrivit sur la liste le nom de M. Liouville, bâtonnier de l'ordre des avocats. Il jouissait au Palais d'une considération méritée, mais il était peu connu de la foule ; il ne fit point de profession de foi, ce qui ne contribua pas peu à écarter de lui les électeurs.

Parmi les hommes qui avaient le plus contribué à décider la masse électorale à se départir de la politique d'abstention et à adopter la ligne de l'opposition constitutionnelle, se trouvait un jeune avocat demeuré fort obscur jusque-là.

C'était M. Ernest Picard. Il était membre du conseil de surveillance du *Siècle*, et, à part une plaidoirie en faveur de Degré, le fameux pompier du 15 mai, il n'avait joué aucun rôle politique. Comme on l'a vu plus haut, sa conduite pendant toute la période électorale avait été aussi nette que possible ; je l'avais accompagné plusieurs fois au sein du comité Carnot, et je lui avais toujours entendu proclamer qu'en dehors de l'opposition constitutionnelle, la seule raisonnable, la seule féconde, la seule utile, il n'y avait de place que pour deux alternatives qu'il repoussait, l'abstention et la révolution.

Depuis que nous avions été élus, il ne cessait de nous encourager à persister dans cette voie ; parfois, M. Ollivier avait montré de l'hésitation ; M. Picard lui avait relevé le courage. Nous ne pouvions pas nous donner de meilleur coopérateur ; tout entre nous était commun, les idées, les tendances, la politique et, ce qui ne gâtait rien, les sympathies. On parla de M. Picard à M. Ollivier ; il trouva qu'en effet c'était un excellent choix. Mais la difficulté, c'était de le faire agréer à M. Havin, qui n'avait pas renoncé complètement à toute prétention pour lui-même.

Un révolutionnaire imbécile, qui toute sa vie a fait de l'agitation sans jamais arriver à se faire prendre au sérieux, M. Armand Lévy, s'était mis en tête de devenir candidat, et se remuait comme un diable pour arriver à ses fins.

Nous avions en outre contre nous le conseil de surveillance du *Siècle*, qui était à la dévotion de M. Havin, et qui se montrait mal disposé pour M. Picard, bien que celui-ci en fît partie. Nous tînmes bon et nous parvînmes à l'emporter : le nom de M. Picard figura sur la liste comme candidat de la cinquième circonscription. Mais il s'ensuivit un refroidissement entre nous et M. Havin ; nous fûmes un instant menacés de perdre l'appui du *Siècle*.

La liste définitive fut donc ainsi composée : M. Liouville, candidat de la 3ᵉ circonscription ; M. Ernest Picard, candidat de la 5ᵉ, et M. Jules Favre, candidat de la 6ᵉ.

M. Liouville échoua contre le général Perrot, qui avait commandé la garde nationale de la Seine, en 1848. M. Jules Favre fut élu au premier tour de scrutin. M. Picard dut subir un ballottage ; il fut nommé le 10 mai 1858.

Ainsi se trouva formé ce fameux groupe des Cinq qui eut l'insigne honneur d'être, pendant la législature de 1858-1863, l'organe de l'opinion publique. Nous ne nous étions cherchés ni les uns ni les autres ; le hasard nous avait réunis, et, si chacun de nous était descendu au fond de sa conscience, il y aurait rencontré bien des causes de dissidence. Mais la nécessité d'abord, puis la sympathie créèrent entre nous un lien qu'on a bien souvent essayé de rompre sans pouvoir y réussir jamais. Nous sentions que nous avions une sorte de responsabilité commune, et que notre situation nous imposait comme un devoir impérieux le sacrifice de notre individualité. Cela se fit tout simplement, et sans qu'il y eût jamais entre nous un accord soit écrit, soit verbal.

Pourtant, dans notre union même, il y avait entre certains de nous des affinités plus intimes. MM. Ollivier et Picard étaient liés de longue date ; ils se rapprochaient volontiers l'un de l'autre ; M. Ollivier exerçait sur M. Picard une influence qui ressemblait à de la fascination ; M. Picard s'était placé tout de suite en sous-ordre ; il ne voyait que l'avenir de M. Ollivier ; il travaillait avec ardeur à accroître son influence ; il s'était fait littéralement son très humble serviteur. Je n'avais pas tardé à être admis en tiers dans cette amitié ; mais au second plan. Nous formâmes ainsi parmi les Cinq une sorte de triumvirat. On ne me disait pas tout ; beaucoup de plans s'élaboraient entre MM. Picard et Ollivier, dont on ne me faisait qu'une communication discrète ; quand il s'agissait de dénouer une difficulté, c'était à moi qu'on avait recours. Je ne demandais pas mieux que de jouer ce rôle effacé. J'étais certain de reprendre mon influence dans les questions spéciales. C'est en effet ce qui arriva. Toutes les fois qu'un projet de loi relatif à des mesures économiques ou financières était présenté, c'était à moi qu'on s'en remettait du soin de préparer la discussion et d'attacher, comme on dit, le grelot.

Quand il s'agissait d'une grave question à résoudre et d'amendements à formuler, c'était chez M. Jules Favre que nous nous réunissions pour nous entendre sur la marche à suivre. Mais le plus souvent, nous avions adopté entre nous trois la ligne de conduite que nous avions jugé être la meilleure, nous avions rédigé les amendements à l'avance. Au lieu de discuter, M. Jules Favre se perdait dans d'interminables causeries, où les souvenirs de sa vie politique tenaient la plus grande place ; l'heure venue de prendre une résolution, il se hasardait parfois à faire une observation, elle portait plus sur la forme que sur le fond ; il résistait peu, et nous étions toujours disposés à lui donner satisfaction, de sorte que nous arrivions vite à nous entendre.

M. Jules Favre a toujours été d'un caractère facile ; cette âpreté qu'il apportait à la tribune disparaissait dans les rapports de la vie privée. Cet homme, qu'à sa dure et fière parole on aurait été tenté de prendre pour une barre de fer, était un roseau qui pliait au moindre souffle. Il n'avait ni volonté ni parti pris. Sa vie politique n'a été qu'une longue série d'entraînements, et si l'on en juge par certaines révélations, il en a été de même dans son existence intime. Pendant cinq ans, nous l'avons constamment dominé.

Plus tard, il nous a échappé, mais ç'a été pour subir un autre joug, joug plus dur que le nôtre, puisque le malheureux orateur a été conduit, par des influences néfastes, à se faire le promoteur de la révolution du 4 septembre et à être ainsi l'instrument de la ruine de la patrie.

M. Hénon, lyonnais comme M. Jules Favre, était d'une autre trempe ; c'était un vieux révolutionnaire qui s'était trouvé mêlé aux troubles qui avaient suivi l'établissement de la monarchie de 1830. Il avait puisé, dans la fréquentation des *bousingots* de cette époque, certains sentiments de défiance qui le rendaient peu commode dans les grandes occasions. C'était de lui que venaient le plus souvent les objections. Il est vrai qu'il ne les trouvait pas tout seul. M. Hénon avait conservé avec M. Carnot et ses amis des relations suivies. Il s'inspirait volontiers de leurs idées, et comme ces messieurs avaient gardé leurs rancunes, ils auraient été bien aises de nous créer des embarras.

Heureusement, M. Hénon avait une passion qui le détournait souvent de la politique; excellent botaniste, il s'était voué au culte des iris; pour avoir un oignon, il aurait fait le tour du monde; il avait loué à Vaugirard un jardin, dans lequel il avait planté des iris, et il passait des journées entières à les admirer.

M. Hénon arrivait à nos réunions le plus souvent sans bien savoir de quoi il s'agissait; il hasardait pourtant des observations, quand la solution proposée ne cadrait pas avec ses préjugés. Mais aussitôt qu'il voyait M. Jules Favre opiner dans notre sens, il finissait par se rendre. Le lendemain, il avait réfléchi, et il se montrait plus récalcitrant encore que la veille. Au moment du vote, il se laissait entraîner. Il lui est arrivé pourtant de ne pas céder et de manifester sa dissidence, en s'abstenant. A part ces occasions fort rares, M. Hénon ne nous a jamais causé d'embarras sérieux.

Quand il s'agissait de nous entendre sur les résolutions à prendre, c'était, comme je viens de le dire, chez M. Jules Favre que nous nous réunissions. Mais là n'était pas notre véritable centre d'action. C'était dans le petit appartement de M. Ollivier, rue Saint-Guillaume que nous rassemblions nos amis. Ils étaient peu nombreux, mais tous paraissaient décidés à nous suivre dans la voie que nous avions ouverte. On comptait parmi eux MM. Jules Ferry, Herold, Floquet, Hérisson, Dréo, Delprat, Roulleaux, etc. Ils étaient jeunes, ardents, et semblaient avoir adopté M. Ollivier pour leur chef de file. C'était de lui qu'ils prenaient le mot d'ordre. Attachés complètement à sa fortune, ils se montraient empressés et dévoués.

Quand M. Ollivier devait prendre la parole, ils envahissaient la tribune publique du Corps législatif et ils l'encourageaient du regard et du geste ; à l'issue de la séance, ils l'attendaient à la salle des Pas-Perdus et l'applaudissaient jusqu'à la porte de sortie. Il se constitua ainsi, à côté des Cinq, un groupe de jeunes gens tout prêts à les seconder et à les appuyer auprès du public. Comme ils étaient fort assidus aux séances de la Chambre, et qu'on ne voyait qu'eux dans la tribune publique, on les désigna dans les journaux sous le nom d'*auditeurs au Corps législatif*.

L'élection du 27 avril 1858, où figuraient les noms d'hommes de 1848, aurait dû ramener Proudhon aux idées qu'il avait exposées dans son livre : *la Révolution sociale démontrée par le coup d'État*. Elle produisit un effet tout contraire. Proudhon se rangea décidément du côté des abstentionnistes. Il est vrai qu'il n'avait pas à se louer du gouvernement impérial ; un ouvrage auquel il travaillait depuis plusieurs années (*La Justice dans l'Église et dans la Révolution*) venait d'être saisi et déféré au parquet. Il perdait ainsi le fruit d'un long labeur et il était menacé dans sa liberté.

Il eût fallu une véritable abnégation pour se rallier, en face d'un pareil désastre, à l'opposition constitutionnelle. Cette nouvelle persécution avait éveillé chez Proudhon des sentiments de colère. Aussi, je fus fort mal inspiré en lui adressant, à la date du 30 avril, la lettre de condoléance suivante :

» Paris, 30 avril 1858.

« Mon cher Proudhon,

» Permettez-moi de vous faire part du chagrin, mêlé de beaucoup d'autres sentiments, que j'ai éprouvé en lisant ce matin dans le *Moniteur* l'entrefilet annonçant la saisie de votre nouvel ouvrage. Absorbé par les travaux de la fin de la session, j'ai à peine eu le temps, quelque bonne envie que j'en eusse, de parcourir vos trois volumes. Mais le peu que j'en ai lu m'a prouvé que vous aviez mis là toute votre vie intellectuelle, que c'était votre testament politique que vous aviez écrit. Un livre pareil ne se refait pas. Je gémis pour notre pays, à qui il suffisait peut-être de la voix d'un honnête homme pour reprendre un peu d'élan moral, de la détermination à laquelle s'est arrêté le pouvoir. Comment n'a-t-il pas compris qu'il est plus facile de mener une nation chez laquelle le sentiment de la justice est profondément développé, qu'un pays auquel les ultramontains, coalisés avec les agioteurs, soufflent l'oubli de tous les principes conservateurs des sociétés humaines ? S'il se trouvait trois juges qui saisissent cette vérité si simple, votre cause serait triomphante.

» Mais se trouvera-t-il trois juges ?

» Votre ami tout dévoué bien que désavoué,

» Alfred Darimon. »

Ces derniers mots faisaient allusion à certains propos qui avaient été tenus par Proudhon, au milieu d'un cercle d'amis, sur mon entrée au Corps législatif. Comme d'usage, on n'avait pas manqué de me les rapporter. Il s'en était suivi entre nous un refroidissement, à la suite duquel nous avions cessé de nous voir. C'était un tort de ma part. Si j'avais pris le parti d'aller m'expliquer avec Proudhon, il est probable que nous nous serions entendus. Mais j'étais piqué au vif; je me considérais comme atteint dans ma dignité de représentant du peuple, et je me renfermais dans une bouderie obstinée. Proudhon comprit le sentiment qui m'avait dicté ma dernière phrase, car il me répondit :

« Mon cher Darimon,

» Je vous remercie de votre billet de ce matin; il me prouve que toute espèce de lien n'est pas rompu entre nous.

» Je ne garde pour vous aucun ressentiment.

» Aucune pensée de mésestime n'est entrée en mon âme, et comme j'espère toujours vous rendre bon témoignage, mes bons offices, si, dans la position où je me trouve, il m'est permis de parler ainsi, ne vous feront jamais défaut.

» Malheureusement je crois, pour des raisons toutes particulières, qu'il convient que nous restions désormais séparés. J'ajouterai, pour être franc jusqu'au bout, que, si votre ligne politique, appuyée en dernier lieu par d'illustres exemples et par trente ou quarante mille électeurs, n'a rien de personnellement reprochable, si même vous avez pu croire que je vous avais fourni moi-même des raisons plausibles de suivre cette ligne, cependant je suis convaincu qu'on pouvait faire plus et mieux que ce qui a été fait, et qu'à ce point de vue encore, il importe que notre insolidarité soit formellement accusée.

» C'est triste : les idées et les sentiments unissent les hommes ; les circonstances et la diversité des points de vue qu'elles font naître les désunissent. Il faut en prendre notre parti, puisque sans cela nous ne serions pas libres.

» Adieu donc, et faites de votre côté contre l'ennemi commun ce que je ferai du mien.

» Votre tout dévoué,

» P.-J. Proudhon. »

Quoique la forme en fût très adoucie, il n'y avait pas à s'y tromper. C'était une rupture. J'en fus douloureusement affecté et pendant longtemps.

Proudhon n'était pas seulement un ami politique pour moi ; j'avais pour lui les sentiments qu'un fils a pour son père. Il n'y avait pas pour le moment de tentatives à faire pour le ramener à une résolution moins sévère. Je le connaissais bien ; je savais qu'il avait dû lui en coûter beaucoup pour se séparer de moi, et que précisément à cause de cela, la chose une fois faite, il ne reviendrait pas sur le parti qu'il avait cru devoir prendre. Je m'en remis au temps du soin d'opérer un rapprochement entre nous. Je ne me trompais pas : au bout d'un an, il fut le premier à renouer nos relations d'autrefois.

A la vérité, il continuait à se montrer fort réservé avec moi sur le terrain politique, mais il était du moins plus disposé à m'encourager qu'à me blâmer. Dans ses brochures, toutes les fois qu'il avait occasion de parler de moi, il le faisait en termes qui, s'ils ne me donnaient pas satisfaction au point de vue politique, étaient du moins flatteurs pour mon amour-propre. Nous continuâmes ainsi à rester sinon alliés du moins unis jusqu'au bout. De mon côté, je me suis attaché à écarter tout ce qui de près ou de loin eût pu rappeler nos dissidences.

Proudhon n'a jamais parlé de moi qu'avec amitié ; je me suis toujours exprimé sur lui avec déférence et respect. Il a pu, dans des circonstances où j'avais le droit de compter sur son adhésion, changer brusquement de ligne de conduite et par là me causer de grands froissements de cœur. J'ai dû m'incliner ; mes sentiments sont restés les mêmes ; Proudhon sera toujours pour moi un maître vénéré.

Si je me suis étendu sur cet incident, c'est qu'on a essayé plus tard de se faire de ma brouille avec Proudhon une arme contre nous. Dans les partis, les moindres commérages ont leur importance. Nos adversaires, jaloux de l'influence que nous exercions sur l'opinion, cherchaient tous les moyens de nous nuire et de nous diminuer. Proudhon s'aperçut bien vite du rôle qu'on voulait lui faire jouer, et avec un désintéressement qui l'honore, il agit de telle façon que les malveillants comprirent bien vite qu'il n'était pas disposé à s'y prêter.

II

LA LOI DE SURETÉ GÉNÉRALE

Le 14 janvier 1858, il y avait fête au Palais-Royal. Le prince Napoléon donnait une grande soirée dont le programme était des plus attrayants : on annonçait la charmante comédie d'Alfred de Musset, *Quittes pour la peur*, avec M^mo Arnould-Plessy dans le rôle de la marquise; Duprez, qui ne se faisait plus entendre en public depuis longtemps, avait consenti à chanter plusieurs chansons de Béranger, et entr'autres *le Vieux sergent* et *le Dieu des bonnes gens*. L'Empereur et l'Impératrice devaient se rendre dans les salons de leur cousin, au sortir de l'Opéra où avait lieu une représentation extraordinaire au bénéfice du chanteur Massol qui prenait sa retraite.

Suivant une habitude invariable, le prince Napoléon avait adressé des invitations à toutes les personnes qui l'approchaient sans faire de distinction de partis ou d'opinions. J'avais reçu une de ces invitations, et je m'acheminais vers le Palais-Royal, quand arrivé rue

Laffitte, à la hauteur de la rue Rossini, je reçus dans mon fiacre une double secousse : la première venait d'une explosion formidable qui ressemblait à un coup de canon, la seconde était produite par un mouvement de recul qu'avait subi la voiture. Le cocher avait en effet toutes les peines du monde à maîtriser son cheval que la détonation avait effrayé. Je mis la tête à la portière : « Que se passe-t-il ? dis-je à mon auto-
» médon. — Je ne sais pas, monsieur, ça vient de
» l'Opéra; sans doute une explosion de gaz ! » La voiture se remit en route, et bien que deux ou trois détonations se succédassent à peu de distance l'une de l'autre, j'étais loin de me douter qu'il venait de se produire un de ces événements destinés à exercer sur la politique impériale une malheureuse influence.

En entrant dans les salons du Palais-Royal, je remarquai tout de suite qu'il se passait quelque chose d'insolite. Les figures étaient renversées. Ce n'est qu'en balbutiant que l'huissier chargé d'annoncer les invités prononça mon nom. Je trouvai, groupées à côté de la porte, et comme des gens disposés à s'esquiver, un certain nombre de personnes appartenant à ce qu'on appelait alors l'opinion radicale. Comme je cherchais des yeux le prince Napoléon, afin de le saluer, un aide de camp s'avança vers moi et m'apprit que le prince avait dû partir précipitamment, appelé auprès de l'Empereur par un événement terrible : « On a, me
» dit-il, tiré sur Sa Majesté à son arrivée à l'Opéra;
» on parle de l'explosion d'une machine infernale. »

Il était évident qu'on n'avait au Palais-Royal que des notions vagues sur ce qui s'était passé. Je racontai ce qui m'était arrivé en traversant la rue Laffitte. Je devins un moment le centre d'un groupe. Mais je ne tardai pas à m'apercevoir que j'étais entouré de gens disposés à me témoigner tout autre chose que de la bienveillance. Des propos désagréables étaient lancés à l'adresse des hommes d'opposition ; quelques-uns, avec cette suffisance qui caractérisait alors l'entourage impérial, laissaient échapper des insinuations presque inconvenantes. Je fis ma retraite en bon ordre vers ceux de nos amis que j'avais trouvés auprès de la porte d'entrée.

« Mon cher Ducoux, dis-je à l'ancien préfet de police de 1848, qui vint au-devant de moi, ne trouvez-vous pas que nous ne sommes pas à notre place ici ?

— « Oui, répondit M. Ducoux, on nous tient en quarantaine. Si je ne craignais de blesser le prince, je me serais déjà retiré. »

Nous fîmes un mouvement vers la porte, et en ce moment le prince entra. Comme notre groupe était le plus rapproché, ce fut vers nous qu'il se dirigea, et c'est en s'adressant à nous qu'il donna les détails de l'épouvantable attentat dont l'Empereur et l'Impératrice avaient failli être les victimes : « Leurs Majestés,
» dit-il, n'avaient pas été atteintes; il n'y avait de
» blessés que des passants et des cavaliers de l'escorte.
» Les coupables étaient arrêtés; c'étaient des Italiens.
» La salle entière de l'Opéra avait manifesté son
» indignation contre cette odieuse tentative. »

Un quart d'heure après le retour du prince Napoléon, la fête commença, mais elle fut des plus froides. Chacun était visiblement sous le coup de préoccupations pénibles. Beaucoup d'invités s'étaient retirés. On ne prêta à la pièce de Musset qu'une attention distraite, bien qu'elle fût jouée avec beaucoup de finesse par un aide de camp du prince, M. Ferri-Pisani, et par M. de Valabrègue, un des chambellans de l'Empereur. On ne put s'empêcher de faire un rapprochement entre le titre de la comédie de Musset, *Quittes pour la peur*, et le péril auquel l'Empereur et l'Impératrice avaient échappé si miraculeusement. Duprez chanta d'une voix éraillée deux ou trois chansons de Béranger. Mais à peine avait-il chevroté le dernier refrain qu'il se trouva devant des banquettes vides. Tout le monde s'était échappé. Les uns s'étaient rendus à l'Opéra, afin d'acclamer l'Empereur et l'Impératrice à leur sortie; les autres avaient couru aux Tuileries dont les salons étaient remplis d'une foule de gens empressés de faire montre de leur dévouement.

Les impressions que j'avais recueillies au Palais-Royal m'avaient fait entrevoir dans quel sens on allait engager la politique de l'Empereur. Sans doute parmi ces hommes appartenant presque tous au monde officiel, le sentiment du péril qu'avait couru la personne du souverain avait produit une émotion immense. Mais ce qui paraissait les avoir le plus frappés, c'était la fragilité du régime auquel ils avaient rattaché leur fortune. A entendre leurs raisonnements, on eût dit que c'étaient surtout les hautes situations occupées par eux qu'avaient menacé les terribles bombes d'Orsini. Un sénateur, qui passait au Luxembourg pour professer des opinions ultra-libérales, criait d'une voix flûtée aux applaudissements de tous : « Nous » n'aurons de repos et de sécurité que lorsqu'on aura » pris le parti de se débarrasser de tous ces co-

» quins. L'Empereur s'est montré jusqu'ici trop indul-
» gent, il faut qu'il devienne impitoyable. »

L'opinion dominante, c'était que le gouvernement devait adresser aux États voisins et surtout à l'Angleterre une sommation énergique d'avoir à expulser tous les conspirateurs cosmopolites auxquels ils donnaient un asile trop complaisant. Là-dessus il n'y avait qu'un cri : on considérait comme contraire au droit des gens l'indifférence que le gouvernement anglais montrait en face de machinations semblables à celle qui avait failli avoir une issue si funeste.

Le surlendemain de l'attentat, le Corps législatif, le Sénat et le conseil d'État se rendirent en corps aux Tuileries pour présenter leurs félicitations à l'Empereur. M. de Morny se fit l'interprète des sentiments qui dominaient dans le monde officiel. Son langage se ressentait de l'affolement général. On peut juger de la situation d'esprit où se trouvait cet esprit habituellement si mesuré, quand on lit les étranges paroles qu'il laissa échapper : « Lorsque les populations voient
» d'aussi abominables attentats se préparer au dehors,
» elles se demandent comment des gouvernements voi-
» sins et amis sont dans l'impuissance de détruire ces
» laboratoires d'assassinat et comment les saintes
» lois de l'hospitalité peuvent s'appliquer aux bêtes
» féroces. »

Tandis que la presse officieuse faisait appel à une répression inexorable, les quelques journaux indépendants qui existaient alors, le *Siècle*, l'*Estafette* et le *Courrier de Paris* se montraient aussi plats que possible. Menacés dans leur existence, ils avaient cru devoir prendre une attitude des plus humbles. Le

Journal des Débats seul montra quelque dignité ; il osa résister à l'entraînement général. Le *Constitutionnel*, par la plume de M. Granier de Cassagnac, s'oublia jusqu'à l'accuser de complicité dans l'attentat. Le *Journal des Débats*, en face de cette accusation aussi absurde que ridicule, garda un silence dédaigneux; c'était le meilleur parti qu'il y eût à prendre.

Le 18 janvier avait lieu l'ouverture de la session législative. En cette circonstance, les membres de la famille impériale crurent de leur devoir de marquer leur intime solidarité avec l'Empereur. Napoléon III avait à ses côtés le prince Jérôme, le prince Napoléon, le prince Louis-Lucien Bonaparte, le prince Lucien Murat et le prince Joachim Murat. La princesse Mathilde accompagnait l'Impératrice.

Le discours de l'Empereur reflétait les impressions de son entourage. « Le danger, disait-il, n'est pas, » quoi qu'on dise, dans les prérogatives excessives du » pouvoir, mais plutôt dans l'absence de lois répres- » sives. » Plus loin le souverain invitait le Corps législatif à l'aider « à rechercher les moyens de réduire » au silence les oppositions extrêmes et factieuses. » Il y avait aussi un avertissement à l'adresse des députés d'opposition nouvellement élus : « J'accueille avec » empressement, sans m'arrêter à leurs antécédents, » tous ceux qui reconnaissent la volonté nationale ; » quant aux provocateurs ou organisateurs de com- » plots, qu'ils sachent bien que leur temps est » passé. »

M. Hénon et M. Curé, qui s'étaient fait confectionner un uniforme de député, assistaient à la séance impériale. Ils nous rapportèrent le lendemain qu'en prononçant ces paroles, l'Empereur s'était tourné du côté du Corps législatif et avait semblé chercher des yeux les députés opposants pour bien indiquer que ces paroles s'adressaient à eux. C'étaient des mots qui ne portaient pas, puisque tout dans notre attitude prouvait que nous étions décidés à ne pas nous écarter un seul moment du terrain de l'opposition légale et constitutionnelle.

L'Empereur, dans son discours, avait manifesté un profond dépit de ce « qu'on avait vu, disait-il, quel-
» ques hommes qui, s'avouant hautement ennemis des
» institutions nationales, avaient trompé les électeurs
» par de fausses promesses et, après avoir brigué
» leurs suffrages, les avaient rejetés ensuite avec
» dédain. » Le refus de serment de MM. Cavaignac, Goudchaux et Carnot n'avait pu être effacé par la soumission de MM. E. Ollivier, Darimon et Hénon. Aussi une des premières mesures qui furent prises, pour éviter ce qu'on appelait « un scandale public », ce fut d'envoyer au Sénat un projet de sénatus-consulte pour exiger des candidats à la députation le serment exigé par l'article 16 du sénatus-consulte du 25 décembre 1852. Cette formalité n'était pas nouvelle ; c'était un emprunt fait à la législation des plus mauvais jours de la Restauration.

Il se trouve toujours, dans ces moments de trouble moral, des esprits excessifs qui cherchent à faire prévaloir les idées les plus absurdes. Un d'eux exposa en conseil, qu'il y aurait peut-être avantage à imposer aux gérants, rédacteurs et propriétaires de journaux le serment politique. « On parviendrait ainsi, disait-il,
» à se débarrasser des éléments hostiles ou dange-

» reux qui cherchaient dans la presse un moyen de
» satisfaire leurs sentiments de haine. » Le moyen fut
jugé impraticable ; mais il parut difficile d'exempter
les journaux des mesures qui allaient être prises. On
s'arrêta à l'idée de frapper de suppression deux journaux, la *Revue de Paris*, qui représentait l'opinion
républicaine, et le *Spectateur*, qui était l'organe du
parti légitimo-orléaniste. Dans le long rapport qui
précédait le décret de suppression et qui était signé
Billault, il était impossible de trouver une raison qui
pût résister à un examen sérieux. Il n'y avait qu'un
mot qui révélât la pensée gouvernementale : « Ce sera,
» disait le ministre de l'intérieur, un avertissement
» pour d'autres. »

Mais ce n'était là que la menue monnaie du régime
qui avait prévalu dans les conseils du gouvernement.
Ce régime constituait pour l'Empire un véritable système défensif. Trois grandes mesures le caractérisaient : l'institution des grands commandements militaires, la création d'un Conseil privé pouvant devenir
à un moment donné un Conseil de régence, et surtout
une loi de sûreté générale destinée à peser comme une
menace sur toutes les opinions hostiles.

La création d'une Régence entourée d'un conseil
destiné à lui donner une plus grande force n'avait
rien que de très légitime. Elle était en quelque sorte
appelée par les circonstances. Elle répondait à une pensée de prévoyance en face d'éventualités redoutables.
Le Sénatus-consulte du 17 juillet 1856 renfermait
une lacune qu'il était urgent de combler. Un décre
du 1ᵉʳ février 1858 conféra à l'Impératrice le titre de
Régente avec le droit d'en exercer les fonctions à

partir de l'avènement de son fils mineur. Le Conseil privé qui devait former, en cas de mort de l'Empereur, le Conseil de Régence, était à la vérité composé de personnages connus pour leurs opinions réactionnaires, mais leur influence était contrebalancée par celle des deux princes français que le décret leur adjoignait; ces deux princes étaient le prince Jérôme et le prince Napoléon qu'on considérait comme acquis aux idées libérales. En l'absence de l'Empereur, c'était au prince Jérôme qu'était dévolue la Présidence, ce qui donnait au Palais-Royal une situation prépondérante.

Mais si les décrets concernant la Régence pouvaient être considérés comme un acte de prudente conservation, on n'en pouvait pas dire autant du décret qui instituait les grands commandements militaires ni de la loi de sûreté générale.

Dans une note qui me fut demandée à la fin du mois de mars 1858 par le prince Napoléon pour être mise sous les yeux de l'Empereur, je m'expliquai en ces termes sur le décret concernant les grands commandements militaires :

« On ne se contente pas de frapper les auteurs et les complices de l'attentat, on met en suspicion le pays tout entier. La pensée qui a inspiré la création de cinq commandements militaires n'a échappé à personne. On a vu là une sorte de mise en état de siège de toute la France ou du moins l'établissement de ce régime militaire que, dans tous les temps, elle a détesté. Les grands commandements militaires répondent-ils, du moins, au but qui les a fait établir ? Pas le moins du monde. La France est un pays unitaire ; les mouvements qui s'y manifestent se produisent au centre ; jamais l'impulsion ne vient des départements. Dans le cas où Paris se soulèverait contre l'Empire, les maréchaux ne pourraient rien faire pour sa défense. Paralysés par l'adhésion que le mouvement recevrait des provinces, ils seraient eux-mêmes rapidement entraînés. Impuissants pour le bien, les commandements militaires ne seront pour le pays qu'un moyen d'inutile vexation. C'est une pure institution de luxe. »

L'opinion que j'exprimais dans cette même note sur la loi de sûreté générale n'était pas moins sévère :

« ... C'est, disais-je, se placer à un point de vue bien étroit que de considérer uniquement les petits inconvénients d'une situation et d'en tirer prétexte pour ajourner les réformes légitimes. Si la liberté n'était pas possible en France au lendemain du 14 janvier, c'est qu'elle ne le sera jamais ; il faut non pas seulement l'ajourner, il faut y renoncer pour toujours. Mais comment ne voit-on pas qu'au contraire le lendemain de l'attentat était le moment le plus propice pour établir la liberté ? A prendre l'attentat comme une œuvre des partis hostiles, il est certain que c'était une tentative avortée. Or, rien ne détruit les partis comme les tentatives qui avortent. Le 15 janvier au matin, le gouvernement impérial était cent fois plus fort que le 20 décembre 1852 ; il pouvait tout ce qu'il voulait. Comment ne l'a-t-il pas compris ? Comment a-t-il pu se laisser aller à des terreurs puériles ? Comment a-t-il pu se renfermer dans une pensée étroite de conservation, alors qu'il fallait arborer au grand soleil l'idée de la Révolution ?

» Ce qui prouve combien peu on a eu l'intelligence de la situation, ce sont les mesures de sûreté générale qu'on a soumises au Corps législatif. Les hommes qui ont le culte du droit ont gémi en voyant l'oubli dans lequel on mettait le respect de la liberté individuelle ; les amis sérieux de la dynastie ont vu là quelque chose de plus, ils ont jugé cette mesure comme le coup le plus rude qu'on pût porter à son avenir. Par là en effet le gouvernement de l'Empereur a semblé condamner la politique qu'il a suivie depuis six ans. Cette politique était des plus sages : on avait travaillé à l'apaisement des esprits en multipliant les amnisties et les grâces ; beaucoup d'exilés avaient vu se rouvrir les portes de la France ; en dernier lieu, on avait déclaré que tous pouvaient rentrer sous la seule condition de promettre qu'ils s'abstiendraient de toute tentative contre l'Empire. En agissant ainsi, le gouvernement de l'Empereur faisait preuve de force en même temps que de sagesse, il montrait qu'il n'avait pas besoin de mesures d'exception pour subsister, et qu'il n'avait plus rien à craindre de ses adversaires.

» Le lendemain de l'attentat, on déclare à l'Europe étonnée que l'Empire est miné dans sa base, que les complots l'environnent, que les sociétés secrètes le menacent et que c'en est fait de lui, si l'on n'a pas recours à des mesures qui permettent au gouvernement de faire ce qu'il lui plaît d'une certaine catégorie de citoyens. En d'autres termes, on vient proclamer que sept ans d'une politique glorieuse n'ont servi de rien, que tout est à recommencer, même le coup d'État. Les partis étaient morts ; on les ressuscite ; ils venaient à l'Empire, on les repousse... »

Bien qu'on eût annoncé que l'Empereur avait fait de sa main des modifications au projet de loi, et qu'il eût même retouché l'Exposé des motifs, le Corps législatif ne fit à la loi relative à des mesures de sûreté générale qu'un accueil très froid et très réservé. Le gouvernement avait déclaré à diverses reprises que l'attentat était uniquement l'œuvre de conspirateurs étrangers ; on ne comprenait pas comment on s'en prenait à des Français qu'on accusait sans preuves d'une sorte de complicité morale. Les députés montraient quelque humeur de se voir associés, sans l'avoir désiré ni demandé, à des proscriptions que rien ne motivait et qui pouvaient attirer sur eux, à un moment donné, des haines et des vengeances.

Aussi la discussion dans les bureaux fut-elle vive et passionnée. Le projet de loi fut l'objet de nombreuses critiques. Beaucoup de députés, très dévoués à l'Empire, en réclamaient le rejet pur et simple. Mais le plus grand nombre, tout en regrettant qu'il eût été présenté, demandaient qu'on en limitât les effets pour une période très courte ; ils trouvaient qu'en mettant pour trois ans entre les mains du gouvernement ces armes exceptionnelles, on lui accordait tout ce dont il prétendait avoir besoin pour se débarrasser des partis hostiles.

Nous nous étions rendus, dans nos bureaux respectifs, bien moins avec l'intention de prendre part à la discussion que de nous rendre compte des sentiments qui animaient la Chambre. Le débat avait été fort mouvementé dans mon bureau; j'avais pris des notes assez étendues sur les arguments qu'on avait fait valoir pour et contre le projet de loi.

A quelques jours de là je fis la rencontre de M. le baron de Janzé, mon ancien collaborateur du *Peuple* et de la *Voix du Peuple*. Il réunissait chez lui, tous les mercredis, un certain nombre d'amis; on jouait au whist, on faisait de la musique; j'étais depuis longtemps un habitué de ces petites réunions intimes.

— Savez-vous, me dit M. de Janzé, que vous effrayez beaucoup un de mes amis! L'autre soir, il m'a manifesté son étonnement de ce que je vous recevais chez moi.

— Pourquoi cela?

— Il prétend que, lors de la discussion de la loi de sûreté générale dans les bureaux, il a remarqué que vous preniez des notes sur les discours des orateurs.

— C'est vrai, mais quel mal y a-t-il à cela?

— Votre collègue prétend que vous êtes en rapport avec le Comité révolutionnaire de Londres, et que vous n'avez pris des notes que pour les lui envoyer.

— C'est ridicule. J'ai pris des notes pour me guider dans la discussion de la loi, si l'occasion se présentait pour moi de prendre la parole. Quel est cet imbécile?

M. de Janzé me donna un nom que je ne répèterai pas ici, attendu que cet excellent collègue à qui je causais tant de frayeur est devenu depuis mon ami et possède une des intelligences les plus fines que je connaisse. Mais on voit, par cet exemple, combien les esprits les plus fermes trouvent difficilement leur assiette quand on les place dans une situation fausse; la majorité était évidemment hantée par la peur du Comité révolutionnaire, et chaque député n'était pas loin de croire qu'on mettrait bientôt à ses trousses un des sicaires d'Orsini.

Je ne fis que rire de la terreur que je causais à mon spirituel collègue. J'avais tort. Quelques jours auparavant, j'avais reçu une lettre anonyme où l'on insinuait que je n'avais pénétré dans la Chambre que pour saisir l'occasion d'assassiner l'Empereur. Il est certain que les députés de la majorité nous soupçonnaient d'avoir des rapports avec les fauteurs de complots. On nous tenait dans un isolement absolu. On se taisait à notre approche. Quand, dans la salle des conférences, nous nous asseyions à la table où les députés rédigeaient leurs correspondances, nos voisins ramassaient précipitamment leurs papiers et allaient se placer plus loin. Quand nous demandions un journal, les garçons, feignant de n'avoir pas entendu le titre, nous apportaient le journal le plus avancé, comme étant le seul dont la lecture pût nous intéresser. A la buvette, on nous regardait de travers. Les députés, avec qui nous avions des relations en dehors de la Chambre, n'osaient plus nous adresser la parole dans les couloirs; ils attendaient, pour nous serrer la main, que nous fussions entre deux portes, loin des regards indiscrets. Pendant plusieurs jours, le secrétariat général et la questure cessèrent de nous envoyer les convocations à domicile. On semblait vouloir nous pousser à bout à force de mauvais procédés.

Nous ne rencontrions pas, parmi nos amis du dehors, les encouragements sur lesquels nous avions le droit de compter. La présentation de la loi de sûreté générale les avait littéralement atterrés; ils se voyaient tous sur le chemin de Cayenne ou de Lambessa. Il y avait eu, le 3 février, une soirée chez M. Havin, directeur du *Siècle*, et nous avions pu remarquer l'effet produit par la politique brutale du gouvernement. Le pauvre M. Havin faisait peine à voir; tous les jours on le menaçait de faire subir au *Siècle* le même sort qu'à la *Revue de Paris* et au *Spectateur*. Placé sous le coup d'une suppression qui eût ruiné ses actionnaires et qui lui eût fait perdre une situation politique importante, M. Havin ne savait quelle attitude prendre. A la suite des élections de Paris, le *Siècle* avait couru les plus grands périls; à l'heure qu'il est, on conjurait sa perte dans les conseils du gouvernement. Aussi nous suppliait-on, dans l'entourage de M. Havin, de nous montrer très modérés dans nos attaques contre la loi de sûreté générale. On nous faisait entendre que les critiques viendraient des bancs de la majorité, et que, dans l'intérêt même de la cause que nous défendions, le meilleur parti qu'il y eût à prendre était de voter silencieusement contre la loi. Il était douteux, du reste, nous disait-on, que nous pussions prendre la parole; on avait résolu de nous arrêter au premier mot.

M. Havin avait composé son salon de façon à écarter les soupçons et à rassurer le gouvernement sur ses intentions pacifiques. Il avait une fille charmante, et il avait groupé autour d'elle un essaim de jeunes pensionnaires, auprès desquelles une foule de jeunes gens, étrangers au monde politique, montraient le plus grand empressement. On eût dit le salon de M. Foy, entrepreneur de mariages. Les conversations sérieuses avaient lieu dans les petits coins et entre gens d'une discrétion sûre.

La commission, chargée d'examiner le projet de loi relatif à des mesures de sûreté générale, était composée de la façon suivante : MM. le comte de Morny, président et rapporteur; le vicomte Clary, secrétaire; Roques-Salvaza, le baron Paul de Richemont, Duboys d'Angers, Geoffroy de Villeneuve et Dusolier. Les dissidences qui s'étaient manifestées dans les bureaux s'étaient reproduites dans le sein de la commission. On insistait surtout sur la nécessité de donner à la loi une durée très limitée. L'Empereur, paraît-il, avait adopté cette opinion. M. de Morny s'était rendu compte des répugnances de la majorité ; il avait jugé qu'il fallait lui donner satisfaction dans une certaine mesure, et il avait conseillé à l'Empereur de modifier sur ce point le projet de loi. M. Billault trouva que limiter l'action de la loi, c'était l'énerver d'avance et se priver d'une arme dont on pouvait avoir besoin dans un moment décisif. Il ne parvint pas à faire triompher ses idées, et il déposa son portefeuille.

Cette démission avait mis à l'aise certaines personnes de l'entourage qui depuis longtemps caressaient le rêve de placer le ministère de l'Intérieur entre les mains d'un militaire. L'Empereur ne partageait pas les illusions de ses conseillers intimes. Il reprochait aux militaires de manquer de courage civil. Il se laissa néanmoins entraîner, et M. le général Lespinasse fut nommé ministre de l'Intérieur, en remplacement de M. Billault; à son titre, on ajouta celui de « ministre de la Sûreté générale ». C'était indiquer d'un mot le rôle qu'il avait à remplir.

Du reste, l'Empereur traça à son nouveau ministre, dans une lettre particulière, des instructions très précises : « Le corps social, disait-il, est rongé par une
» vermine dont il faut coûte que coûte se débarrasser.
» Il y a aussi des préfets dont il faut se débarrasser
» malgré leurs protecteurs. Je compte pour cela sur
» votre zèle. Ne cherchez pas par une modération hors
» de saison à rassurer ceux qui vous ont vu venir au
» ministère avec effroi. Il faut qu'on vous craigne,
» sans cela votre nomination n'aurait pas de raison
» d'être. »

L'observation de l'Empereur était juste : l'effet de la nomination du général Lespinasse avait causé un sentiment de terreur parmi les partis hostiles. On se rappelait qu'en 1852, le général Lespinasse avait été envoyé, avec le général Canrobert et M. Quentin-Bauchard, dans un certain nombre de départements, pour remplir une mission de clémence, et que, dans un rapport adressé à l'Empereur, il s'était prononcé en faveur de la continuation des mesures de rigueur. On se répétait ces phrases qui avaient soulevé dans le temps une indignation générale : « La circulaire de
» M. le ministre de l'Intérieur et les mises en liberté
» qui en ont été la suite ont produit le plus mauvais
» effet. Les grâces individuelles que vous avez déjà

» accordées, monseigneur, ont produit en général une
» mauvaise impression dans le pays. »

L'opinion publique ne se trompait pas; les idées politiques du général Lespinasse étaient celles d'un bon capitaine de gendarmerie. La répression, une répression permanente, lui paraissait pouvoir seule donner à l'Empire sa raison d'être. Le général Lespinasse a du reste consigné son programme gouvernemental dans une lettre à l'Empereur, qui est devenue célèbre :

« Si de 1848 à 1851, disait-il, toutes les institutions sociales n'avaient pas couru un péril tel qu'elles n'en ont jamais couru de plus grand, vous ne seriez qu'un ambitieux vulgaire ayant exploité à son profit quelques troubles passagers. Si le pays a vu et proclamé en vous son sauveur, c'est que ce péril a été immense et de la nature de ceux que six années sont bien insuffisantes à dissiper. La France le sait et la France veut aujourd'hui ce qu'elle a voulu en 1851. Supposer que la France a voulu renouer, en vous appelant au pouvoir, une tradition domestique interrompue depuis trente-trois ans, c'est lui faire honneur de sentiments politiques que, par malheur, elle n'avait pas. Sans doute, le nom de Napoléon avait dans le pays une immense popularité; mais il était populaire comme symbole de gloire militaire et surtout comme symbole d'ordre. C'est l'ordre que le peuple a cherché en acclamant votre nom; c'est l'horreur de l'anarchie républicaine qui a été, pour la seconde fois, le sacre de la dynastie napoléonienne... Un cri général est monté vers vous, un cri qu'il n'est que juste de traduire par ces mots : Garantissez-nous encore une fois l'ordre dont nous vous avons fait le représentant et l'arbitre; puisque le même péril nous menace, soyez ce que vous avez été déjà pour l'écarter de nos têtes! »

La présentation de la loi de sûreté générale avait causé une grande tristesse au prince Napoléon. Un moment, il avait espéré que la majorité rejetterait cette loi impolitique, qu'il avait le premier baptisée

4.

du nom de *loi des suspects*. La nomination des commissaires dans les bureaux lui avait enlevé cette illusion; mais il se rejetait sur un bruit fort répandu qu'un certain nombre de députés très dévoués à l'Empire devaient attaquer vivement le projet. L'avènement du général Lespinasse causa au cousin de l'Empereur un véritable sentiment de consternation. C'était un retour à la politique du coup d'État, et le prince Napoléon sentait que c'était, pour un temps, la mise à l'écart, non seulement de sa personne, mais de tous ses amis. Il cherchait à se rassurer et en même temps à rassurer les autres en répétant : « Ce n'est que momentané. » Mais au fond, il comprenait qu'il était en disgrâce. On ne comptait plus avec lui : les princes étrangers envoyés par les cours de l'Europe pour féliciter l'Empereur au sujet de l'attentat du 14 janvier, allaient chez son père et chez sa sœur; ils s'abstenaient de lui rendre visite.

Au Château, dans le monde officiel et parmi ces hommes de violence et de coups de main qui exercèrent, sous le second Empire, une si funeste influence, le choix d'un militaire comme ministre de l'intérieur fut considéré comme le plus heureux qu'on pût faire. Jamais ces gens-là n'ont pu se persuader qu'il n'y a que les gouvernements faibles qui cherchent à se soutenir par la répression. Un chambellan avait trouvé, pour désigner le nouveau ministre, une dénomination qui avait été accueillie tout de suite avec faveur, par tous les courtisans et tous les serviles : on l'appelait le *général-ministre;* on était fort mal vu, dans ce milieu puéril et frivole, quand on ne disait pas, en parlant du général Lespinasse, *Son Excellence le général-*

ministre. On voyait dans ces cinq mots tout un système de gouvernement.

Parmi les gens de banque et de finances, on s'était montré fort défiant. L'avènement du *général-ministre* avait été accueilli par une forte baisse. Il fallait, suivant eux, que le gouvernement se considérât comme sérieusement menacé, puisqu'il avait recours aux mesures extrêmes et qu'il mettait un homme d'épée à la tête de l'administration civile du pays. Les hommes d'affaires n'aiment pas les à-coups en matière de gouvernement, parce qu'ils apportent du trouble dans leurs opérations et qu'ils rendent les capitaux craintifs.

Aussi, au grand désespoir de ceux qui avaient applaudi à son arrivée au pouvoir, le général Lespinasse, qui flairait un commencement d'opposition à ses projets, crut-il d'une bonne politique d'amoindrir son rôle dans la circulaire qu'il adressa aux préfets : « Il n'est » question, disait-il, ni de mesures discrétionnaires, » ni de rigueurs superflues; il est besoin d'une sur- » veillance active, incessante, empressée à prévenir, » prompte et ferme à réprimer, calme toujours, comme » il convient à la force et au droit. »

Ces paroles étaient pour les badauds. A peine le général Lespinasse avait-il été mis en possession de son portefeuille, qu'il avait fait venir à Paris à tour de rôle tous les préfets de l'Empire. A chacun d'eux, il avait indiqué le nombre d'arrestations à effectuer dans son département. Il y avait des préfets qui témoignaient de la répugnance à se livrer à une pareille besogne ; on les menaçait de destitution. D'autres, pris de scrupules, hasardaient timidement cette question :

« Mais qui faut-il arrêter ? — Peu importe ; répondait
» le ministre ; je vous ai indiqué le nombre, le reste
» vous regarde. »

Quelques préfets essayèrent cependant de résister à ces effroyables injonctions. L'un d'eux m'a raconté qu'on l'avait taxé à dix arrestations, et que, de retour dans son chef-lieu, il avait écrit au ministre : « Je ne puis trouver dix personnes à arrêter ; il n'y a que des honnêtes gens dans mon département. » Il reçut immédiatement une dépêche ministérielle contenant une liste de dix personnes considérées comme suspectes. Parmi elles, se trouvait le frère d'un magistrat faisant partie d'une des cours impériales, homme honorable entre tous ; le préfet, qui avait pour lui la plus grande estime et qui le consultait souvent, dut le faire incarcérer, et il eut le chagrin de le voir banni du territoire et obligé de prendre le chemin de l'exil.

Pour justifier ses actes arbitraires, le gouvernement, dans des *Notes* insérées au *Moniteur*, dans des circulaires adressées aux fonctionnaires de l'Empire, dans des articles publiés par les journaux officieux, avait adopté une thèse qui lui paraissait répondre à toutes les objections : sans doute le crime du 14 janvier avait été conçu et exécuté par des étrangers ; mais on avait constaté qu'en beaucoup d'endroits, il y avait des gens qui, sans connaître le projet d'attentat, avaient entendu dire que vers le milieu de janvier, il y aurait quelque chose à Paris, et que peut-être une révolution éclaterait. Ces bruits circulaient, disait-on, surtout parmi les hommes hostiles à l'Empire, et ils paraissaient disposés à profiter de l'événement s'il venait à réussir. Le devoir du gouvernement était de faire tous ses efforts pour conjurer le danger qui lui était révélé. On ne pouvait pas laisser impunis des hommes qui étaient constamment à l'affût d'une catastrophe [1].

Cet argument triomphant n'eut d'autre effet que de faire donner à la loi de sûreté générale son véritable nom. On l'avait appelée jusque-là la *loi des suspects*; M. Émile Ollivier l'appela la *loi des expectants*. Le mot fit fortune, et c'est sous cette dénomination que cette loi malencontreuse fut désormais désignée dans le monde politique.

Jusqu'au 11 février, le gouvernement impérial, bien que les preuves fissent défaut, pouvait soupçonner les partis hostiles d'avoir encouragé l'attentat; après cette date, il ne le pouvait plus. L'Empereur avait en effet reçu d'Orsini cette lettre qui produisit tant d'émotion quand elle fut connue du public, et qui faisait du crime du 14 janvier une sorte de tragédie patriotique.

En adressant à l'Empereur du fond de son cachot une touchante prière en faveur de l'indépendance de l'Italie, Orsini indiquait non seulement quel but il avait poursuivi, mais il caractérisait d'un mot toutes les tentatives d'asssassinat dirigées contre Napoléon III et qui avaient eu des Italiens pour instruments; il lavait du même coup, de tout soupçon de connivence, les démocrates français qu'on voulait frapper comme ayant été des complices inconscients.

Après avoir reçu la lettre d'Orsini, l'Empereur

1. Voir le discours de M. Baroche dans la séance du Corps législatif du 18 février 1858.

n'avait plus qu'une chose à faire ; c'était de retirer la loi de sûreté générale. Cet appel d'un homme voué à l'échafaud, Napoléon III l'avait entendu ; un an plus tard, il devait réaliser le vœu suprême de son assassin. Par la force des choses, il allait être amené à amnistier tous ceux qu'il voulait, en ce moment, condamner à la transportation et à l'exil. S'il avait eu un peu plus de clairvoyance, il eût arrêté dès le 12 février l'effet des mesures qu'il avait prises. On dit qu'il en eut un moment la pensée. Mais les influences néfastes qui pesèrent sur lui durant tout son règne eurent bien vite raison de ces velléités de sagesse et de clémence. La loi de sûreté générale fut maintenue. Mais comme il était difficile après les déclarations si nettes d'Orsini, de la rattacher à l'attentat du 14 janvier, on envoya au *Moniteur* une note pour expliquer que les mesures prises « pour défendre et consolider nos institutions » avaient été arrêtées bien longtemps avant cette date.

J'ai eu la curiosité de rechercher les indices de cette grande conspiration latente qu'on prétendait envelopper toute la France. Je n'ai pas découvert grand'chose ; mais cette petite enquête montrera sur quelles bases légères on échafaudait cette forteresse d'iniquité qu'on considérait comme indispensable à la sûreté de l'Empire.

A Laon, un individu avait exprimé son mécontentement de ce que l'attentat du 14 janvier n'avait pas réussi.

A Rennes, un homme et une femme avaient dit, le 14 janvier, « que du 15 au 20 il se passerait quelque

» chose d'assez grave pour qu'une révolution dût s'en-
» suivre. »

A Toulouse, un nommé Izard avait annoncé au commencement de janvier qu'une révolution qui améliorerait le sort des ouvriers éclaterait avant la fin de l'année.

A Bourg, un nommé Michel Tenoz avait dit en apprenant l'attentat du 14 janvier : « Oui ! oui ! c'est
» bien dommage qu'on l'ait manqué ! je lui tirerais
» moi-même dessus pour cent sous ! »

A Tourcoing, un pauvre cordonnier avait tenu les propos suivants devant un de ses amis : « Ils l'ont
» manqué ; ce n'est qu'un moment de rallonge ; il y
» en a encore d'autres pour le tuer. — Mais vous ne
» vous rappelez donc pas les misères de la République ; je m'en souviens et j'en souffre encore. —
» Bah ! en République, on vit bien tout de même ! »

A Montpellier, un individu avait eu au cabaret la conversation suivante : « L'Empereur a dit à son général : Je vais me rendre à la Chambre des députés ;
» vous tirerez sur moi un coup de pistolet à poudre ;
» on me croira mort et j'éprouverai ainsi les senti-
» ments de la Chambre. Cela a été fait et la Chambre
» a crié : Vive Henri V ! C'est malheureux, car
» l'Empereur n'a fait que le bien du peuple. »

A Valenciennes, un Belge avait dit : « C'est un mal-
» heur que l'attentat n'ait pas réussi ; car la mort
» de l'Empereur aurait amené une révolution en
» Belgique. »

A Montpellier, un ouvrier avait annoncé que la République serait proclamée du 15 au 20 janvier, qu'il était sûr du fait, attendu qu'il tenait cette affirmation d'un chef du parti républicain qui avait passé à Carcassonne à la fin de décembre 1857.

A Mâcon, un individu avait tenu les propos suivants : « Vous verrez qu'il arriva quelque chose à
» l'Empereur. » Et plus tard : « On l'a manqué cette
» fois, mais on ne le manquera pas toujours. L'Em-
» pereur fait déjà ses préparatifs pour se retirer en
» Angleterre ; mais moi, je veux l'arrêter. Au 20 mai
» prochain, il y aura une révolution dans toute
» l'Europe ; les chemins de fer seront coupés. Nous
» sommes 300,000 pour faire cette révolution. »

A Nantes, un pauvre diable avait proféré le cri de : Vive Henri V !

A Louviers, un facteur rural avait répandu le faux bruit de la proclamation de la République à Paris le lendemain du 14 janvier.

A Riom, un individu avait dit que 53 émissaires étaient chargés de faire réussir les projets avortés du 14 janvier.

A Epinal, un autre avait annoncé le 22 février, dans un cabaret, qu'un nouvel attentat venait d'être commis sur la personne de l'Empereur qui, étant en promenade et accompagné d'un officier du Palais, avait failli être atteint par l'explosion d'une bombe.

Voilà tout ce que j'ai pu relever de plus caractéristique dans les condamnations judiciaires prononcées à la suite du 14 janvier. C'est sur ces propos grotesques et sur une trentaine de jugements atteignant les délits de fausses nouvelles, d'outrages à la personne de l'Empereur et du prince impérial, qu'on s'appuyait pour soumettre la France à un régime d'exception et d'arbitraire.

Le mot de cette comédie a été dit par M. Baroche. Comme un de ses amis protestait devant lui contre toutes ces rigueurs intempestives, il laissa échapper une parole qui mérite d'être recueillie : « Nous savons » bien que le parti républicain ne conspire pas ; mais » il reprend de l'importance, et cela suffit pour que » nous nous croyions obligés de le frapper. »

Le rapport sur la loi de sûreté générale fut déposé par M. de Morny le 13 février. Le Corps législatif en exigea la lecture. M. de Morny avait, à ce qu'il paraît, insisté beaucoup pour être nommé membre de la commission et pour être chargé des fonctions de rapporteur. Esprit essentiellement conciliant, il essaya de faire de son rapport une sorte d'appel aux légitimistes et aux orléanistes qu'il invitait à se grouper autour de l'Empire pour combattre « les ennemis implacables de la société », les socialistes. C'est contre ces derniers qu'il invitait « les honnêtes gens » à se coaliser. M. de Morny avait la connaissance parfaite des éléments dont se composait la Chambre ; il savait que les anciens partis y comptaient un grand nombre d'adhérents secrets ; la discussion qui avait eu lieu dans les bureaux avait laissé entrevoir de grandes difficultés. Il avait cru pouvoir triompher des scrupules des uns et des répugnances des autres ; il n'avait réussi qu'à épaissir davantage les ténèbres qui paraissaient envelopper les intentions du gouvernement impérial.

La discussion révéla l'existence d'une opposition qui jusque-là ne s'était pas manifestée. Elle se composait d'hommes qui avaient été élus avec l'appui du gouvernement, ou bien qui, dans les élections, n'avaient manifesté aucune tendance hostile. Les critiques les plus vives dirigées contre la loi venaient de MM. d'Andelarre, Plichon, Legrand, de Pierres et Gareau. La déclaration de ce dernier produisit une profonde émotion dans la Chambre. M. Gareau siégeait sur les bancs de l'extrême droite ; au moment où on allait passer au vote, il se leva, et d'une voix où la tristesse s'alliait à la fermeté, il prononça ces paroles significatives :

« Autant que personne je désire le maintien de
» l'Empire, et c'est précisément pour cela que je ne
» puis accorder mes suffrages à une loi qualifiée de
» douloureuse par ceux qui l'ont appuyée et de funeste
» par ceux qui l'ont combattue. »

Malgré notre petit nombre, nous fîmes notre devoir en cette circonstance. M. Emile Ollivier prononça au début de la discussion un discours qui produisit une grande impression. On s'attendait à des paroles violentes ; on fut étonné de voir un orateur qui savait se contenir, et qui, tout en flétrissant des mesures attentatoires à la liberté individuelle, se renfermait dans les limites de la modération et soumettait la loi proposée à la mesure inflexible de la justice et du droit. Le discours de M. Ollivier épuisait la matière ; les orateurs qui parlèrent après lui furent réduits à lui emprunter ses arguments. C'est avec raison que les Cinq ont pu dire dans le Compte-rendu à leurs électeurs, en parlant de la loi de sûreté générale : « Nous
» avons eu l'insigne honneur de formuler les premiers
» toutes les critiques qu'on a dirigées depuis contre
» cette loi d'exception. »

Au vote, il se trouva 24 bulletins bleus. Mais il est

juste d'ajouter à ces 24 voix, les 14 membres qui s'étaient abstenus, ou comme on disait alors, qui étaient absents au moment du vote. De cœur, ces députés étaient avec les opposants. Si l'on ajoute à ces chiffres les députés qui avaient demandé des congés pour n'avoir pas à se prononcer ou pour invoquer un alibi à l'occasion, on trouvera que près de cinquante membres de la Chambre étaient contraires à la loi.

Au Sénat, la loi ne rencontra qu'une voix d'opposition; mais celle-là en valait mille, c'était celle du général Mac-Mahon, le futur vainqueur de Magenta. Les séances du Sénat n'étant pas publiques, le discours du général Mac-Mahon ne fut connu que d'un nombre de personnes très restreint. Des journaux étrangers essayèrent de le faire pénétrer en France; mais ils furent arrêtés à la frontière. Si ce discours avait reçu une grande publicité, il eût produit sur l'opinion publique un effet considérable. L'Empire se fût certainement arrêté sur la pente périlleuse où il était lancé.

Après le procès d'Orsini et de ses complices, surtout après leur exécution dont les journaux avaient fait connaître les moindres détails, il était impossible au gouvernement de persister dans cette invention odieuse d'une grande conspiration des *expectants*. Les arrestations qui avaient eu lieu sur tous les points du territoire avaient indigné tout le monde. On arrêtait partout, dans les rues, sur les places publiques, dans les ateliers. Toutes les classes de la société se trouvaient frappées. Dans la seule nuit du 23 au 24 février on avait arrêté plus de cinq cents personnes. On commençait à murmurer. Pour peu qu'il se dessinât un mouvement d'opposition, on allait être obligé de renoncer à exécuter la loi que les pouvoirs publics avaient votée.

Pour reconquérir l'opinion, on eut recours à ces procédés vulgaires qu'emploient habituellement les gouvernements pressés de sévir. Le 8 mars, le *Moniteur* annonça à sa deuxième page qu'un soulèvement avait eu lieu à Chalon-sur-Saône aux cris de « Vive » la République! la République est proclamée à Paris! » La république est partout! Chalonnais aux armes! » On fit grand tapage autour de cette affaire. Les habitants de Chalon signèrent une adresse pour protester de leur fidélité à l'Empereur et pour flétrir « les misé- « rables qui avaient levé l'étentard de la révolte. » Quand, plusieurs mois après, le tribunal correctionnel de Dijon eut évoqué l'affaire, on reconnut qu'il s'agissait là d'une échauffourée, dans laquelle des agents provocateurs avaient réussi à entraîner quelques pauvres diables. Il y eut une vingtaine de condamnations; les chefs avaient disparu, et il ne fut plus jamais question d'eux.

En cherchant bien on découvrit des sociétés secrètes, à Paris, à Lyon, à Bordeaux, et dans d'autres villes. C'était pour la plupart des groupes de disciples de Cabet qui se cotisaient entre eux pour envoyer des secours aux Icariens, qui essayaient de réaliser à Nauvoo dans l'Illinois les utopies du maître. Mais on ne parvint pas à donner le change au public. On était parfaitement convaincu que c'était là de pures inventions de la police.

C'est surtout dans les premiers jours du mois de mars, que les arrestations prirent un développement considérable. Le maréchal Randon qui, comme gouverneur de l'Algérie, avait pu se rendre compte de la valeur des prisonniers envoyés à Lambessa, écrivait dans un rapport : « La majorité se compose d'hommes établis, » ayant une profession et des moyens d'existence, et » dont quelques-uns appartiennent aux diverses classes » de la bourgeoisie. » Aussi l'opinion se prononçait-elle de plus en plus contre ces actes arbitraires. C'est en vain que le *Moniteur* multipliait les notes officielles pour signaler « sur divers points de la France des » mouvements qui, sans offrir des dangers pour le » maintien de l'ordre, suffisaient pour entretenir l'in-» quiétude dans les esprits ; » c'est en vain que dans d'autres notes, on cherchait à réduire à un petit nombre les arrestations effectuées : 50 à Paris, 11 à Lyon, 12 à Marseille et une moyenne de 4 pour quarante départements. Les gens paisibles trouvaient que c'était encore trop et que rien ne justifiait de pareilles rigueurs [1].

Le procès d'Orsini avait jeté une vive lumière sur les causes de l'attentat. On avait remarqué qu'il s'agissait là uniquement d'une vieille querelle entre Napoléon III et les patriotes italiens. La lettre adressée à l'Empereur par Orsini avait été lue à l'audience par M. Jules Favre, son défenseur, et elle avait fait du criminel vulgaire un homme qui se sacrifie pour le salut de son pays. Le bruit s'était répandu que cet acte de dévouement avait profondément ému l'Empereur, et qu'il était allé visiter dans son cachot celui qui avait tenté de l'assassiner. C'était une fable ridicule ; mais elle

1. Voir le livre curieux de MM. E. Tenot et Antonin Dubost, *les Suspects en 1858*. Paris, Armand Le Chevalier, 1869, in-8.

était l'expression d'un retour d'opinion bien marqué vers les idées de clémence. Aussi y eut-il dans le conseil des ministres, auquel s'était joint le Conseil privé, une longue discussion sur la question de savoir si on laisserait ou non la justice suivre son cours. Napoléon III voulait faire grâce de la vie aux condamnés. Mais les ministres firent valoir qu'un grand nombre de personnes étaient tombées autour de l'Empereur, et qu'en faisant usage de son droit de grâce, il semblerait céder à des considérations personnelles et faire bon marché des victimes de l'attentat. L'Empereur céda. Il obtint cependant que la peine du jeune de Rudio fût commuée en celle de travaux forcés à perpétuité.

On connaît les détails de l'exécution d'Orsini et de son complice, mais ce qui est moins connu, c'est la lettre qu'écrivit Orsini à l'Empereur, avant de monter sur l'échafaud. En voici les principaux passages :

« Les sentiments de sympathies de Votre Majesté pour l'Italie ne sont pas pour moi un mince reconfort avant de mourir.
» Bientôt je ne serai plus... Que mes compatriotes, au lieu de compter sur ce moyen de l'assassinat, apprennent de la voix d'un patriote, prêt à mourir, que leur abnégation, leur dévouement, peuvent seuls assurer le salut du pays, le rendre libre et digne de la gloire de nos aïeux.
» Je vais mourir avec calme, et je veux qu'aucune tache ne souille ma mémoire... »

Après l'exécution d'Orsini, il eût été d'une sage politique, de suspendre l'application de la loi de sûreté générale. C'est l'opinion que j'exprimais dans la note dont j'ai donné plus haut des fragments. Je disais :

« En mettant la politique suivie en regard de celle qu'on aurait dû suivre, on ne se fait pas illusion sur les difficultés qu'il y aurait à sortir brusquement de la voie dans laquelle on s'est imprudemment engagé. Pourtant, en lisant dans le *Moniteur* les notes nombreuses par lesquelles le gouvernement a cherché depuis deux mois à expliquer sa conduite aux yeux de la France et de l'Europe, on s'est demandé s'il ne valait pas mieux changer tout de suite de marche, que d'avoir sans cesse à se justifier ainsi. Nous faisons volontiers la part de cet amour-propre gouvernemental, qui veut qu'on ne revienne pas sur un ensemble de mesures en voie d'exécution. Mais pour le moment, on croit qu'il est indispensable de laisser sommeiller la loi de sûreté générale. Il va de soi que les individus arrêtés à Paris et dans les départements seront mis immédiatement en liberté. A la session prochaine, le gouvernement viendra demander à la Chambre, qui bien certainement le lui accordera, le retrait de cette loi malencontreuse. Les applaudissements que ne peut manquer de lui attirer cette initiative intelligente, lui rendront plus facile un changement de politique devenue plus que jamais indispensable ».

Cet avis ne fut pas suivi. Le gouvernement s'enfonça plus avant dans son système de répression. Le *général-ministre*, qui vivait dans un milieu où l'on rêvait l'extermination complète des hommes hostiles à l'Empire, ne comprenait rien aux oppositions qu'il rencontrait au dehors. Il s'irritait des résistances, et paraissait résolu à pousser jusqu'aux limites extrêmes le régime qu'il considérait comme pouvant seul assurer l'ordre et le respect de l'autorité.

Je n'ai pas à faire ici l'histoire de ce ministère qui fut pour l'Empire une expérience désastreuse. On peut se rendre compte de ce que serait devenue la France, si elle avait été livrée exclusivement à cette coterie qui ne voyait de salut pour la dynastie que dans la continuation de la politique du lendemain du coup-d'État. Nous descendions rapidement une pente qui nous conduisait tout droit à l'isolement en Europe et à l'aplatissement à l'intérieur. La France devenaît peu à peu une sorte de royaume de Naples. Les *mamelucks* et les énergiques étaient en train de faire de Napoléon III, un diminutif du roi Bomba.

Les élections de Paris, qui eurent lieu le 26 avril, portèrent un premier coup au *général-ministre*. M. Jules Favre, l'avocat d'Orsini, fut élu député au premier tour dans la 6° circonscription. C'était une protestation contre la politique qui avait été adoptée depuis le 14 janvier. Afin de bien marquer son opposition, Paris accordait ses suffrages à l'homme que le procureur-général à la cour de Cassation avait essayé d'englober dans la proscription, en l'accusant d'avoir, dans sa plaidoirie en faveur d'Orsini, « en face de l'échafaud » qui se dressait pour la vindicte publique, entrepris » d'élever une statue à la mémoire de celui qui devait » y monter. »

Mais peut-être le règne du *général-ministre* et des violents, qu'il traînait à sa suite, se fût-il perpétué, sans un incident, futile en apparence, qui prit tout de suite une grande importance dans l'entourage impérial. M. de Persigny avait compris que nos affaires se gâtaient en Angleterre ; la manifestation des colonels au lendemain du 14 janvier avait produit le plus déplorable effet; le langage qu'on tenait dans la presse française soulevait l'opinion au-delà du détroit ; la position d'un ambassadeur qui passait pour être l'ami particulier de l'Empereur, devenait de plus en plus difficile. Aussi M. de Persigny avait-il cru devoir donner sa démission. Il avait été remplacé par le duc de Malakoff, le compagnon d'armes des généraux anglais dans l'expédition de Crimée, et qui jouissait à ce titre, d'une grande popularité en Angleterre.

Le bruit se répandit, vers le milieu du mois de mai, que le duc de Malakoff avait rencontré le duc d'Aumale dans Piccadilly, et qu'oubliant sa qualité d'ambassadeur, pour ne se souvenir que de son titre d'ancien général d'Afrique, il avait adressé au fils du roi Louis-Philippe, un salut, qui lui avait été rendu avec une certaine affectation.

Il n'en avait pas fallu davantage pour éveiller la susceptibilité de tous les membres de la famille impériale. On savait que les critiques les plus vives contre la loi de sûreté générale et contre les mesures qui en étaient la suite partaient des salons orléanistes. De là à croire qu'il pouvait sortir de cet incident insignifiant un péril pour la dynastie, il n'y avait qu'un pas. On n'était pas loin de considérer le duc de Malakoff comme disposé à se tourner vers les d'Orléans. On alla jusqu'à l'accuser d'avoir accepté une invitation à dîner chez le duc d'Aumale.

Ce qui semblait corroborer tous ces soupçons, c'est l'attitude du monde des affaires. Chaque mesure énergique prise par le général Espinasse était accueillie par une baisse. La prétention du gouvernement impérial de vouloir forcer les gouvernements étrangers à se plier à son système était considérée par la Finance et par la Banque comme une menace permanente de guerre. On marchait vers une crise, et comme les orléanistes étaient en majorité dans les conseils d'administration des grandes compagnies financières, on voyait dans la lourdeur des fonds et dans les difficultés des transactions, une de ces conspirations d'intérêts qu'il est d'autant plus difficile d'atteindre qu'elles échappent à toute répression.

5.

Il y a tout lieu de croire que c'est du Palais-Royal que partirent les premiers coups contre le *général-ministre*. Je sais que cette politique de casse-cou y avait été constamment désapprouvée. On y avait considéré la rencontre de Piccadilly comme un symptôme alarmant. Persister dans un système que l'opinion avait condamné, c'était fournir au parti orléaniste le prétexte qu'il cherchait depuis longtemps.

Le général Espinasse qui avait eu vent des attaques dont il était l'objet, essaya pendant quelques jours de se défendre. Il se sentait appuyé par un parti qu'il croyait très fort, parce qu'il avait beaucoup de représentants à la Cour. Comme tous les militaires, il faisait peu de cas de l'opinion publique ; les appuis qu'il comptait dans l'entourage de l'Empereur étaient, à ses yeux, suffisants pour le maintenir au pouvoir envers et contre tous. Il avait rédigé une longue note qu'il avait adressée à l'Empereur et où il avait cherché à prouver qu'il était indispensable. Cette note, qui est fort longue, a été publiée[1]. Je n'en veux citer que ce passage :

« De deux chose l'une, où Votre Majesté veut modifier son système, démentir ses antécédents, cesser, selon moi, de répondre aux vœux et aux besoins les plus impérieux du pays, et alors, je le reconnais, je ne suis ni ne puis être l'homme d'une pareille mission ; ou bien Votre Majesté veut, avec raison, persévérer dans les principes d'autorité vigilante qui sont et doivent rester les bases de son gouvernement, tout en relâchant, dans une juste mesure, ce qu'une situation exceptionnelle avait nécessairement trop tendu, et, dans ce cas, les rênes ne peuvent être relâchées convenablement que par un homme que l'on sait capable de les resserrer au besoin d'une manière vigoureuse. Ecarter cet homme, c'est jeter à l'inquiétude publique

---

1. Voir *Papiers des Tuileries*.

un nouvel aliment, c'est la justifier par une apparence de versatilité et de faiblesse, sans contenter le moins du monde ceux qui, au fond, visent au renversement des institutions impériales. Nous ne sommes plus à l'époque où un déplacement de majorité parlementaire provoquait une crise ministérielle. Les changements de personnes sont autrement interprétés aujourd'hui, et celui que Votre Majesté médite ne peut avoir, ce me semble, qu'une interprétation bien contraire à l'esprit de suite qu'on aime à voir dans son gouvernement. »

C'était là le manifeste insolent d'un parti qui voulait s'imposer. L'Empereur ne s'y trompa point. Cette lettre du général Espinasse se terminait par une offre de démission. Cette démission fut acceptée (14 juin 1859).

On eut bientôt la preuve que la chute du *général-ministre* correspondait à un changement de système. Le général Espinasse fut remplacé par M. Delangle, qui se contenta de prendre le titre de ministre de l'Intérieur, et qui renonça à cette direction suprême de la sûreté générale que son prédécesseur avait considérée comme la principale de ses attributions. Mais ce qui donna son caractère à la nouvelle politique, ce fut la création du ministère de l'Algérie et des colonies en faveur du prince Napoléon qui fut ainsi appelé à prendre place dans le conseil.

Le prince Napoléon avait été, jusque-là, tenu à l'écart par les hommes de coups de main. On savait qu'il s'était prononcé hautement contre les mesures arbitraires qui avaient été prises au lendemain de l'attentat du 14 janvier. La loi de sûreté générale avait rencontré en lui, comme on l'a vu, un adversaire persévérant. Il avait invité les députés sur lesquels il avait de l'influence à la repousser. Quand le moment lui avait paru propice, il avait montré les dangers que faisait courir au gouvernement impérial, le régime de compression qui avait été adopté. L'avènement du prince Napoléon pouvait être considéré comme la revanche de l'esprit libéral sur le régime de la répression à outrance.

Mais pour triompher des préjugés enracinés, il fallait du temps. Il fallait surtout que les événements montrassent au gouvernement impérial la nécessité de changer de système. Ce qui aurait dû se faire le 14 juin 1858, au lendemain de la chute du général Espinasse, se fit le 15 août 1859. Napoléon III accorda à cette date une amnistie pleine et entière à tous les individus qui avaient été condamnés pour crimes et délits politiques ou qui avaient été l'objet de mesures de sûreté générale.

C'était la condamnation de toute la politique suivie depuis dix-huit mois. Mais par une inconséquence qu'on ne s'expliqua pas dans le moment, le gouvernement qui proclamait ainsi l'inutilité de la loi de sûreté générale la laissait subsister dans ses principaux articles.

Je saisis la première occasion qui se présenta pour signaler cette inconséquence. En 1860, je déposai un amendement au budget du ministère de l'Intérieur qui me permit de mettre le gouvernement en demeure de renoncer à une loi dont le maintien était en opposition évidente avec l'amnistie. On me répondit par une fin de non-recevoir. Pendant les années qui suivirent, par des amendements à l'adresse et par des amendements au budget, les Cinq renouvelèrent leurs réclamations, et demandèrent l'abrogation de la loi de sûreté générale. On leur fit toujours des réponses évasives.

Il était évident que le gouvernement tenait à conserver cette arme en réserve. Mais pour quelles occasions? C'est ce qu'on comprenait d'autant moins qu'à partir du décret du 24 novembre 1860, l'Empereur avait paru décidé à s'avancer de plus en plus dans les voies libérales.

La publication des *Papiers saisis aux Tuileries* a révélé le secret de cette tactique. La loi de sûreté générale paraissait un instrument nécessaire au cas où l'Empereur viendrait à disparaître. Une circulaire confidentielle de M. de Persigny aux préfets, portant la date du 30 septembre 1861, a fait connaître que le 6 juin 1859, M. le duc de Padoue, ministre de l'Intérieur, avait prescrit les mesures à prendre « dans le » cas où un événement grave et imprévu amènerait » la transmission du pouvoir au Prince impérial, sous » le nom de Napoléon IV. » Ces mesures que M. de Persigny renouvelait et complétait étaient la mise en vigueur de la loi de sûreté générale et ne pouvaient avoir de force légale qu'en s'appuyant sur elle. Il s'agissait en effet de dresser des listes de tous les hommes dangereux, orléanistes, légitimistes et républicains, de préparer des mandats destinés à être remplis en cas de mouvements, de façon qu'au premier ordre donné, on procédât immédiatement à l'arrestation des personnes qui pouvaient devenir un centre de résistance, et d'indiquer les lieux où se feraient les internements et les transportations.

Pour tout dire d'un mot, la loi de sûreté générale était une sorte d'en-cas, l'amorce d'un nouveau coup d'État, si jamais il devenait nécessaire. On n'y renonça qu'à la dernière minute, car en 1864, M. Baroche répondait aux députés de l'opposition que c'était là une loi indispensable. Mais le terme de sa durée était fixé. Le Corps législatif avait obtenu qu'elle prendrait fin le 31 mars 1865, si le gouvernement n'en demandait pas le renouvellement, A cette date, le gouvernement garda le silence. La loi de sûreté générale, au moins dans ses dispositions exceptionnelles, se trouva ainsi virtuellement abrogée.

Les derniers vestiges des lois d'exception ne furent effacés que par le ministère du 2 janvier.

Dans un premier rapport, M. Emile Ollivier proposait l'abrogation des décrets-lois des 8-12 décembre 1851 qui accordaient au gouvernement la faculté de transporter à Cayenne les individus condamnés à quelques mois de prison pour avoir fait partie d'une société secrète.

La loi du 17 février 1858 se composait de deux parties, l'une transitoire, dont le gouvernement, à l'expiration des délais, n'avait pas demandé le renouvellement ; l'autre, permanente, qui avait pris rang dans notre législation pénale. M. Emile Ollivier réclamait l'abrogation de cette seconde partie. Il ne devait plus rester de traces des pouvoirs exceptionnels dont le gouvernement avait été armé à une date néfaste.

Quant au ministre qui avait appliqué les lois de sûreté générale, il avait rencontré par un heureux hasard une mort glorieuse sur le champ de bataille de Magenta. Il avait échappé ainsi aux lourdes responsabilités de l'Histoire, toujours sévère pour les politiques impitoyables, mais tendre et indulgente pour les dévoués et les valeureux.

III

LES DÉCRETS DU 24 NOVEMBRE 1860

C'est à partir de l'expédition d'Italie que les idées parlementaires ont repris faveur en France. Jusque-là l'opposition s'était bornée à se plaindre des entraves que le système des candidatures officielles apportait au libre choix des électeurs; mais elle se gardait bien de s'attaquer à la Constitution de 1852. Tout au plus se permettait-elle des allusions ironiques au futur couronnement de l'édifice. Le terrible décret du 17 février 1852 tenait suspendue au-dessus des écritoires la menace permanente des avertissements, des suspensions et des suppressions. La presse gardait par prudence une réserve absolue. Quant au petit groupe de députés, qui représentait en France l'opposition constitutionnelle, il était enlacé dans les liens d'un règlement, œuvre du pouvoir exécutif, qui ne laissait de place à aucune initiative et qui ne permettait aucun écart.

Il était visible cependant que le Corps législatif ne

supportait qu'avec peine la camisole de force qui paralysait tous ses mouvements. C'est surtout en matière financière que l'impuissance à laquelle on l'avait réduit lui pesait. Il ne laissait échapper aucune occasion de se plaindre de la faculté que s'était attribuée le gouvernement de l'Empereur d'ouvrir des crédits supplémentaires et extraordinaires sans la participation des représentants du pays. Les commissions financières critiquaient le mode de votation du budget qu'avait imposé le sénatus-consulte du 25 décembre 1852 ; elles demandaient qu'on en revînt, sinon au vote par chapitres, du moins au vote par grandes spécialités. Mais tous ces vœux étaient exprimés en termes discrets par des gens qui, avant tout, avaient peur de déplaire.

Le 30 avril 1859, la discussion s'ouvrit au Corps législatif sur l'emprunt de 500 millions destinés à subvenir aux besoins de la guerre contre l'Autriche, et, en un instant, les choses changèrent de face.

M. le vicomte Anatole Lemercier adressa aux commissaires du gouvernement une question qui avait tout le caractère d'une véritable interpellation : il manifesta le désir que le gouvernement de l'Empereur déclarât « qu'il avait pris toutes les précautions
» nécessaires, afin de garantir la sécurité du Saint-
» Père dans le présent, l'indépendance du Saint-
» Siège dans l'avenir. »

Le président du Conseil d'État, M. Baroche, ne fit aucune observation sur cette façon insolite d'interroger le gouvernement. Il donna les assurances qui étaient réclamées. Il se borna à exprimer son étonne-

ment « au sujet du doute que l'on pouvait avoir sur
» la conduite du gouvernement. »

Le vicomte de La Tour prit acte des déclarations de M. Baroche, et la discussion se poursuivit avec une liberté de langage et d'allure qui prouvait que le Corps législatif avait conscience du fait important qui venait de se produire.

C'était, en effet, le droit d'interpellation qui venait de faire subitement sa rentrée sur la scène politique. Ce droit, que la Constitution de 1852 avait pris le plus grand soin d'effacer, il avait suffit d'un moment de défaillance du pouvoir exécutif pour qu'il s'imposât en quelque sorte de lui-même.

On racontait volontiers dans les couloirs de la Chambre que M. Baroche avait encouragé M. le vicomte Anatole Lemercier à lui adresser sa question, afin de lui permettre de rassurer les consciences catholiques que la guerre d'Italie rendait inquiètes et qui redoutaient les conséquences qu'elle pouvait avoir pour la sécurité et l'indépendance du Saint-Père. Mais le fait même accusait les lacunes des institutions, puisque, pour fournir au gouvernement le moyen de s'expliquer sur une question scabreuse, il avait fallu avoir recours à un subterfuge et laisser de côté les prescriptions les plus formelles du règlement.

Dès ce moment, un courant dans le sens d'un retour aux idées parlementaires se forma dans le Corps législatif. Dans la séance du 27 avril 1859, M. Emile Ollivier avait regretté que, pendant quatre mois, il n'y eût eu de renseignements fournis sur les événements qui se préparaient au delà des Alpes que par les discussions du Parlement anglais ou sarde, et que le Corps législatif n'eût été saisi de la question qu'en présence pour ainsi dire des faits accomplis. Dans la séance où s'était produite l'interpellation de M. le vicomte Anatole Lemercier, d'autres orateurs s'enhardirent jusqu'à déclarer qu'il était en effet « intolérable » pour un pays qui avait durant si longtemps vécu » de la vie politique complète, d'en être réduit à apprendre de l'étranger les nouvelles qui l'intéressaient ». L'élan, dès lors, était donné ; il ne devait plus s'arrêter.

L'esprit de la majorité ne s'était pourtant pas subitement transformé. A la buvette, nous rencontrions des députés qui nous disaient : « Nous ne sommes » rien ; on ne nous consulte que pour la forme ; le » Corps législatif ne compte pas ; c'est une assemblée » de muets. » Il y en avait d'autres qui se hasardaient à nous dire : « Nous avons été candidats officiels ; » mais, c'est parce que le gouvernement voyait bien » que nous seuls nous avions des chances de réussir ; » il a mieux aimé triompher avec nous que d'être » battu contre nous. » On applaudissait peut-être plus volontiers aux talents oratoires des députés de l'opposition. Mais tout cela se bornait à des démonstrations de couloirs. Au vote, la Chambre se retrouvait unie et compacte avec son écrasante majorité.

Il n'en est pas moins vrai que les députés qui avaient conservé un certain goût pour le régime parlementaire, et ils composaient dans la Chambre un groupe assez important, commencèrent à reprendre confiance en eux-mêmes. Quoique nommés, pour la plupart, avec l'appui du gouvernement ou du moins avec sa neutralité bienveillante, ils se mirent à affecter des allures plus indépendantes. En toutes circonstances, ils protestaient avec fracas de leur dévoûment pour l'Empereur et pour sa dynastie ; mais ils étaient au fond les adversaires les plus implacables de la politique impériale.

Cette politique, après les préliminaires de Villafranca, fut soumise à des oscillations qui la rendaient fort difficile à suivre. Ces préliminaires eux-mêmes, malgré les déclarations de l'Empereur, avaient paru une énigme dont le mot échappait à tout le monde. Le danger d'une alliance avec la Révolution n'avait pas semblé une explication suffisante d'un arrêt si subit après la victoire. Aussi la défiance régnait-elle dans le monde politique, et les événements qui se passaient en Italie contribuaient à l'accroître.

J'ai recueilli à ce moment des témoignages bien saisissants du désarroi produit dans les esprits par la conduite hésitante de Napoléon III. Ils sont une indication précieuse de la direction qu'avait prise l'opinion publique.

On peut n'avoir qu'une confiance fort médiocre dans les jugements politiques du docteur Louis Véron, le légendaire directeur du *Constitutionnel*. On ne saurait nier cependant que l'homme qui a pris lui-même, avec un certain orgueil, le titre de *Bourgeois de Paris* ne fût, dans ses appréciations, le reflet de ces classes moyennes dont il résumait tous les ridicules et tous les défauts. C'était un homme dont le dévouement à la dynastie n'était pas suspect. Il causait volontiers avec moi, parce que j'étais homme de presse, et qu'il n'était pas fâché de montrer qu'à l'occasion, il savait mettre ses jugements sur les choses au-dessus de ses sentiments sur les hommes.

Je rencontrai le docteur Véron peu de jours après la réception à Saint-Cloud du corps diplomatique (22 juillet 1859). L'Empereur avait cru devoir rassurer l'Europe inquiète.

« L'Europe, avait-il dit, a été en général si injuste
» envers moi au début de la guerre que j'ai été heu-
» reux de pouvoir conclure la paix, dès que l'honneur
» et les intérêts de la France ont été satisfaits et de
» prouver qu'il ne pouvait entrer dans mes intentions
» de bouleverser l'Europe et de susciter une guerre
» générale. »

Ces paroles n'avaient pas suffi pour rassurer le docteur. « Il faut que je l'avoue, bien que cela me coûte,
» me dit-il, l'Empereur s'est amoindri par la guerre
» d'Italie, et la paix qui l'a suivie lui a fait perdre
» beaucoup de son prestige. La France ne peut pas
» vivre avec une Constitution où il est dit qu'un seul
» homme est responsable de tout. Les derniers événe-
» ments ont contribué à démontrer que c'était là une
» Constitution vicieuse et indigne d'un grand pays
» comme le nôtre ; ils ont donné singulièrement à ré-
» fléchir à l'Europe. Elle ne souffrira pas longtemps
» qu'il y ait en France un pouvoir qui ne doit compte
» à personne de ses actes ; c'est là pour elle un danger
» permanent. »

Puis il ajouta après une pause :

« Le peuple est indigné d'avoir été joué. Il dit que
» l'Empereur, après avoir fait tuer 50,000 hommes,
» dépensé 500 millions et faussé sa parole, est venu
» se cacher à Saint-Cloud. La classe bourgeoise n'est

» pas moins mécontente ; elle trouve que l'Empereur
» a manqué de prévoyance ; on l'avait averti des dan-
» gers que présentait cette guerre ; on ne le tient pas
» quitte pour les avoir reconnus et avoués après deux
» mois de campagne. Je crois à une désaffection pro-
» fonde. »

Le bon docteur exagérait ; mais, à cause de l'appui qu'il avait prêté à l'Empire et qu'il était disposé à lui prêter encore, son langage était très significatif. Il était évident que la bourgeoisie retournait, par une pente rapide, à ses préjugés parlementaires.

C'est ce qu'avaient compris les esprits perspicaces qui approchaient l'Empereur. Causant, dans les premiers jours d'août 1859, avec un haut personnage qui avait pris une part active aux derniers événements, il me fut donné d'entendre des paroles qui étaient en parfaite concordance avec les tendances qui déjà se manifestaient de toutes parts.

Comme j'exprimais mon étonnement de l'interruption subite de la campagne, au lendemain d'une grande victoire qui en présageait de nouvelles, il me fut répondu :

« Tout est venu de l'obstination de l'Empereur à
» ne pas vouloir se débarrasser de son entourage. On
» a fait la guerre à l'Autriche avec des gens partisans
» de la politique autrichienne. On a été d'ailleurs bien
» forcé de faire la paix ; le ministre de la guerre
» n'envoyait plus de troupes ni de munitions, et le
» ministre des Affaires étrangères, hostile à l'Italie,
» jetait la terreur dans l'esprit de l'Empereur... »

— Mais, dis-je à mon illustre interlocuteur, n'a-t-on pas craint de mécontenter les masses que l'idée de l'indépendance de l'Italie avait exaltées jusqu'à l'enthousiasme ?

Il ne me laissa pas achever et accentua davantage ses paroles :

« Le parti démocratique, me dit-il, est la seule
» force de ce pays-ci ; on se l'est aliéné à tout jamais.
» Nous sommes pour longtemps voués à cet ignoble
» parti conservateur qui déteste le progrès, hait la
» Révolution et veut la paix à tout prix. L'Empereur
» est compromis aux yeux de toute l'Europe ; la con-
» fiance qu'on avait en lui s'est ébranlée. On craint
» de se réveiller le matin avec une note du *Moniteur*
» annonçant une nouvelle guerre. Cela donne beau
» jeu aux partisans du régime parlementaire. Le mo-
» ment était venu de donner plus de liberté au pays.
» Au Château, on ne veut pas ; on ne comprend que
» l'absolutisme. »

M. Émile de Girardin, que je voyais souvent, envisageait la situation de la même façon. Au moment où M. Billault remplaçait, au ministère de l'Intérieur, M. le duc de Padoue que l'indulgence du gouvernement pour les menées de Cavour avaient mis au désespoir, et qui avait offert sa démission à l'Empereur au lendemain de l'avertissement donné au *Correspondant* pour l'article de Montalembert : *Pie IX et la France en 1845 et en 1859*, le grand publiciste s'exprimait avec cette justesse de coup d'œil et cet esprit pratique qu'il possédait au plus haut degré :

« A l'étranger, me dit-il, Napoléon III passe pour
» agitateur révolutionnaire. On ne se trompe pas.
» L'Empereur est l'homme le plus révolutionnaire et
» à la fois l'esprit le plus libéral de ce temps-ci. Mais

» il est faible ; il n'ose pas rompre avec son entourage ;
» c'est à tel point que, pour nommer M. Billault, il se
» cache de M. Fould. C'est un homme incomplet.

» Je suis effrayé de la puissance que prend le parti
» orléaniste. Je n'ai aucune foi dans ce parti que je
» considère comme l'ennemi de la liberté. Si jamais
» l'Empire était menacé, j'espère qu'il y aurait dans
» le peuple assez de force démocratique pour résister
» aux menées des orléanistes. «

M. de Girardin jugeait très sévèrement les efforts incohérents que faisait l'Empereur pour conserver l'équilibre entre les forces révolutionnaires qui submergeaient l'Italie, et les ultramontains qui l'accusaient d'être le complice de Cavour et de Garibaldi.

« L'Empereur, me disait-il, ne s'en tirera pas. Il a
» porté la main sur une question pleine de chausse-
» trapes et de périls. Mieux eût valu pour lui entre-
» prendre la réforme économique, Là, on ne trouve
» que des intérêts ; ils crient, mais ils finissent par se
» soumettre. D'ailleurs, on en crée d'autres qui con-
» trebalancent les mécontentements. Les moments
» difficiles arrivent ; les affaires sont à bas ; personne
» ne gagne d'argent, les grandes maisons liquident.
» On n'est prêt nulle part. C'est le *Courrier du Diman-*
» *che*, organe de l'orléanisme, qui mène le pays. »

Dans les départements, on avait les mêmes préoccupations qu'à Paris et on avait les mêmes propensions à revenir au régime parlementaire. J'étais, je l'ai déjà dit, fort lié à cette époque avec M. le baron de Janzé, qui a été mon collègue au Corps législatif et qui est encore aujourd'hui député des Côtes-du-Nord. Il possédait un grand domaine en Normandie. Au

retour d'une de ses excursions, il me donna les nouvelles les plus alarmantes. Les gros propriétaires et les gros industriels commençaient à murmurer. « Ils
» ne savent plus où ils en sont, me disait M. de Janzé.
» Ils avaient donné à ce gouvernement la dictature,
» à charge par lui de leur procurer la sécurité, et
» cette sécurité, ils ne l'ont pas. »

Dans cette disposition où étaient les esprits, on se rend facilement compte du succès qu'avaient tous les écrits qui préconisaient l'excellence du régime parlementaire. Ils étaient nombreux et ils portaient la signature d'écrivains et d'hommes politiques dont on s'était habitué à honorer le talent et le caractère. Comment ne pas se laisser prendre aux séductions d'une doctrine qui était prêchée par des Montalembert, des Villemain, des d'Haussonville, des Prévost-Paradol, des Weiss, des Pelletan, etc? Le *Courrier du Dimanche* faisait rage. Il s'était formé autour de ce journal une coalition d'hommes qui auraient eu beaucoup de peine à formuler un programme commun, mais qui étaient d'accord sur un point, la nécessité d'arracher la France à ce qu'ils appelaient le « pouvoir personnel ».

On faisait naturellement remonter la responsabilité de tout ce mouvement au parti orléaniste. Je crois qu'au fond, il en était bien innocent. Les écrivains qui faisaient au gouvernement impérial une guerre de brochures et d'articles de revues appartenaient en effet pour la plupart au parti orléaniste. Mais ils attachaient plus de prix aux idées qu'aux hommes, et pourvu qu'ils fissent triompher leurs doctrines, ils étaient prêts à faire bon marché des questions dynastiques. Ainsi M. de Montalembert avait été fortement compromis dans le coup d'Etat ; sa séparation d'avec Napoléon III avait toujours été considérée comme une brouille, et non comme une rupture.

C'était d'ailleurs M. Thiers qui était le meneur caché de toute cette campagne, et M. Thiers, la suite l'a prouvé, n'avait qu'un goût médiocre pour les princes d'Orléans. Il y avait longtemps qu'il guettait l'occasion de jouer de nouveau un rôle prépondérant, et les difficultés que des événements inattendus avaient créées au gouvernement impérial lui avaient paru favorables pour reprendre la direction des partis hostiles et pour se remettre, comme le disait le maréchal Soult, « à frétiller dans l'intrigue ». C'était de son cabinet que partait le mot d'ordre ; les meilleurs articles de Prévost-Paradol ne faisaient le plus souvent que traduire sa pensée. Le salon de M. Thiers était devenu le centre de l'opposition ; on ne consultait ni l'origine ni les tendances des nouveaux venus ; pour peu qu'on se déclarât l'adversaire des candidatures officielles et qu'on protestât contre le régime de 1852, on était sûr d'y recevoir un accueil gracieux de la part du maître de la maison et de ses commensaux habituels.

Après avoir essayé, pendant plusieurs mois, d'arrêter le Piémont dans ses entreprises contre les Etats de l'Italie centrale et les provinces pontificales, l'Empereur avait été forcé de céder. Avant d'être promulgué, le traité de Zurich, qui consacrait les droits des princes dépossédés, était déchiré en lambeaux. « Ce n'est déjà » plus qu'un *vieux papier*, » avait dit lord Palmerston. Pour rassurer l'Europe inquiète, Napoléon III en était réduit à faire écrire par son chef de cabinet, M. Mocquard, à des négociants de Liverpool des lettres où l'on protestait de son désir de maintenir la paix. On avait remis à un Congrès le soin de régler les difficultés que soulevaient les affaires d'Italie. Mais, à part l'empereur d'Autriche, le roi de Naples et le Pape, personne ne voulait de ce Congrès d'où pouvait sortir une guerre générale, et l'Empereur qui l'avait provoqué, employait tous les moyens de l'empêcher de se réunir.

On sait comment Napoléon III réussit à rendre la réunion du Congrès impossible. La publication de la brochure : *Le Pape et le Congrès*, qui était un abandon complet des préliminaires de Villafranca, et la lettre adressée à Pie IX, qui mettait le contre-seing impérial au bas de la brochure, furent un avertissement donné à l'Europe que la France s'inclinait devant les faits accomplis et que désormais elle prenait pour règle dans les affaires italiennes la politique de non-intervention.

L'adoption de cette nouvelle ligne de conduite rendait indispensable un rapprochement avec l'Angleterre. C'est le cabinet anglais qui avait mis en avant, le premier, l'idée de la politique de non-intervention; il fallait à tout prix que le gouvernement impérial s'assurât de son appui, afin de faire face, à l'occasion, à la Russie et à l'Autriche qui s'efforçaient de faire prévaloir le principe contraire.

Napoléon III eut à ce moment une véritable inspiration de génie. Le 14 janvier 1860 parut, au *Moniteur*, la lettre au ministre d'Etat, qui traçait le plan d'une grande réforme économique. Par cet acte, l'Empereur mettait fin à toutes les défiances que la guerre de 1859 avaient soulevées en Europe. La paix, une paix durable était indispensable pour réaliser les mesures destinées à imprimer une vive impulsion à l'agriculture, à l'industrie et au commerce. Du même coup, l'Empereur ramenait à lui l'Angleterre en lui accordant un traité de commerce et il s'en faisait de nouveau une alliée ; enfin, il détournait les esprits de cette énervante question de la papauté temporelle pour les lancer dans le courant plus fécond des progrès industriels et des échanges internationaux.

C'était là de grands avantages. Mais il est impossible que l'Empereur se soit dissimulé un seul moment que, si par là il parait à de grandes difficultés, il en suscitait de nouvelles, et que, loin de se concilier le parti conservateur, il se l'aliénait plus que jamais. Le parti conservateur comptait en effet parmi ses chefs les gros industriels et les gros manufacturiers que visaient plus directement les réformes du 14 janvier. Le traité de commerce avec l'Angleterre avait été conclu sans la participation du Corps législatif. L'Emreur était dans la rigueur de son droit constitutionnel en agissant ainsi. On n'en considérait pas moins cette initiative très légitime comme un véritable acte d'usurpation, et le parlementarisme y gagna un plus grand nombre d'adeptes. Les protectionnistes se coalisèrent avec les cléricaux.

Je pus m'assurer de cette alliance entre des intérêts si dissemblables, dans un dîner donné dans le courant de février par M. Feuilhade de Chauvin, un des propriétaires du *Courrier du Dimanche*, à un certain nombre de notabilités politiques. Il y avait là, outre les principaux rédacteurs de cette feuille, M. Victor Cousin, M. de Malleville et le futur duc Decazes, M. le duc de Gluksberg. A côté de ces messieurs, M. Émile Ollivier, M. Ernest Picard, M. Eugène Pelletan, bien que républicains, paraissaient pâles et effacés. Le *Morning-Post* avait dit du traité de commerce que c'était un *coup d'État commercial;* on délayait ce thème sur tous les tons et sous toutes les formes. Quant à la question italienne, personne ne pouvait en parler sans colère. Il vint un moment où M. Cousin, se tournant de notre côté, s'écria, aux applaudissements des convives, que « tous les honnêtes gens devaient être avec le Pape. »

C'était une leçon. Qu'allions-nous faire dans ce monde rétrograde? L'opinion qu'on y avait de nous aurait dû nous en tenir éloignés. Un député du Nord, qui avait l'avantage de réunir en sa personne la double qualité de clérical intraitable et de protectionniste convaincu, s'était exprimé sur notre compte, dans le sein d'une commission, en termes très significatifs. On discutait un projet compris dans le programme économique du 14 janvier et, pour le combattre, ce député n'avait pas trouvé de meilleur argument que celui-ci :
» La présence de cinq républicains, au sein du Corps
» législatif, rend fou le gouvernement impérial et lui
» donne une émulation de popularité qui le perdra. »

Pour triompher de l'opposition clérico-protectionniste, qui avait des ramifications puissantes dans le Sénat et dans le Corps législatif, l'Empereur avait évidemment compté, non sans raison, sur les masses qui devaient trouver dans l'extension de notre commerce extérieur une source de travail et de bien-être. Mais les masses jouissent silencieusement des biens qu'elles retirent des réformes, tandis que les intérêts lésés crient, se plaignent et ameutent l'opinion contre le gouvernement. Les hommes perspicaces voyaient qu'un gros orage se formait. Il n'avait, je dois le dire, échappé ni à l'Empereur ni à son entourage. On ne pouvait espérer un mouvement de détente qu'en faisant des concessions. Mais dans quel sens? C'est ce qu'on n'apercevait pas bien.

M. de Morny, qui était un politique fin et délié, n'avait pas eu un moment d'hésitation. Il avait vu tout de suite que la seule chose utile était d'étendre les prérogatives du Corps législatif. C'était, suivant lui, en se mettant dans le courant parlementaire qu'on parviendrait en quelque sorte à l'endiguer. « Si nous
» ne faisons rien, disait-il à ses familiers, nous res-
» terons bientôt tout seuls. »

Quelques jours après l'ouverture de la session de 1860, M. de Morny me fit appeler au fauteuil qu'il occupait pour me rendre compte d'une démarche qu'il avait faite en faveur d'une personne qu'on m'avait prié de lui recommander. La démarche avait été couronnée de succès. Au moment où, après l'avoir remercié, je me préparais à descendre de l'estrade pour regagner ma place, notre Président me retint par le bras.

« J'ai, me dit-il, un service à vous demander. Priez
» vos amis de ne pas trop me tracasser à l'endroit du
» règlement d'ici à la fin de la session. Je prépare de
» profondes modifications au règlement de la Chambre,
» et je ne voudrais pas qu'on pût me faire cette objec-
» tion : Nous ne pouvons pas céder à la pression de
» l'opposition. »

Je promis à M. de Morny d'employer tous mes efforts

auprès de M. Émile Ollivier et de M. Ernest Picard pour les déterminer à ne susciter aucun embarras.

« Alors, dit notre président, on peut vous confier en
» gentilhomme ce dont il s'agit. Je veux arriver à la
» sténographie en ce qui concerne les comptes rendus,
» faire revivre le droit d'amendement, et même, si je
» le puis, introduire le droit d'interpellation. Je tiens
» aux prérogatives de la Chambre et je chercherai tou-
» jours à les accroître. Que vos amis gardent le
» silence, ou du moins se tiennent sur la réserve. Les
» demandes d'amélioration viendront d'un autre côté. »

Nous pûmes nous apercevoir bientôt, à certains indices, que M. de Morny ne m'avait point trompé, qu'on s'était entendu sur certains bancs de la Chambre pour signaler les côtés faibles du règlement, et qu'on en poursuivait sérieusement la revision. M. de Morny, pour mieux arriver à ses fins, laissait les députés indépendants dépasser les limites du règlement. Il arrivait ainsi au résultat qu'il voulait obtenir par une sorte de réduction à l'absurde.

Au compte rendu sec et décharné qui ne rendait qu'imparfaitement la physionomie des débats, on substitua tout d'abord un compte rendu où les discours des députés étaient reproduits à peu près dans leur intégrité. On se contentait, pour rester fidèle à la lettre de la Constitution, de faire parler l'orateur à la troisième personne. Mais tous les incidents de séance étaient fidèlement reproduits.

Les occasions ne manquaient pas pour signaler les lacunes du règlement, et M. de Morny n'en laissait échapper aucune. Le projet de loi sur le chemin de fer de Graissessac à Béziers, ajourné, retiré, présenté de nouveau, rejeté, puis de nouveau retiré, donna lieu aux incidents les plus instructifs. Le projet de loi sur la modification du personnel de la magistrature souleva une discussion qui mit aux prises l'initiative gouvernementale et les prérogatives du Corps législatif; le projet avait été amendé d'accord avec le conseil d'Etat et cependant le projet fut retiré, bien que la Chambre eût déjà voté un certain nombre d'articles.

Toutes les fois qu'un orateur s'écartait du règlement, M. de Morny prenait soin de l'y ramener; mais il le faisait en termes tels qu'on voyait bien qu'il regrettait d'être obligé de le faire. Un député ayant un jour demandé à parler contre la clôture, le président lui fit l'observation « que le droit absolu de parler contre la
» clôture, qui existait en vertu des anciens règle-
» ments, n'avait pas été maintenu dans le règlement
» du Corps législatif. » Il lui conserva néanmoins la parole, en le priant de ne pas rentrer dans la discussion générale.

Le droit d'amendement ne pouvait s'exercer que dans des limites fort étroites. Il était interdit de déposer des amendements après le dépôt du rapport. Or, dans le cours de la session, il se présenta plusieurs cas où il eût été utile de pouvoir mettre de côté cette interdiction. Il en résultait de véritables obstacles à l'amélioration d'une loi dont les vices n'apparaissaient qu'au cours de la discussion. Le gouvernement n'avait qu'une ressource, c'était de retirer la loi pour éviter un rejet.

Quant au droit d'interpellation, il devenait d'une nécessité évidente. Pendant le cours de la session de 1860, il s'exerça à peu près sous toutes les formes. La discussion sur la réduction à 100,000 hommes du contingent de 1859 fut une interpellation très complète sur la question italienne. Le gouvernement fut obligé de fournir des explications sur le traité de commerce avec l'Angleterre, à propos de la discussion sur les tarifs des laines, des cotons et des matières premières. Le budget était devenu, entre les mains des Cinq, une source intarissable d'interpellations. C'est ainsi qu'au moyen d'un amendement au fameux chapitre 13 du ministère de l'intérieur, j'étais parvenu à prendre corps à corps ce que l'amnistie du 15 août 1859 avait laissé subsister de la loi de sûreté générale. M. Ollivier, à propos du budget de ce même ministère, avait soulevé le premier la question capitale de la liberté de la presse. Il y eut à ce sujet, de la part du Président, une petite comédie qui fut assez bien jouée. M. de Morny trouvait que l'opposition manquait à l'engagement qui avait été pris de ne pas lui créer d'embarras. Le sujet traité par M. Ollivier n'avait, il faut en convenir, aucun rapport avec le budget. Son discours pouvait compromettre les réformes que poursuivait le Président. Aussi celui-ci crut-il nécessaire d'intervenir. Il fit l'observation que le droit d'interpellation n'existant pas dans la Constitution, on ne pouvait pas laisser ainsi chaque membre interpeller le gouvernement à propos du budget, sur tous les sujets possibles. S'il en était autrement, ajoutait-il avec une certaine malice, la discussion du budget pourrait durer indéfiniment. Il admettait du reste que le budget fournissait aux représentants du pays « une occasion solennelle et *unique* où tout est interpellation. » C'était une façon indirecte de faire comprendre au gouvernement qu'il était temps d'en revenir au droit

d'interpellation « sous peine, comme il disait, d'être
» pris à l'improviste et de voir ce droit exercé à tout
» propos. »

M. de Morny avait pris pour confidents trop de personnes pour n'être pas exposé à voir ses projets éventés. Aussi dans la séance du 26 juin 1860 crut-il devoir faire publiquement à la Chambre l'aveu « qu'il s'occu-
» pait très sérieusement de quelques modifications à
» apporter au règlement du Corps législatif. » Il fut plus explicite le 29 juillet, dernier jour de la session :
« La Chambre, dit-il, désire introduire dans son
» règlement une modification importante. Elle se
» plaint souvent d'abdiquer son contrôle entre les
» mains d'une commission; elle regrette qu'il lui
» soit impossible, même n'étant pas d'accord avec le
» gouvernement, de réformer tel article qu'elle dés-
» approuve, d'améliorer une loi qui lui paraît
» défectueuse. Eh bien! Messieurs, je ne parle ici
» qu'en mon nom personnel. Mes paroles n'engagent
» ni le gouvernement ni personne; je suis aussi
» d'avis qu'il y a quelque chose à faire. »

Par ces déclarations publiques, M. de Morny espérait triompher de certaines résistances qu'il rencontrait dans l'entourage de l'Empereur. En même temps il essayait de donner du courage aux députés que la crainte de déplaire rendait excessivement craintifs. La façon dont avaient été traités trois députés qui s'étaient permis d'adresser des remontrances à l'Empereur à propos du pouvoir temporel avait répandu la terreur sur les bancs de la majorité. Pour s'en faire une idée, il faut avoir été témoin des défaillances des membres les plus indépendants, quand il s'agissait de faire un semblant d'opposition au Gouvernement.

M. de Kervéguen, député du Var, avait cru un jour pouvoir hasarder quelques observations un peu vives sur les services et sur l'administration de la marine. Il fut fortement réprimandé par le commissaire du gouvernement qui se plaignit de n'avoir pas été prévenu de cette attaque. Le pauvre M. de Kervéguen fut écrasé sous ce reproche. Le soir, il ne put dîner ; il se considérait comme perdu, et c'était cependant un des plus courageux !

Une autre fois, M. Calley Saint-Paul, qui a vu toute sa vie en rêve le portefeuille des finances, encouragé par de hautes influences, osa déclarer que « ce n'était pas le Corps législatif, mais le gouvernement, qui faisait le budget de la France. » Mal lui en prit de sa franchise. On l'accusa au Château d'avoir fourni des armes aux ennemis de l'Empire et d'avoir prononcé un discours inconstitutionnel. Malgré les puissants appuis qu'il avait auprès de l'Empereur, il se le tint pour dit, et il se condamna à un rôle effacé dans le but de faire oublier ses hardiesses.

Cependant, la situation extérieure allait en s'aggravant. L'Empire marchait littéralement à la remorque du Piémont. Garibaldi, encouragé par Cavour, s'était rendu maître de la Sicile et de Naples. Sous prétexte de mettre obstacle à ses projets sur Rome et sur Venise, on avait envoyé une armée piémontaise s'emparer des Marches et de l'Ombrie. Lamoricière était battu à Castelfidardo.

Napoléon III, dans l'espérance d'apaiser l'opinion, avait demandé et obtenu une rectification de frontières insignifiante du côté des Alpes. Il avait réussi à satisfaire, dans une certaine mesure, la gloriole nationale; mais il avait en même temps excité les défiances de l'Europe qui l'accusait de poursuivre une politique d'agrandissement. Il avait eu beau aller protester lui-même à Bade de ses sentiments pacifiques en présence du prince-régent de Prusse et de tous les princes allemands assemblés en conférence, on ne l'avait cru qu'à demi. Il s'était vu menacé par une espèce de Sainte-Alliance ayant pour objet de se mettre en garde contre les projets révolutionnaires qu'on lui attribuait et qui devaient, disait-on, ébranler toute l'Europe. Sans la prudence de l'empereur de Russie qui, flairant le danger d'une guerre générale, avait mis fin brusquement à l'entrevue de Varsovie, nous aurions eu sur les bras toute l'Europe continentale, n'ayant pour alliés qu'une Italie impuissante et une Angleterre indifférente.

A ce moment, on peut dire que les affaires de l'Empire étaient fortement compromises. L'Autriche entrait dans la voie des réformes constitutionnelles. Le Piémont imposait le Statut à tous les États qu'il s'annexait. Le roi de Naples avait perdu les sympathies de l'Europe par la résistance qu'il avait opposée jusque-là à toute idée d'amélioration. Les protestations que Napoléon III ne cessait de répéter en faveur de la paix perdaient toute leur valeur, en présence de ce fait qu'il jouissait d'un pouvoir sans contrôle et que rien ne faisait obstacle aux entreprises qu'on l'accusait de méditer. Le moment de s'exécuter était arrivé.

Le projet de M. de Morny sur les modifications à introduire dans le règlement de la Chambre avait reçu l'assentiment de la commission des présidents de bureaux, et le président du Corps législatif l'avait présenté à l'Empereur avec un mémoire à l'appui. Ce projet comprenait trois points importants : 1° le compte-rendu *in extenso* devait remplacer le compte-rendu sommaire ; 2° on restituait à la Chambre le droit d'amendement ; 3° on accordait, sous certaines conditions, le droit d'interpellation. En présence des circonstances, ce programme avait paru un peu maigre, et, dans tous les cas, il ne répondait plus aux exigences de la situation.

M. le comte Walewski avait eu vent des réformes qui se préparaient, et il vit là une occasion de revenir au pouvoir. Comme ministre des Affaires étrangères, il s'était compromis dans la question des duchés ; il avait essayé d'obtenir de l'Empereur le désaveu de la fameuse brochure : *Le Pape et le Congrès ;* on l'avait su, et l'Empereur avait été obligé de se séparer de lui. M. Walewski avait été, sous la monarchie de Juillet, un des grands partisans de la politique de M. Thiers. Il avait à cause de cela conservé des relations suivies avec cet homme d'Etat. Son dévouement à l'Empereur ne pouvait être suspecté ; mais, malgré lui, M. Thiers continuait à exercer sur son esprit son ascendant d'autrefois.

M. Walewski avait voulu avoir l'avis de M. Thiers sur les changements à apporter au régime de la Chambre. L'ancien ministre avait cédé à ses vieux préjugés parlementaires en proposant comme base des réformes le rétablissement de l'adresse. Le malicieux vieillard savait bien ce qu'il faisait ; l'adresse était le chemin le plus court pour arriver à la responsabilité ministérielle et à la restauration du gouvernement constitutionnel.

Les idées de M. de Morny furent dès lors abandonnées, et c'est au plan de M. Thiers qu'on résolut de s'arrêter.

C'était M. Achille Fould qui détenait en ce moment le portefeuille de ministre d'Etat. En cette qualité, il était appelé à contresigner le décret qui devait consacrer les nouvelles réformes. Au premier mot qu'on lui en dit, il déclara qu'il les trouvait non seulement inopportunes, mais, de plus, dangereuses.

« Ce système, dit-il, est en contradiction avec les
» principes sur lesquels repose l'Empire. Veut-on re-
» venir au système parlementaire ? Je ne demande pas
» mieux ; j'ai vécu sous ce régime, il a toutes mes
» sympathies. Mais je ne puis admettre un régime
» bâtard, qui a tous les inconvénients du système
» parlementaire, sans présenter un seul de ses avan-
» tages. »

M. Achille Fould ne réussit pas à faire partager ses répugnances à l'Empereur dont les résolutions étaient arrêtées ; il donna sa démission, et fut remplacé par M. Walewski, dont la nomination était pour ainsi dire indiquée d'avance, la part que cet homme d'Etat avait prise à la préparation des réformes le signalant naturellement pour le poste de ministre d'Etat.

Le 25 novembre, au matin, le *Moniteur* publiait les décrets qui faisaient faire à l'Empire autoritaire de 1852 le premier pas vers le système parlementaire.

Le décret principal était précédé d'un court préambule dans lequel on déclarait que c'était « dans le

» but de donner une participation plus directe à la
» politique générale du gouvernement » que des modifications étaient introduites dans les rapports entre
les grands corps de l'Etat et le gouvernement de l'Empereur.

On accordait au Sénat et au Corps législatif le droit
de voter une Adresse en réponse au discours du trône.
Cette Adresse devait être discutée en présence des
commissaires du gouvernement chargés de donner aux
Chambres toutes les explications nécessaires sur la
politique intérieure et extérieure de l'Empire.

On créait des ministres sans portefeuille, chargés
de soutenir la discussion conjointement avec le président et les membres du Conseil d'Etat.

Afin de faciliter l'usage du droit d'amendement, le
Corps législatif devait se former en comité secret, à
l'instar du Parlement anglais, pour discuter sommai-
rement les projets de loi.

Les comptes-rendus *in extenso* étaient rétablis, et
l'on devait rédiger, sous la surveillance du Président,
des comptes-rendus analytiques adressés chaque soir
aux journaux.

Du programme de M. de Morny, il ne restait que
fort peu de chose ; on avait fait craquer le cadre dans
lequel il s'était renfermé. S'il en eut quelque humeur,
il ne le témoigna guère. On avait accru les prérogatives du Corps législatif, bien au-delà de ce qu'il avait
demandé. C'était un esprit essentiellement pratique ;
il se résigna facilement à un échec qui ressemblait
fort à un triomphe.

On lui donna du reste une fiche de consolation qui
devait flatter singulièrement son amour-propre ; il fut

chargé d'expliquer au monde politique les motifs qui avaient déterminé l'Empereur à signer les décrets du 24 novembre. A l'ouverture de la session de 1861, il fit connaître les paroles prononcées par Napoléon III en conseil des ministres : « Ce qui nuit à mon gouver-
» nement, avait dit le souverain, c'est l'absence de
» publicité et de contrôle. C'est là ce qui favorise la
» calomnie et engendre les préventions. Je n'ai dans
» le cœur que des intentions honnêtes ; mais je puis
» me tromper. C'est pourquoi je veux connaître l'opi-
» nion du pays par l'organe de ses députés, après
» qu'ils auront examiné mes actes. »

Les décrets du 24 novembre causèrent dans l'opinion un ébranlement profond. Ils découragèrent pour un moment les partis qui ne s'attendaient pas à une pareille hardiesse de la part de l'Empereur. Mais les hommes d'opposition systématique ne tardèrent pas à reprendre leur attitude hostile. Ne pouvant s'en prendre aux réformes elles-mêmes, ils ergotaient sur des mots et se livraient à ces critiques alambiquées dont les parlementaires ont le secret.

Les Cinq s'étaient réjouis de ce retour à un régime de discussion plus libre et plus étendu. Ils se considéraient non sans raison comme ayant été les collaborateurs des décrets du 24 novembre. « En toutes
» circonstances, ont-ils dit plus tard dans leur Compte
» rendu à leurs électeurs, nous avons montré combien
» le règlement du Corps législatif gênait l'initiative
» de ses membres. Eclairé par nos interpellations di-
» rectes, le gouvernement a compris qu'il ne gagnait
» rien à restreindre les débats législatifs dans les
» limites les plus étroites. Nous ne croyons pas être

« démentis par personne en disant que, par nos dis-
» cours, notre activité et notre attitude, nous avons
» contribué dans une large mesure à provoquer la
» réforme du 24 novembre 1860, qui a rendu aux
» Chambres quelques-unes de leurs prérogatives et
» marqué un pas vers la liberté. »

Parmi les républicains d'une certaine nuance, on se montrait plein d'espoir. Je me rappelle avoir assisté, vers le commencement de décembre, à une conversation où MM. Crémieux, Gervais (de Caen) et Ducoux tenaient le dé. Ces messieurs se racontaient leurs souvenirs de jeunesse, leurs conspirations contre le gouvernement des Bourbons et celui de Louis-Philippe. M. Ducoux mettait une certaine insistance à rappeler que le carbonarisme ne poursuivait qu'un but : venger la France de la honte de l'invasion. Évidemment ces républicains de 1848 prenaient date et voulaient faire remonter le plus haut possible leurs sentiments napoléoniens.

Le secret de toute cette belle ardeur était le bruit qui s'était répandu d'une prochaine dissolution du Corps législatif qui leur permettrait de se porter comme candidats. Pourtant, M. Crémieux n'était pas d'avis que la dissolution eût lieu tout de suite. « Une
» dissolution précipitée, disait-il, ferait la part trop
» belle au gouvernement. » Mieux valait, suivant lui, faire auparavant l'expérience, pendant une session, des nouvelles réformes. M. Crémieux pensait que M. Thiers se présenterait aux élections, et un de ses interlocuteurs, bien placé pour savoir les choses, déclarait que peut-être il consentirait à accepter un portefeuille.

Etait-ce là une parole en l'air, ou bien M. Thiers avait-il en effet laissé entrevoir qu'il songeait à rentrer dans la vie publique? Une chose certaine, c'est que le nom de M. Thiers était mis en circulation dans les cercles politiques, et que le 15 décembre 1860, c'est-à-dire trois semaines après la publication des décrets, on fut fort étonné de lire dans les colonnes du *Moniteur universel*, un article de M. Sainte-Beuve, fort élogieux pour l'ancien ministre de Louis-Philippe.

C'était évidemment un article de commande. On y lisait des phrases comme celles-ci, qui ressemblaient fort à des avances :

« C'est ainsi qu'on parle de ce qu'on aime, et j'ajou-
» terai de ce qu'il n'est plus permis de regretter qu'à
» demi, et de ce qu'il ne tient guère qu'à lui (M. Thiers)
» de ne plus regretter du tout. »

Et plus loin :

« Cet ensemble de procédés, cette rigueur euro-
» péenne d'où la France est sortie, réduite à ses plus
» justes limites et à son strict nécessaire, mais digne
» et à son honneur, sinon à son profit, arrache à
» M. Thiers des réflexions empreintes d'une magnifique
» tristesse qui, pourtant, doit être aujourd'hui, ce
» nous semble, soulagée en partie et consolée. »

Les *insermentistes* étaient devenus plus intraitables que jamais. M. Carnot, qui passait pour leur chef, déclarait à qui voulait l'entendre que « le décret du 24
» novembre était l'arrêt de mort de l'Empire », et il motivait son opinion de cette façon : « Un gouverne-
» ment, disait-il, qui abandonne son principe se sui-
» cide. Les nouvelles réformes rendront plus fortes
» et plus vives les exigences du pays; le gouvernement

» sera dans l'impuissance de leur donner satisfac-
» tion ; il reculera, et ce recul sera le signal de sa
» chute. »

Le parti orléaniste s'était divisé. Ceux qui étaient dans le secret de la part prise par M. Thiers aux réformes se disposaient à appuyer le nouveau régime. Ceux-là paraissaient convaincus que les décrets seraient exécutés de la façon la plus large ; que la discussion de l'adresse serait sérieuse ; que la Chambre serait dissoute après la session, et qu'alors les chefs des partis hostiles pourraient se glisser dans la Chambre renouvelée, et qu'à la faveur des prérogatives et des immunités qu'on avait accordées au Corps législatif, il deviendrait possible de forcer le gouvernement à faire un pas de plus vers le régime parlementaire ou bien, s'il s'y refusait, de le saper par la base et d'arriver ainsi à le renverser.

D'autres, dédaignant toute tactique, continuaient à se renfermer dans une défiance farouche. On colportait dans les salons un mot cruel de M. de Montalivet : « L'Empire, comme Empire, n'existe plus. La
» chose informe qui porte encore ce nom tombera
» bientôt. Ce n'est plus qu'une question de temps. Il
» y en a tout au plus pour cinq à six ans. »

Quant au monde officiel, il se montrait fort mécontent. M. le sénateur Heeckeren n'aurait pas pu se permettre encore l'atroce plaisanterie qu'il fit plus tard, en présence même de l'Empereur, en appelant les nouvelles mesures le *Crime du 24 novembre*. Mais on faisait entendre des murmures dont les échos parvenaient aux oreilles de Napoléon III. On comparait irrévérencieusement le nouveau règlement de la

Chambre « à une roue de tourne-broche introduite
» dans un régulateur Bréguet. »

Incapable de saisir les nuances et hostile à tout progrès, le personnel gouvernemental avait cru tout d'abord à un retour complet aux idées parlementaires, et il se préparait à faire aux décrets une guerre sourde en attendant qu'il pût les écarter tout à fait. Il était d'ailleurs encouragé par l'attitude singulière du gouvernement.

Le gouvernement, en effet, paraissait embarrassé de son succès. L'opinion avait donné aux réformes une portée qui dépassait les intentions qui les avaient dictées. Les promoteurs des décrets n'avaient cru introduire que de simples modifications au règlement du Corps législatif, et tout le monde y voyait une sorte de restauration du régime constitutionnel. Afin de donner satisfaction à certains scrupules qui se manifestaient déjà trop vivement, on crut devoir mettre un terme à ces interprétations périlleuses.

C'est le *Constitutionnel* qui fut chargé de préciser le sens que le gouvernement attribuait aux réformes. Une note signée *Boniface*, et ayant un caractère officieux, fut publiée dans le numéro du 28 novembre 1860. Cette note disait : « Entre le régime représen-
» tatif dont ces mesures nous rendent la plénitude et
» le régime parlementaire qui aboutit aux deux révo-
» lutions de 1830 et de 1848, il y a la différence qui
» sépare le contrôle de la lutte et qui distingue le
» pouvoir qui s'éclaire d'un pouvoir asservi. »

Ce prétendu commentaire eut pour effet de rendre obscure une politique qui avait paru très claire. Beaucoup de gens à droite comme à gauche s'en tinrent à leur première impression et refusèrent d'admettre l'interprétation intéressée du *Constitutionnel*.

D'autres considérèrent la note signée *Boniface* comme une reculade.

Une personne que sa haute situation mettait à même de pénétrer les pensées secrètes de l'Empereur, caractérisait ainsi devant moi les décrets du 24 novembre: « Ce sont des mesures bêtes prises à l'intérieur » pour mieux déguiser un recul à l'extérieur. » C'était là un jugement peut-être sévère; mais il exprimait, sous une forme un peu brutale, une préoccupation vraie : par son *motu proprio* du 24 novembre, Napoléon III avait eu surtout pour but de ramener à lui les dissidents du parti conservateur, que la guerre d'Italie et les traités de commerce avaient éloignés de l'Empire [1].

On n'a pas suffisamment remarqué qu'au lendemain des décrets du 24 novembre, le gouvernement de l'Empereur avait songé à s'adresser exclusivement aux hommes des anciens partis. L'article de M. Sainte-Beuve où l'on cherchait à engluer M. Thiers, avait eu

1. Comme confirmation des impressions que je résume ici, on me permettra de citer le passage suivant d'une lettre que j'adressais à Proudhon, qui résidait alors à Ixelles-les-Bruxelles. Proudhon a reproduit cette lettre dans les *Essais d'une philosophie populaire*, n° 11, p. 186. Bruxelles, 1860.

« Vous êtes, m'a-t-on dit, fort incrédule à l'endroit des conséquences libérales qu'on a voulu tirer du décret du 24 novembre. Vous faites sagement. Je connais l'histoire de ce décret : ce sera une immense mystification. J'en suis encore à comprendre pourquoi le parti libéral lui a fait un si favorable accueil. La seule explication que je trouve est celle-ci, que je vous donne pour ce qu'elle vaut : le parti libéral est, depuis l'expédition d'Italie, un composé de tous les débris du parti conservateur, qui a vu avec épouvante l'Empire se lancer dans des aventures pseudo-révolutionnaires. Dans l'espoir de le retenir, il a demandé à partager avec l'Empereur la direction de la politique générale. Comme l'Empire et le parti conservateur ont et auront encore

une suite. Qui ne se souvient de cette fameuse circulaire du 5 décembre 1860, où M. de Persigny, ministre de l'Intérieur, disait, en s'adressant aux préfets :
« Témoignons aux hommes honorables et distingués
» des anciens gouvernements les égards qu'ils méri-
» tent ; ne négligeons aucune occasion de les engager
» à faire profiter le pays de leurs lumières et de leur
» expérience, et rappelez-leur que s'il est noble de
» conserver le culte des souvenirs, il est encore plus
» noble d'être utile à son pays. »

Cet appel rencontra peu d'échos. L'accord intime était fait entre tous les intérêts qui se croyaient menacés. On trouvait déjà plus d'avantages à l'opposition qu'à l'adhésion. Avant même qu'un sénatus-consulte eût consacré les modifications que le décret du 24 novembre avait introduites dans la Constitution de 1852, la séparation était faite entre le gouvernement et ces anciens partis dont on réclamait le concours. Le *Courrier du Dimanche*, organe du parlementarisme hostile, était frappé dans la personne de son directeur contre lequel était pris un arrêt d'expulsion. On refu-

longtemps besoin l'un de l'autre, on a passé un compromis ; on a un peu étendu les prérogatives du Corps législatif et du Sénat, à condition que l'Empereur abandonnerait les alliances révolutionnaires. Le décret du 24 novembre, que la session dernière avait rendu nécessaire, couvre donc, non un pas en avant, mais un recul. Tous les indices que je recueille tendent à prouver que mon interprétation est la vraie. Les éloges adressés à l'Empereur par les orléanistes, à propos de ce décret, prouvent que les sympathies dynastiques sont bien moins fortes chez eux que la peur de la Révolution. On a fait, dit-on, à M. Thiers, des avances pour qu'il consentît à accepter une candidature aux prochaines élections : cela seul suffirait pour vous indiquer ce que valent ces prétendues réformes.

» Quoi qu'il en soit, la prochaine session sera curieuse. Les catholiques fourbissent leurs épées ; les protectionnistes se préparent à pourfendre les traités de commerce, etc. »

sait à M. Émile Ollivier et à M. Louis Veuillot l'autorisation de publier un journal.

La guerre des brochures recommençait. Les choses étaient allées si loin qu'on crut à une réaction et que M. de Persigny se vit obligé de rassurer l'opinion. Une note du *Constitutionnel* déclara que « la liberté de
» discussion continuerait à trouver dans le ministre
» de l'Intérieur non seulement un protecteur sympa-
» thique, mais au besoin un énergique défenseur. »
Mais cette déclaration paraissant insuffisante, M. de Persigny écrivit à ses amis d'Angleterre une lettre qui fut reproduite par le *Morning Post* et le *Daily News*. Dans cette lettre, le ministre de l'Empereur se déclarait au plus haut point favorable à la libre discussion des actes du gouvernement, mais il ajoutait qu'il ne saurait permettre une attaque contre le principe des institutions et la dynastie impériale.

On attendait avec impatience le discours du Trône. L'Empereur seul pouvait fixer toutes les incertitudes sur le sens et la portée des mesures du 24 novembre 1860. Au lieu d'entrer dans des explications précises, Napoléon III se contenta de comparer la Constitution de 1852 avec la Charte de 1830. (4 février 1861.)

« Le discours d'ouverture de chaque session, dit-il,
» résume en peu de mots les actes passés et les pro-
» jets à venir. Jusqu'à ce jour, cette communication,
» restreinte par sa nature, ne mettait pas mon gou-
» vernement en rapport assez intime avec les grands
» corps de l'Etat, et ceux-ci étaient privés de la fa-
» culté de fortifier le gouvernement par leur adhésion
» publique et de l'éclairer par leurs conseils...
» Vous pourrez dans une Adresse manifester votre

» sentiment sur les faits qui s'accomplissent, non
» plus comme autrefois par une simple paraphrase
» du discours du trône, mais par la libre et loyale
» expression de votre opinion.

» Cette amélioration initie plus amplement le pays
» à ses propres affaires, lui fait mieux connaître ceux
» qui le gouvernent comme ceux qui siègent dans les
» Chambres, et, malgré son importance, n'altère en
» rien l'esprit de la Constitution.

» Autrefois, vous le savez, le suffrage universel
» était restreint. La Chambre des députés avait, il
» est vrai, des prérogatives plus étendues, mais le
» grand nombre des fonctionnaires publics qui en
» faisaient partie leur donnait une action directe
» sur les résolutions. La Chambre des pairs votait
» aussi les lois, mais la majorité pouvait être à chaque
» instant déplacée par l'adjonction facultative de nou-
» veaux membres. Enfin, les lois n'étaient pas tou-
» jours discutées pour leur valeur réelle, mais suivant
» la chance que leur adoption ou leur rejet pouvait
» avoir de maintenir ou de renverser un ministère.
» De là, peu de sincérité dans les délibérations, peu
» de stabilité dans la marche du gouvernement, peu
» de travail accompli.

» Aujourd'hui, toutes les lois sont préparées avec
» soin et maturité par un conseil composé d'hommes
» éclairés, qui donnent leur avis sur toutes les me-
» sures à prendre. Le Sénat, gardien du pacte fonda-
» mental, et dont le pouvoir conservateur n'use de
» son initiative que dans des circonstances graves,
» examine les lois sous le seul rapport de leur con-
» stitutionnalité; mais véritable Cour de cassation po-

» litique, il est composé d'un nombre de membres qui
» ne peut être dépassé. Le Corps législatif ne s'im-
» misce pas, il est vrai, dans tous les détails de l'ad-
» ministration, mais il est nommé par le suffrage uni-
» versel, et ne compte dans son sein aucun fonction-
» naire public. Il discute les lois avec la plus entière
» liberté ; si elles sont repoussées, c'est un avertisse-
» ment dont le gouvernement tient compte ; mais ce
» rejet n'ébranle pas le pouvoir, n'arrête pas la mar-
» che des affaires et n'oblige pas le souverain à pren-
» dre pour conseillers des hommes qui n'auraient pas
» sa confiance.

» Telles sont les différences principales entre la
» Constitution actuelle et celle qui a précédé la révo-
» lution de Février.

» Épuisez, pendant le vote de l'Adresse, toutes les
» discussions, suivant la mesure de leur gravité, pour
» pouvoir ensuite vous consacrer entièrement aux
» affaires du pays, car si celles-ci réclament un exa-
» men approfondi et consciencieux, les intérêts, à
» leur tour, sont impatients de solutions promptes. »

Ayant ainsi exposé en termes brillants et concis une thèse de législation comparée, Napoléon III crut bien certainement avoir terrassé ses adversaires. Il se trompait, et la discussion lui prouva qu'il était resté dans ses concessions bien en-deçà des exigences de l'opinion publique.

Dans la séance du 18 juin 1861, M. Billault ferma de nouveau la porte à toutes les espérances : « La
» question, dit-il, qu'on a voulu poser au dehors en-
» core plus qu'au dedans de cette enceinte est celle-
» ci : au décret du 24 novembre, à la grande dis-

» cussion annuelle qu'il a autorisée, s'ajouterait-il de
» nouvelles concessions? Apparaîtra-t-il de nouvelles
» dispositions qui, supprimant ou réduisant les pou-
» voirs politiques pris, en 1852, avec la pleine appro-
» bation du peuple, changeront, modifieront profon-
» dément la constitution de l'État. En présence des
» doutes élevés à ce sujet, le gouvernement vous le
» déclare, le décret du 24 novembre est un acte com-
» plet et auquel les conséquences qu'on veut en dé-
» duire ne se rattachent en aucune manière. »

C'était là une déclaration qu'il était plus facile de faire que de maintenir. M. Jules Favre répondit à M. Billault; il ne dit que des pauvretés. C'est que les événements pouvaient seuls prouver l'inanité des paroles du ministre d'État. Elles ont été mises à néant par la lettre du 19 janvier, par le sénatus-consulte du 8 septembre 1869 et par le plébiscite du 8 mai 1870.

IV

LES RÉFORMES DE M. FOULD.

Le 14 novembre 1861, le monde politique et financier lut avec étonnement à la première page du *Moniteur universel* un Mémoire portant la signature de M. Achille Fould, qu'on pouvait considérer comme un véritable cri d'alarme. Dans ce Mémoire, qui était adressé à l'Empereur, l'ancien ministre d'État étalait au grand jour les misères de la situation financière, qu'on avait pris tant de soin à dissimuler. D'après lui, depuis plusieurs années, la France ne vivait plus que d'expédients. On faisait flèche de tout bois, et malgré cela, la Dette publique allait en grossissant toujours; la Dette flottante dépassait un milliard. Le moment était venu de s'arrêter sur cette pente, si l'on ne voulait pas aboutir à une catastrophe.

L'opposition, dans la Chambre et dans les journaux, n'avait cessé d'appeler l'attention publique sur le mauvais état de nos finances. Mais on n'avait cru ni à ses raisons ni à ses chiffres. Aussi, quand un ancien ministre de l'Empereur, membre du Conseil privé, vint confirmer ses critiques et leur donner en quelque sorte une estampille officielle; l'émotion fut profonde. Elle se serait certainement traduite par une immense crise, si Napoléon III n'avait eu la sagesse d'appeler au ministère des finances, pour réparer le mal, l'homme qui avait eu le courage de la dénoncer.

Les réformes du 14 novembre 1861 avaient une portée plus haute que les décrets du 24 novembre 1860. En rétablissant le Corps législatif dans ses droits sur le règlement des intérêts du pays, on lui accordait beaucoup plus qu'on ne lui avait donné, en lui restituant, suivant une heureuse expression, la faculté de faire des « discours sur des questions générales » dans des occasions solennelles. »

Mais pas plus que les décrets du 24 novembre 1860, l'assentiment donné aux réformes financières de M. Fould n'a été un acte véritablement spontané de la volonté impériale. Dans cette circonstance, comme dans la précédente, l'Empereur a dû se soumettre à des nécessités auxquelles il eût été dangereux de résister. C'est ce qu'il est facile de démontrer.

Depuis que le régime représentatif a été définitivement adopté en France, il y a toujours eu dans les Chambres un groupe d'hommes plus utiles que brillants, portés, par goût autant que par devoir, à éplucher les budgets et à régler les comptes de cuisine de la Nation. Sous le gouvernement de juillet, ces hommes n'avaient pas joui d'une grande influence, parce que les Chambres, possédant la plénitude des libertés parlementaires, exerçaient une action directe sur les finances. Mais sous le second Empire, les *budgétaires*, comme on les appelait, n'avaient pas tardé à constitué une puissance avec laquelle le gouvernement avait eu à compter. Une circonstance avait contribué à les rendre redoutables, et comme elle se lie étroitement aux réformes inaugurées par M. Achille Fould, il importe de s'y arrêter un peu longuement.

On sait que le budget des dépenses est divisé en autant de budgets qu'il y a de départements ministériels, et qu'en outre chacun de ces budgets spéciaux est subdivisé en chapitres et en articles. Les chapitres correspondent aux différentes natures de services. Les articles sont des *subdivisions* de chapitres. Cette double division en chapitres et en articles, personne ne l'ignore, a pour but de limiter l'action ministérielle et de soumettre à un contrôle plus rigoureux les recettes et les dépenses. On a poussé les précautions plus loin : il est de principe que les crédits affectés à un chapitre ne puissent être appliqués aux dépenses d'un autre chapitre. C'est ce qu'on appelle la spécialité.

Quoique les auteurs de la Constitution du 14 janvier 1852 eussent restreint dans le vote des lois les prérogatives du Corps législatif, ils n'avaient pas osé toucher aux règles qui jusque-là avaient présidé à la présentation et au vote des budgets. Le règlement du 22 mars 1852 avait admis que, lorsqu'il s'agissait de lois de finances, la discussion porterait d'abord sur l'ensemble de la loi, puis sur ses divers chapitres. La spécialisation des crédits, cette vieille conquête parlementaire, était conservée.

Mais il se passa dans la commission, chargée d'examiner le budget de 1853, un fait qui ne fut pas remarqué dans le public et qui est sans doute complètement oublié aujourd'hui. MM. Chasseloup-Laubat et Gouin, chargés de faire le rapport, l'un sur les recettes, et l'autre sur les dépenses, se livrèrent à une série de critiques transparentes sur le nouveau régime et sur la position diminuée qui était faite au Corps législatif. Les deux rapporteurs se plaignirent entr'autres de ce que la commission du budget, au lieu d'être mise en rapport avec les ministres, ne pouvait plus obtenir les renseignements dont elle avait besoin que par l'intermédiaire des conseillers d'État. M. Chasseloup-Laubat formula un blâme sévère sur la création du Ministère de la police qu'il considérait comme dangereuse. Il exprima des appréhensions « sur les » travaux publics si considérables entrepris simultané- » ment dans Paris ». M. Gouin, de son côté, ne craignit pas d'appuyer un amendement de M. de Mérode, réclamant une diminution des droits d'enregistrement et de timbre en faveur des acquéreurs des biens de la famille d'Orléans, et cela, dit-il, dans le but d'éviter « de nouveaux sacrifices à une auguste famille si cruel- » lement atteinte. » Tous deux insistèrent fortement sur les difficultés que la commission avait éprouvées, par suite des rapports nouveaux entre les grands corps de l'État, pour faire adopter des réductions et pour obtenir des améliorations. « C'est au gouverne- » ment, disait M. Gouin, de voir, si dans son propre » intérêt, cette situation faite à chacun n'affaiblit pas » le concours que doivent lui apporter les Corps que la » Constitution lui a donnés pour auxiliaires. »

Les derniers débris du parti parlementaire avaient évidemment trouvé un refuge dans la commission du budget. Il était urgent de les en déloger, d'autant plus que les *budgétaires*, c'est le nom qu'on leur donnait déjà, se posaient comme un obstacle au programme des grands travaux qui semblaient devoir être la base du gouvernement nouveau.

L'occasion parut propice, quand il s'agit de substituer l'Empire à la République décennale qu'avait instituée la Constitution du 14 janvier 1852. La restauration de l'Empire n'aurait pas eu de sens, aux yeux des hommes d'État qui composaient alors le conseil du président de la République en train de devenir Empereur, s'il n'avait pas coïncidé à une plus grande concentration du pouvoir entre les mains de Celui à qui la nation confiait le soin de ses destinées. Ce fut là l'idée maîtresse qui domina les modifications apportées au pacte fondamental par le sénatus-consulte du 25 décembre 1852.

En matière de travaux publics, la volonté de l'Empereur fut souveraine; les entreprises et les travaux d'intérêt général devaient être ordonnés ou autorisés par simples décrets.

Quant au budget des dépenses, il devait continuer à être présenté au Corps législatif avec ses divisions administratives par chapitres et par articles; mais il n'était plus voté que par ministère. Le gouvernement n'était plus, comme le disait M. Troplong, « encadré » dans les casiers circonscrits de la spécialité; » il avait le droit de se mouvoir dans l'étendue d'un ministère. Le budget définitif était celui qui était réglé par l'Empereur d'accord avec le Conseil d'État; c'était l'Empereur qui réglait la répartition par chapitres des crédits accordés pour chaque ministère; et afin que rien ne vînt gêner son action, il pouvait, par des décrets spéciaux, autoriser des virements d'un chapitre à un autre.

C'était là évidemment la réponse aux licences que s'était permises la commission du budget. Afin de bien marquer que telle était en effet la pensée des inspirateurs du sénatus-consulte du 25 décembre 1852, on y déclarait que la disposition relative à la faculté de virement était « applicable au budget de 1853. » C'est ainsi qu'on punissait les hardiesses libérales de MM. Gouin et Chasseloup-Laubat.

Cette restriction apportée aux prérogatives du Corps législatif fut une des grandes maladresses du règne. S'il y a un droit que les députés, quelle que soit leur origine, considèrent comme essentiel, c'est celui de contrôler l'emploi des deniers de l'Etat et d'exercer une influence directe sur les dépenses. En les dépouillant de ce droit, on annihilait leur mandat. C'est en vain que la Constitution leur reconnaissait le pouvoir de voter l'impôt ; ce n'était plus là qu'un pouvoir purement honorifique.

On avait senti qu'on était en train de commettre une grosse faute. Et la preuve, c'est qu'on cherchait le plus possible à l'atténuer : « Ce sera à l'Empereur,
» disait M. Troplong, le rapporteur du sénatus-con-
» sulte, qu'il appartiendra de faire, après le vote par
» ministère, la répartition par chaque chapitre de
» ministère. Mais presque toujours cette répartition
» sera conforme aux décisions présentées au Corps
» législatif et qui auront servi de base à son vote. Ce
» n'est que dans des cas rares qu'elle se trouvera différente sur quelques points. »

Un des points sur lesquels n'ont cessé, depuis l'origine du régime représentatif, d'insister les commissions financières, c'est sur la nécessité de restreindre dans les plus étroites limites et autant que possible aux cas urgents, les crédits supplémentaires et extraordinaires. On appelle ainsi les crédits destinés ou à compléter les crédits insuffisants, ou à pourvoir à des besoins imprévus. On conçoit que la multiplicité de ces crédits dérange l'économie des budgets, et introduit dans les finances un élément de désordre et de désorganisation. Décrétés en l'absence des Chambres, ils placent les représentants du pays en face de faits accomplis devant lesquels ils sont forcés de s'incliner, et qui diminuent d'autant leur droit de contrôle.

M. Bineau, ministre des finances, qui avait été autrefois un *budgétaire* intrépide, sentait qu'il fallait neutraliser les hostilités que ne devait pas manquer de soulever l'application du nouveau système. Dans l'exposé des motifs du budget de 1854, il présenta, comme une compensation aux prérogatives dont le Corps législatif avait été dépouillé, la disparition des crédits supplémentaires. « La faculté de virement d'un chapitre à
» l'autre, disait-il, supprimera la presque totalité des
» annulations de crédits; il faut que, par contre, elle
» supprime du même coup, la presque totalité des cré-
» dits supplémentaires. »

M. Bineau avait cru, par cette déclaration, empêcher des conflits dont il avait le pressentiment. Il venait, sans le savoir, de fournir au parti des *budgétaires* l'arme qui devait leur servir à démolir le système restrictif dont il avait été le promoteur. A partir de ce moment, les commissions de budget n'ont plus eu qu'une préoccupation, ç'a été de reconquérir les droits que leur avait enlevé le sénatus-consulte du 25 décembre 1852. Le moyen qu'elles emploient, c'est de mettre en demeure le gouvernement impérial de tenir la promesse qui leur a été faite de restreindre à des cas tout à fait extraordinaires et exceptionnels l'ouverture des crédits supplémentaires.

Ni les atténuations de M. Troplong, ni les déclarations de M. Bineau n'empêchèrent le Corps législatif d'exprimer son mécontentement. C'est aux applaudissements de tous que M. le comte de Flavigny protesta, dans un discours dont le compte rendu officiel n'a donné qu'une version atténuée, contre l'atteinte portée aux attributions du Corps législatif. « L'Empereur a dit qu'il
» entendait laisser une large porte ouverte aux amé-
» liorations et que la liberté couronnerait son édifice.
» L'orateur déclare qu'il a dans ces paroles une foi
» entière et que l'espérance de voir se réaliser cette
» promesse l'a déterminé à rester sur des bancs où il
» avait un devoir à remplir, celui de faire entendre
» respectueusement la vérité. Il engage ses collègues
» à ne pas imiter l'exemple de l'ancien Corps législatif,
» à ne pas attendre pour dire la vérité la veille de
» quelque grand péril. » (19 mai 1853.)

Chargé du rapport sur le budget de 1854, M. Schneider montra quelles seraient à l'avenir les conséquences obligées du système adopté. Après avoir rappelé les paroles de M. Bineau, il ajouta : « L'exposé des motifs
» rappelle ces paroles de M. le ministre des finances,
» et nous croyons devoir les rappeler à notre tour,
» heureux d'en voir l'initiative au gouvernement; *c'est*
» *à nos yeux une sorte d'engagement*. La suppression

» des crédits supplémentaires nous apparaît comme
» l'une des conditions du régime nouveau. »

Rien n'est plus curieux que le travail persistant des *budgétaires* pour reconquérir les prérogatives perdues. On peut dire que ce sont les commissions financières qui, après 1852, ont repris en sous-œuvre la reconstruction du régime constitutionnel. Elles n'ont pas attendu pour cela que l'opinion publique leur vînt en aide ; elles ont marché souterrainement, presque en silence, et sans qu'on se doutât au dehors du progrès qui s'accomplissait.

Ce qu'il y a de remarquable, c'est que la commission du budget avait beau être modifiée dans son personnel, son esprit restait le même ; les rapporteurs changeaient, mais ils faisaient entendre le même langage. MM. Alfred Leroux, Devinck, Busson, Louvet, formulaient les mêmes revendications que M. Schneider. De 1853 à 1861, un même sentiment de résistance semble s'être concentré dans cette commission composée pourtant de gens complètement dévoués au gouvernement impérial.

Pour saper le système dans sa base, les *budgétaires* ont procédé par une sorte de réduction à l'absurde. On vient de voir que, pour faire prévaloir l'application de la faculté de virement et la disparition de la spécialité en matière de crédits, on avait mis en avant ce motif, qu'en procédant de cette manière, il serait facile aux ministres de se mouvoir dans la limite des crédits accordés et qu'on pourrait ainsi donner satisfaction au vœu sans cesse renouvelé de voir disparaître les crédits supplémentaires. Les commissions financières n'eurent pas de peine à démontrer que ce n'était là qu'une illusion, et que, loin de supprimer les crédits extra-budgétaires, l'abandon de la spécialité les rendait en quelque sorte indéfinis.

Il était difficile au gouvernement de résister à ces critiques sans cesse renouvelées. Dès 1855, il avait fait des concessions. L'article 21 de la loi du 5 mai 1855 contenait déjà des restrictions à l'égard des crédits supplémentaires qui n'auraient pas pu être couverts par des virements de chapitres. Le décret du 10 novembre 1856 alla plus loin : il interdit aux ministres d'engager, sous leur responsabilité, aucune dépense nouvelle, avant qu'il eût été régulièrement pourvu aux moyens de la payer; tous les décrets portant ouverture de crédits supplémentaires et extraordinaires devaient être rendus en Conseil d'État, et, de plus, indiquer les voies et moyens affectés aux crédits demandés. D'autres dispositions étaient prises pour que les prévisions du budget ne fussent pas dépassées et pour que la faculté de virement ne pût s'exercer que dans des limites très restreintes.

C'étaient là de grandes victoires. L'action du Corps législatif, en matière de crédits supplémentaires, avait reçu une certaine extension; son contrôle était plus nettement défini. Le droit de virement était entamé ; et, en effet, à partir de ce moment, il avait reçu dans l'application des restrictions de plus en plus fortes, à tel point, qu'en 1860, on avait pu dire que le gouvernement en avait fait l'abandon.

Puisque le système financier inauguré à la suite de la proclamation de l'Empire, n'avait pas produit les fruits qu'on en attendait, et que le gouvernement lui-même avait été amené à y introduire des modifications profondes, on était conduit, par la force des choses, à y renoncer et à revenir au régime qui avait été abandonné en 1852. C'était la conséquence des efforts tentés depuis 1853 par les *budgétaires*. C'est à ce but qu'ils tendent à partir de 1858.

En 1858, un député, dont le dévouement n'était point suspect, puisqu'il avait pour gendre un des grands-officiers de la Couronne, s'était hasardé à faire cette audacieuse déclaration : « Si la commission avait pré-
» paré le budget ou si la Chambre avait le droit de le
» voter par chapitres, des économies plus considé-
» rables auraient été réclamées et sans doute adop-
» tées ; mais le budget, tel qu'il est présenté, c'est le
» budget du gouvernement. » M. Calley-Saint-Paul, car c'était lui, avait éventé trop tôt la mèche. On trouva ces paroles imprudentes, et, à quelques jours de là, étant à une réception des Tuileries, il reçut, comme nous l'avons raconté ailleurs, une semonce qui refroidit singulièrement son zèle. S'il avait, comme on le prétend, rêvé le portefeuille des finances, on peut croire que, ce jour-là, il le perdit.

L'incartade du beau-père du général Fleury montre que, dès cette époque, il y avait dans les régions gouvernementales des hésitations sur ce qu'il y avait à faire pour donner satisfaction aux vœux persistants du Corps législatif. M. Calley Saint-Paul ne se serait pas ainsi lancé en avant, s'il n'avait appris que certaines personnes de l'entourage de Napoléon III étaient d'avis de revenir sur ce qui avait été fait en 1852, et que, de son côté, l'Empereur était disposé à faire des concessions en ce sens. Ce n'était un secret pour personne qu'on était très divisé parmi les conseillers intimes sur la meilleure manière de conduire les finances. Le ministre en exercice était fortement battu en brèche, et sa succession, dont on entrevoyait l'ouverture prochaine, était fortement disputée.

Quoi qu'il en soit, la commission du budget adopta, en 1858 et en 1859, un nouveau plan de campagne. Cette fois, c'est le retour à la spécialité qui devient l'objectif. Le rapporteur, M. Devinck, demanda « qu'on revînt à la règle salutaire de la spécialité ». Mais il ne réclamait pas le vote par chapitres ; il se contentait du vote par grands services. Il insistait d'autant plus vivement sur ce point, qu'on avait, disait-il, « pris l'habitude d'opérer des virements d'un » ministère à l'autre ».

L'honorable M. Devinck suivait évidemment un mot d'ordre. Par qui avait-il été donné? Probablement par une des personnalités qui se disputaient à ce moment le ministère des finances. Le député de la deuxième circonscription de la Seine put croire un moment qu'il allait devenir le titulaire de ce bienheureux portefeuille. Il avait reçu, un matin, un pli de l'Empereur, qui le priait de se rendre dans son cabinet. Il rassembla ses amis, et il leur demanda leur avis sur la conduite à tenir au cas où Napoléon III l'appellerait à faire partie du cabinet. On l'encouragea à accepter. M. Devinck se rendit aux Tuileries. Mais il en revint fort déconfit. L'Empereur ne l'avait fait appeler que pour le consulter sur des faits relatifs à l'administration de la ville de Paris. Il avait bien été question, dans la conversation, du budget; mais l'Empereur n'en avait parlé que pour déclarer que, dans son rapport, la commission avait émis un vœu qui avait un caractère essentiellement inconstitutionnel.

Cette légère déconvenue du rapporteur du budget ne fit point de tort aux doctrines qu'il avait émises. Il y avait eu le 28 juin 1860 une discussion soulevée par M. É. Ollivier pour demander le vote par chapitres de crédits affectés à des travaux d'utilité générale, et à ce propos, M. Vuitry, président de section au Conseil d'Etat, avait laissé échapper cette parole malencontreuse : « Le chapitre a une existence admi- » nistrative et rien de plus. » A cet aphorisme autoritaire, un député de la droite, M. Larrabure, avait opposé une déclaration qui ne souffrait point de réplique : « Il est parfaitement vrai de dire, s'était-il » écrié, que c'est surtout le Conseil d'Etat qui fait le » budget de la France. » Il y a lieu de remarquer que M. Larrabure était un ami particulier de M. Achille Fould.

La commission du budget renouvela en 1860 les vœux qui avaient été formulés en 1858 et en 1859 en faveur de la spécialité. M. Busson, qui était le rapporteur, avait été tout aussi pressant que M. Devinck. On s'attendait donc, dès qu'on eut vent des réformes proposées par le gouvernement, à une modification du Sénatus-Consulte du 25 décembre 1852 en ce qui concernait le mode de votation du budget. A ce point de vue, les décrets du 24 novembre renfermaient une lacune qui fut signalée par tout le monde. « L'inno- » vation, disaient les parlementaires, est de peu » d'importance pour le vote des lois; elle est nulle » pour le vote du budget. C'est une campagne à » recommencer. »

M. Casimir Périer prit à cette campagne une part très active. Le 1ᵉʳ février 1861, il publia dans la *Revue des Deux-Mondes* sous ce titre : *Les finances de l'Empire*, un article qui fut mis ensuite sous forme de brochure et qui eut dans le monde politique un grand retentissement. Les faits que signalait ce travail devaient recevoir à huit mois de là une sorte de confirmation officielle. Mais à ce moment, on considérait qu'il n'était pas temps encore de dire la vérité. Un receveur général des finances, M. de Nervo, fut chargé de réfuter l'article de M. Casimir Périer. La brochure de M. de Nervo qui portait pour titre : *Les finances de la France sous le règne de Napoléon III* affichait un optimisme absolu. Malgré les connaissances spéciales qu'y déployait l'auteur, elle n'eut aucun succès devant l'opinion.

Cette brochure arrivait d'ailleurs trop tard. La discussion de l'Adresse avait eu lieu, et des deux côtés de la Chambre, on était tombé d'accord sur un point, c'est que les finances n'étaient pas aussi prospères que le déclaraient les comptes rendus officiels.

A propos du paragraphe de l'Adresse relative aux finances, il s'était engagé une lutte très vive entre les *budgétaires* et les commissaires du gouvernement. Les Cinq avaient proposé un amendement pour demander qu'à l'avenir le budget fût voté par chapitres; j'avais été chargé de le soutenir. Un autre amendement ayant le même sens et tendant au même but avait été présenté par un certain nombre de membres de la droite. M. de Morny aurait voulu que les deux amendements fussent confondus dans une même discussion ; mais la droite répugnait de faire campagne avec les

Cinq. Après que je l'eus développé, notre amendement fut mis aux voix et repoussé.

M. Devinck, l'un des signataires de l'amendement de la droite, avait sur le cœur sa déconvenue de l'année précédente. Aussi fit-il de la situation le tableau le plus sombre. Je m'étais contenté de montrer par des faits et par des chiffres que l'état de nos finances exigeait qu'on fît aux représentants du pays une part plus large dans la confection des budgets. M. Devinck, lui, fut impitoyable. Les rédacteurs de l'Adresse y avaient introduit cette phrase devenue typique : *Les ressources de la France sont inépuisables comme son activité et son énergie.* M. Devinck s'appliqua à démontrer que rien n'était plus faux, que les ressources de la France avaient des limites, et qu'on en toucherait bientôt le bout, si l'on ne savait pas s'arrêter à temps. Il se montra si acerbe et si obstiné dans ses critiques, que M. de Morny dut lui faire remarquer que le mot *inépuisable* n'avait pas le sens grammatical qu'il lui attribuait. « Ce mot, dit le Président avec une certaine malice, n'a été mis là que pour satisfaire en quelque sorte l'orgueil national. »

L'honorable député de la Seine concluait du reste comme l'avait fait précédemment toutes les commissions financières : il ne voyait de salut que dans le retour aux règles qui avaient prévalu jusqu'à la promulgation du sénatus-Consulte du 25 décembre 1852, et il demandait que le gouvernement mît la question à l'étude.

D'autres orateurs se joignirent à M. Devinck pour montrer que les finances étaient dans une voie périlleuse. Les chiffres que M. Gouin vint étaler devant la

8.

Chambre stupéfaite produisirent une émotion profonde. M. Magne, ministre de la parole, et après lui, M. Vuitry, essayèrent vainement de rassurer les esprits. Le gouvernement comprit qu'il ne lui restait qu'une ressource pour écarter l'amendement des *budgétaires*, c'était de leur accorder ce qu'ils demandaient. M. Magne déclara donc que la question méritait d'être examinée, et que le gouvernement ne se refusait pas à en faire l'objet d'une étude spéciale.

Les *budgétaires* triomphants retirèrent leur amendement. Après une lutte de huit années, le gouvernement se voyait obligé de céder.

Le Corps législatif montra dans toute cette affaire une ténacité qui prouve qu'il était bien décidé à ne pas se payer de simples promesses. Après la discussion de l'Adresse, les députés furent appelés à discuter le budget dans les bureaux. Je faisais partie du 8ᵉ bureau, j'avais pour collègues MM. Devinck et Louvet. Je retrouve dans mes notes ce qui a été dit par les orateurs entendus. « Il y a, s'écria M. Louvet, huit » ministres qui réclament toujours des augmentations; » le ministre des finances ne peut résister qu'en s'ap- » puyant sur la Chambre. » Quant à M. Devinck, il entonna au sujet de son amendement un véritable chant de triomphe. Il était certain que le gouvernement allait mettre la question à l'étude. Le président du Sénat, M. Troplong, était, disait-il, dans les meilleures dispositions. Mais il ne fallait pas qu'on s'endormît. La commission devait renouveler dans son rapport le vœu qu'elle avait fait entendre l'année précédente. Quant à lui, il était déterminé à employer tous ses efforts pour faire réussir le vote par chapitres.

Ce mot d'ordre fut suivi. Le rapporteur du budget, M. Busson, inscrivit dans son rapport le vœu en faveur du retour à la spécialité. Il fut imité par M. Josseau, rapporteur des crédits supplémentaires, et par un orateur de la Droite, M. Kolb-Bernard, dans la discussion du budget.

Quand le Corps législatif se sépara, la majorité avait la conviction que l'année ne se terminerait pas sans que l'Empereur donnât satisfaction à des réclamations si fréquemment et si nettement formulées.

Il était évident, du reste, que la France traversait une crise économique et financière. Depuis deux ans, l'insuffisance des récoltes avait amené de grandes sorties d'argent. Pour combler le vide de son encaisse, la Banque de France ne s'était pas contentée de hausser le taux de son escompte : elle avait dû, ni plus ni moins qu'un simple spéculateur, se livrer à des opérations qui se résumaient en reports. De toutes parts on signalait comme cause de nos embarras économiques : d'une part, les charges croissantes des budgets de l'État, des départements et des villes ; de l'autre l'absorption, au détriment de l'industrie, de tous les capitaux disponibles par les emprunts, les démolitions et les chemins de fer.

On continuait, néanmoins, dans les régions officielles, à se faire des illusions sur la situation, ou tout au moins à croire qu'il était utile de dissimuler la vérité au pays. Un écrivain, M. Eugène Forcade, qui jouissait d'une certaine faveur auprès du pouvoir, puisque le ministre de l'Intérieur publiait dans le *Moniteur des communes* des extraits de son journal financier, fit, dans le numéro du 15 octobre 1861 de la *Revue des*

Deux-Mondes, un tableau très modéré de la crise. M. Eugène Forcade, qui était au courant de ce qui se passait dans l'entourage de l'Empereur, ne doutait pas que son article ne reçût l'approbation d'une au moins des personnalités qui s'y disputaient l'influence. Il fut donc fort étonné d'apprendre qu'à propos de cet article, la *Revue des Deux-Mondes* avait été l'objet d'un avertissement conçu dans les termes les plus acerbes; on y accusait l'auteur « de s'efforcer par les
» assertions les plus mensongères de propager l'alarme
» dans le pays et d'exciter à la haine et au mépris du
» gouvernement. »

Cet avertissement causa une grande surprise dans le monde politique. On savait, en effet, qu'à ce moment-là même, des pourparlers étaient engagés pour amener une entente entre M. de Persigny et M. Fould, et qu'il était question de la rentrée de ce dernier aux affaires comme ministre des finances. Il se disait, assez publiquement, que M. Fould revenait les mains pleines de réformes et qu'on songeait à lui donner, avec la haute main sur les finances, le titre d'*Architrésorier*. On connaissait le fait qui avait ému M. Fould. C'était un crédit extraordinaire de 2 millions décrété par M. de Persigny sur le crédit de 25 millions qui devait être demandé au Corps législatif pour les chemins vicinaux. Aussi M. Eugène Forcade se mit-il très sérieusement sur la défensive, certain que les incidents de la politique lui donneraient prochainement raison; il fit délibérer une consultation par un certain nombre d'avocats, et il déféra au Conseil d'État l'avertissement dont la *Revue des Deux-Mondes* avait été l'objet.

Du 15 octobre au 10 novembre, on s'occupa dans le Conseil des ministres présidé par l'Empereur, des moyens de donner satisfaction au Corps législatif. L'Empereur avait montré quelque hésitation à se dépouiller de ses prérogatives en matière budgétaire. M. Fould avait réussi à triompher de ses résistances.

Dès le 17 octobre, la résolution fut prise de fixer au 2 décembre la convocation du Sénat en session extraordinaire pour discuter un projet de sénatus-consulte destiné à modifier le mode de votation du budget. Mais on avait été conduit à examiner la situation financière. L'Empereur avait été frappé du tableau qu'en avaient tracé les orateurs de la Droite dans la discussion de l'Adresse, et il tenait d'autant plus à savoir la vérité, que, sur les faits et sur les conséquences qu'on en pouvait déduire, ses conseillers émettaient des avis tout à fait opposés. M. Fould dont la compétence lui inspirait une grande confiance fut chargé de préparer un travail destiné à l'éclairer et à fixer ses idées.

On avait aussi agité les questions de personnes. On avait reconnu que M. Forcade La Roquette n'était pas l'homme qu'il fallait pour mettre un terme à la crise. On rendait justice à ses hautes qualités et à sa puissance de travail; mais on considérait que, dans les circonstances difficiles où l'on se trouvait, il était nécessaire de confier le portefeuille des finances à un homme ayant l'oreille du monde financier. On savait que M. Fould était l'homme préféré de l'Empereur. On l'acceptait d'avance comme le successeur de M. Forcade La Roquette. La difficulté, c'était de faire une situation convenable à ce dernier; on ne pouvait nier, en effet, qu'il eût rendu de grands services au moment de la conclusion des traités de commerce. Un instant, il fut question de dédoubler le portefeuille de M. Rouher et de créer en faveur de M. Forcade La Roquette un Ministère de l'Agriculture et du Commerce. Mais on ne s'arrêta pas longtemps à cette combinaison qui paraissait à M. Rouher une diminution de son importance. Il fut décidé qu'on enverrait M. Forcade. La Roquette au Sénat, en attendant l'occasion de lui donner une compensation plus convenable.

Le 10 novembre, tous les arrangements étaient arrêtés. Le 12, l'Empereur, revenu de Compiègne, tint un conseil des ministres auquel assistaient les membres du Conseil privé. M. Achille Fould donna lecture du Mémoire qu'il avait préparé. Ce Mémoire n'était pas destiné à la publicité; mais l'Empereur, avec cette crânerie qui le caractérisait, décida qu'il serait inséré dans le *Moniteur universel*, et qu'il serait accompagné d'une lettre dans laquelle Napoléon III, donnant son approbation aux réformes proposées, inviterait M. Fould à se charger de leur exécution et à prendre le portefeuille des finances. Au dernier moment il se produisit des difficultés de détail sur le règlement des attributions spéciales du ministre des finances et du ministre d'État. Un instant, on put croire que la publication du Mémoire de M. Fould serait ajournée indéfiniment. C'était l'espoir secret des conseillers de l'Empereur qui avaient trouvé dangereuses les révélations contenues dans ce document. Mais ce qui s'était passé dans le conseil du 12 avait transpiré dans le public. Les journaux officieux avaient annoncé qu'il se préparait « un événement auquel ne pouvaient manquer

» d'applaudir le Sénat et le Corps législatif ». Le *Constitutionnel* avait même fait connaître les points sur lesquels portaient les réformes. Il n'était plus possible de reculer. La publication des décrets et des pièces qui les motivaient fut résolue pour le 14 novembre.

Le *Moniteur* du 14 novembre contenait en effet : 1º une lettre de l'Empereur au ministre d'État sur le sénatus-consulte qui devait être présenté au Sénat; 2º une autre lettre de l'Empereur à M. Fould, pour l'inviter à prendre le portefeuille des finances; 3º le Mémoire à l'Empereur lu par M. Fould en séance du Conseil privé et du Conseil des ministres, le 12 novembre 1861 ; 4º un décret nommant M. Fould ministre des finances et élevant M. Forcade La Roquette à la dignité de sénateur.

Les modifications qu'il s'agissait d'introduire dans la Constitution avaient une grande importance.

Le budget n'était plus voté par ministère, mais par sections comprenant un certain nombre de chapitres et répondant, autant que possible, aux divisions des grands services. C'était un retour timide à la spécialité. On avait pris au mot les *budgétaires* qui avaient d'eux-mêmes, dans la dernière session, rétréci le champ de leurs revendications.

La réforme la plus importante était la suppression des crédits supplémentaires et extraordinaires ouverts par simples décrets et sans l'intervention du Corps législatif. A l'avenir, il ne pouvait être accordé de crédits de cette nature qu'en vertu d'une loi.

Mais cette concession, qui dépouillait l'Empereur d'une prérogative essentielle, avait un correctif dans l'extension donnée à la faculté de virement. Le virement pouvait être autorisé d'un chapitre à un autre dans le budget de chaque ministère. De cette façon, dans les cas urgents ou imprévus, on pouvait concentrer sur un seul service tous les crédits afférents aux autres chapitres, sauf à réclamer du Corps législatif les crédits nécessaires pour combler les vides.

M. Fould se montrait peu favorable à la spécialisation des crédits. « Lorsque la spécialité la plus rigou-
» reuse était exigée, disait-il, dans son Mémoire à
» l'Empereur, par exemple depuis 1840 jusqu'en 1847,
» l'équilibre du budget n'a pas été maintenu. » Ce n'était évidemment que par déférence pour les vœux du Corps législatif qu'il consentait à faire un pas dans cette voie. Pour lui, le véritable danger pour les finances était dans la liberté qu'avait le gouvernement de décréter des dépenses sans le contrôle du Corps législatif. Quant aux virements, il y attachait la plus grande importance. On avait eu grand tort d'en restreindre l'usage.. « J'y vois, disait-il, le seul moyen
» pratique et efficace d'assurer les services publics en
» l'absence du Corps législatif. »

Si M. Fould s'était borné à cette métaphysique budgétaire, son Mémoire aurait produit peu d'impression sur le public. Mais il traçait un tableau saisissant de la situation de nos finances, et il était impossible que les esprits ne fussent point frappés, quand on voyait que le système avait produit des résultats qui se résumaient ainsi :

2 milliards d'emprunts en rentes auxquelles il fallait ajouter 100 millions d'augmentation du capital de la Banque;

135 millions consolidés en rentes en 1857, par la Caisse de la dotation de l'armée, et depuis, tous les fonds de cette caisse successivement absorbés;

132 millions d'obligations trentenaires;

2 milliards 800 millions de crédits extraordinaires dont on avait vu les plus considérables s'ouvrir après la session des Chambres.

1 milliard de découverts.

M. Fould déclarait qu'on avait eu recours au crédit sur toutes ses formes, à l'emprunt sous tous les modes possibles ; qu'on avait employé toutes les ressources des établissements spéciaux dont l'Etat avait la direction, et qu'on avait absorbé complètement les capitaux appartenant à la Caisse de la dotation de l'armée. Il montrait comme conséquences : « l'état du crédit de-
» vant d'autant plus attirer l'attention de l'Empereur
» que la situation des finances préoccupe tous les es-
» prits ; le Sénat et le Corps législatif exprimant leur
» inquiétude ; ce sentiment pénétrant dans la classe
» des hommes d'affaires, qui tous présagent et annon-
» cent une crise d'autant plus grave qu'à l'exemple
» de l'Etat et, dans un but de progrès peut-être trop
» précipité, les départements, les villes et les compa-
» gnies particulières se sont lancés dans des dépenses
» très considérables. »

M. Fould ne se contentait pas de donner à ses réformes une portée purement financière ; il y voyait un moyen de rassurer l'Europe et d'assurer la paix :
« Devant l'Étranger, disait-il, si le pouvoir de disposer,
» à un moment donné, de toutes les ressources d'une
» grande nation est une force, il est sûrement aussi
» un danger. La crainte qu'il inspire à tous nos voi-

» sins les oblige à des armements immenses... Votre
» Majesté, si elle renonçait spontanément à ce pouvoir
» plus apparent que réel, plus menaçant qu'efficace,
» ne rendrait pas seulement la confiance à la France,
» elle calmerait l'inquiétude de l'Europe et ôterait tout
» prétexte à des menées hostiles. Lorsqu'on verrait
» les dépenses de l'armée et de la marine soumises au
» vote régulier du Corps législatif, on ne pourrait plus
» se croire placé sous le coup d'une attaque subite et
» imprévue. »

Un pareil langage, accompagnant de pareilles révélations, firent de l'accession de M. Fould au Ministère des finances un des grands événements du règne. On ne s'y trompa pas dans le monde politique. L'Empereur ne faisait pas seulement abandon d'une de ses principales prérogatives ; l'initiative impériale s'effaçait devant l'initiative ministérielle. « Le décret du
» 24 novembre 1860, disait avec raison M. Casimir Pé-
» rier, était l'œuvre du souverain seul. En novembre
» 1861, au contraire et pour la première fois sous le
» régime actuel, l'initiative du souverain a fait place
» à celle d'un conseiller. »

Il était impossible de ne pas voir dans l'ensemble des faits l'indice d'un retour vers les pratiques du gouvernement représentatif. La responsabilité ministérielle commence en effet pour les ministres le jour où il est démontré qu'ils peuvent faire prévaloir leur volonté et où ils ont cessé d'être de simples instruments. On considérait M. Fould comme un ministre ayant un caractère essentiellement parlementaire. Comme on savait que M. Thiers n'avait pas été étranger aux décrets du 24 novembre, on lui attribuait une influence dans les réformes dont M. Fould s'était porté le promoteur. On parlait même d'une lettre qui aurait été écrite par M. Thiers à M. Walewski et qui aurait déterminé l'adoption de nouvelles mesures financières. La presse étrangère et même quelques journaux de Paris avaient colporté ces bruits et leur avaient donné une certaine consistance. Le *Moniteur* crut devoir les démentir.

M. Thiers s'émut de son côté; une lettre de M. Prévost-Paradol, écrite sous son inspiration, déclara qu'il n'était pour rien dans les réformes du 14 novembre. M. Thiers n'y était pour rien, en effet; il les critiquait, au contraire, très vivement; il les trouvait, au fond, moins considérables qu'elles n'en avaient l'air. Il refusait son approbation à la suppression des crédits supplémentaires et extraordinaires; il était indispensable, suivant lui, pour un gouvernement, d'avoir la faculté de faire face aux dépenses imprévues. L'extension donnée au droit de virement était, à son sens, en contradiction avec le retour à la spécialité. Quant à l'exposé de M. Fould sur la situation financière, M. Thiers y voyait bien plus un aveu qu'une révélation.

Dans le monde officiel, la publication du Mémoire de M. Fould causa un vif sentiment de surprise et de mécontentement. On trouvait que c'était là une de ces pièces qu'on devait tenir sous clé et ne jamais faire apparaître au grand jour. En lui faisant les honneurs du *Moniteur universel*, on avait donné un caractère authentique aux faits qu'elle exposait. Ç'avait été, disait-on, le point de départ des suppositions les plus fausses sur la situation de nos finances.

Les partis hostiles avaient, en effet, pris texte des aveux de M. Fould pour caractériser le rôle qu'il était appelé à jouer ; ils lui avaient donné le nom de *Syndic de l'Empire*. Le mot était joli et il répondait à une préoccupation qu'avait fait naître dans les esprits le chiffre de la Dette flottante. On ne se doutait pas qu'elle s'élevât à plus d'un milliard. Bien que le fait eût été dénoncé lors de la discussion de l'Adresse, il avait en quelque sorte passé inaperçu. Les gens de finances seuls en avaient pris note ; le gros du public n'y avait pas pris garde. Signalé par M. Fould comme un des dangers de la situation et comme étant la conséquence de l'abus des crédits extra-budgétaires, ce milliard avait pris dans l'imagination de tous des proportions gigantesques. On se demandait comment le nouveau ministre s'y prendrait pour éteindre cette énorme dette ; aux yeux de la petite bourgeoisie, qui n'entend rien aux combinaisons financières, elle mettait le gouvernement dans la situation d'un failli. Aussi la qualification de *Syndic de l'Empire*, appliquée à M. Fould, avait-elle fait fortune. S'il ne procédait pas à la liquidation de la Dette flottante, il s'exposait à tromper l'espoir de tous ceux qui avaient applaudi à son avènement.

Le 16 novembre, on donnait au Vaudeville la première représentation de *Nos Intimes*, de Victorien Sardou. On s'y entretenait beaucoup de M. Fould, de son Mémoire et de ses réformes. Je rencontrai dans un couloir notre président, M. de Morny. « Il faut, » me dit-il, applaudir aux actes du 14 novembre, » parce qu'ils augmentent les prérogatives du Corps » législatif ; mais j'attends avec impatience le budget

» de M. Fould. A tout prendre, son système est celui
» que le sénatus-consulte du 25 décembre 1852 avait eu
» la prétention d'établir. On espérait faire disparaître
» les crédits extra-budgétaires au moyen de la faculté
» de virement. Ce sont les circonstances bien plus que
» le mauvais vouloir des agents du gouvernement qui
» ont empêché ce régime de produire ses effets. On
» s'est lancé dans la voie des travaux publics; on a
» fait deux fois la guerre. On a néanmoins maintenu
» le budget à son chiffre ordinaire. Il a bien fallu, pour
» couvrir ces dépenses hors ligne, avoir recours à des
» crédits extra-budgétaires. M. Fould en parle bien à
» son aise. Tous les grands travaux publics sont ter-
» minés. On ne veut plus entendre parler de guerre ni
» d'armement. Il est bien facile, dans ces conditions-là,
» de réclamer la suppression de crédits extraordinaires
» et supplémentaires. »

Au Palais-Royal, dans l'entourage du prince Napoléon, on donnait une approbation presque absolue au programme de M. Fould. On considérait la résolution prise par l'Empereur comme l'acte le plus libéral qui se fût jamais produit depuis le coup d'État. « C'était,
» disait-on, la fin de la dictature financière. Désor-
» mais, le Corps législatif prenait une part directe au
» gouvernement du pays. On ne dépensera jamais
» plus un sou sans que les députés aient été au préa-
» lable consultés. Les actes du gouvernement se
» traduisent tous en questions financières; non seu-
» lement le Corps législatif tiendra les clés de la
» caisse, mais il influera sur les moyens d'exécution.
» Toute la politique du gouvernement sera soumise à
» son contrôle. Jamais, ni la Restauration ni le gou-

» vernement de Juillet, ne sont allés aussi loin dans
» la voie des réformes. La Chambre elle-même n'en
» réclamait pas tant. Elle se plaignait de l'extension
» que prenaient chaque année les crédits extra-bud-
» gétaires ; mais jamais elle n'eût osé demander que
» l'Empereur se dépouillât complètement du droit
» d'ouvrir des crédits dans l'intervalle des sessions
» législatives. »

Les Cinq avaient applaudi aux réformes de M. Fould. Voici en quels termes ils consignèrent leur sentiment dans leur Compte rendu à leurs électeurs : « De même
» que nous avons notre part à réclamer dans la pen-
» sée qui a dicté le décret du 24 novembre 1860, de
» même on ne peut pas dire que nous soyons complé-
» tement étrangers aux réformes inaugurées par
» M. Fould. Nos observations sur le mode de votation
» du budget, sur la situation des finances, sur la
» nécessité de supprimer les crédits extra-budgé-
» taires, trouvent leur justification et leur confirma-
» tion dans le savant Mémoire que cet homme
» d'État a adressé à l'Empereur et qui a servi de
» point de départ au sénatus-consulte du 31 décembre
» 1861. »

L'avènement de M. Fould avait été salué à la Bourse par une hausse de 50 centimes sur la rente. Le nouveau ministre prit une mesure qui devait lui rallier tous les hommes d'affaires. Il fit rapporter le décret du 17 décembre 1856, qui avait autorisé la ville de Paris à percevoir un droit d'entrée à la Bourse. La suppression des tourniquets produisit plus d'émotion que les actes du 14 novembre. Les agents de change adressèrent à l'Empereur une lettre, dans laquelle ils

lui demandèrent d'être autorisés à lui élever une statue dans le palais de la Bourse. L'Empereur sentit le ridicule d'une pareille offre et il la déclina avec beaucoup de tact et d'esprit : « N'est-ce pas, dit-il, exa-
» gérer le témoignage de votre reconnaissance que
» de vouloir, à propos d'une simple mesure, m'élever
» une statue dans l'enceinte même du palais de la
» Bourse ? Je trouve plus naturel de vous offrir mon
» portrait pour le placer dans la salle de vos séances. »

Quand il avait été question de la rentrée de M. Fould aux affaires, on avait parlé d'en faire un *Archi-trésorier*. On recula sans doute devant le titre, mais le pouvoir qui lui fut accordé répondait à cette pensée. Un décret, daté du 1er décembre 1861, qui ne fut inséré au *Moniteur universel* que le 12, déclara qu'à l'avenir aucun décret, autorisant ou ordonnant des travaux ou des mesures quelconques pouvant avoir pour effet d'ajouter aux charges budgétaires, ne serait pas soumis à la signature de l'Empereur sans être accompagné de l'avis du ministre des finances. Le considérant qui précédait et expliquait ce décret, faisait de M. Fould, dans le sens aussi bien que dans l'ancienne acception du mot, un véritable *Contrôleur général*. Les susceptibilités furent éveillées dans l'entourage de l'Empereur. On trouvait que c'était trop de pouvoir conféré à un homme et, de la part de l'Empereur, un commencement d'abdication. M. de Persigny, qui prétendait représenter la tradition et les idées napoléoniennes, témoigna sa mauvaise humeur en termes significatifs. Il y eut entre lui et M. Fould une altercation, dans laquelle celui-ci dit du ministre de l'intérieur qu'il faisait *une politique de bric-à-brac*. On eut beaucoup de peine à ramener la concorde entre les deux ministres. Mais les autoritaires purs se tinrent dès ce moment en défiance ; il était évident pour eux que M. Fould ne partageait ni leurs espérances ni leurs préjugés.

La discussion par le Sénat du sénatus-consulte destiné à réaliser les réformes du 14 novembre ne donna lieu à aucun incident digne d'être noté. On remarqua cependant le soin que mit M. Troplong à déguiser ses préférences ; il trouva le moyen dans son rapport de louer à la fois et ce qu'il demandait de changer et ce qu'il proposait de mettre à la place. « Le projet, dit-il, n'est pas le désaveu d'un glorieux » passé, et nous ne devons pas laisser subsister des » impressions de nature à laisser croire qu'il a été » conçu sous le coup d'embarras accumulés et non » pas dans la pleine liberté d'un pouvoir maître des » circonstances. Après dix ans, le pouvoir modifié se » signale par un progrès ; il ne se condamne pas lui-» même dans les actes qui ont marqué son avène-» ment. » Et à propos du Mémoire de M. Fould : « Ce » n'est pas un cri d'alarme, ajoutait-il, ce n'est pas » même un compte rendu à la manière de Necker : » M. Necker se retire ; M. Fould est appelé par l'Em-» pereur. »

M. Fould eut à défendre le sénatus-consulte qui paraissait être vu de fort mauvais œil par le Sénat. Le débat qui avait eu lieu dans les journaux avait singulièrement diminué la portée des réformes proposées. Il fut amené à avouer que l'innovation au fond n'était pas grande, et après l'avoir entendu, les gens compétents déclarèrent qu'elle se réduisait à rien.

M. Forcade la Roquette vint prendre la défense non seulement de son administration financière, mais encore de celle de ses prédécesseurs. On eut donc sous les yeux cet étrange spectacle d'un ministre venant présenter sa justification dans le moment même où il repoussait, avec tout le Sénat, la doctrine de la responsabilité ministérielle.

Le sénatus-consulte fut voté à l'unanimité moins une voix, celle du cardinal Mathieu. A cause de la date de sa promulgation, il prit le nom de *Sénatus-consulte du 31 décembre* 1861.

On avait beaucoup reproché à M. Fould d'avoir présenté la situation sous un jour trop sombre. On ne niait pas l'existence des difficultés qu'il signalait ; mais on trouvait qu'il aurait dû mettre en regard l'immensité des ressources nationales. Il ne suffisait pas de jeter un cri d'alarme en dénonçant une Dette flottante d'un milliard ; il aurait fallu indiquer le moyen qu'on comptait employer sinon pour la faire disparaître, au moins pour la ramener dans des limites acceptables. Au fond, disait-on, M. Fould n'avait réussi qu'à fournir aux ennemis de l'Empire des armes pour le combattre.

Ces critiques étaient venues aux oreilles de l'Empereur. Aussi crut-il devoir y répondre dans le discours qu'il prononça le 2 février 1862 à l'ouverture de la session. On vit en cette circonstance un souverain, s'appropriant les idées de son ministre, venir expliquer au pays comme quoi la Dette flottante n'était point arrivée à un chiffre exagéré et comment il était possible d'atténuer le montant des découverts. On peut juger de l'influence qu'exerçait M. Fould sur l'esprit de Napoléon III, puisqu'il avait obtenu non-seulement que l'Empereur prît la défense de son plan financier, mais encore qu'il recommandât au Corps législatif son projet de conversion, l'une des mesures les plus sujettes à contestation qui soit sortie du cerveau d'un ministre des finances.

Le système de M. Fould ne pouvait marcher qu'à la condition de renfermer l'imprévu dans les limites les plus étroites. Mais il ne dépend pas d'un ministre, si puissant qu'il soit, de supprimer l'imprévu. Or, au moment où M. Fould faisait prévaloir ses réformes, l'imprévu faisait sa rentrée dans la politique française sous la forme d'un incident dont personne alors ne pouvait soupçonner la portée : le 21 novembre 1861, le *Moniteur* publiait un décret portant promulgation de la convention conclue le 21 octobre précédent entre la France, l'Espagne et la Grande-Bretagne pour une expédition contre la Mexique.

Au mois de mars 1863, devant les exigences de la guerre du Mexique, on avait dû mettre de côté les règles établies par le sénatus-consulte du 31 décembre 1861. M. Magne, ministre de la parole, en fit l'aveu dans des termes qui atteignaient directement M. Fould : « Les ministres, dit-il, ayant agi seuls de leur propre » mouvement, sans l'avis du ministre des finances, sans » le contrôle du Conseil d'État, sans la publicité d'un » décret, on se trouve avoir perdu à la fois et les » garanties qu'offrent les virements et celles qui s'at-» tachaient aux crédits supplémentaires. »

C'était avouer que les réformes du 14 novembre avaient échoué. M. Magne fut sévèrement puni de sa franchise. Un décret du 30 mars lui enleva le minis-

tère de la parole et l'envoya au Conseil privé. Afin qu'il n'y eût aucun doute sur les motifs de sa disgrâce, une lettre de l'Empereur qui accompagnait le décret disait « qu'un incident avait fait ressortir les diver-
» gences existant entre M. Fould et le ministre démis-
» sionnaire sur les questions de finances. »

C'était la fin d'une lutte sourde qui durait depuis plusieurs années.

V

LES ÉLECTIONS DE PARIS EN 1863

C'est par une saine appréciation des choses qu'on a dit des élections de 1863 qu'elles ont marqué un moment critique dans l'histoire du second Empire.

En 1852, l'opposition, décimée, terrorisée, s'était renfermée dans une abstention presque absolue; les votes de protestation qui avaient eu lieu à Paris avaient passé presqu'inaperçus; ni le gouvernement ni les populations ne s'en étaient émus.

En 1857, il y avait eu à Paris une sorte de réveil de l'opinion publique. Tandis que les départements se renfermaient dans une abstention où la crainte tenait autant de place que l'indifférence, la Capitale se jetait dans la lutte avec une ardeur qui décontenançait le pouvoir. Le résultat, des plus médiocres, si l'on considère le nombre des élus, fut des plus considérables, si l'on a égard aux conséquences politiques. Pour la première fois, il se formait une opposition légale et constitutionnelle. Les Cinq allaient pendant six ans, tenir en haleine le pouvoir, déconcerté par le ton calme et mesuré avec lequel étaient revendiquées les libertés publiques.

En 1863, le courant libéral imprimé par les Cinq a produit son effet naturel. Les populations, mieux instruites sur la portée de leurs droits, délivrées de la peur que leur causait un pouvoir sans contrôle, habituées à voir discuter les actes du gouvernement par les orateurs de l'opposition, se reprennent du désir d'avoir une part directe au mouvement politique. Les hommes résolus à lutter contre l'action gouvernementale sont encore en petit nombre, les candidats hésitent; mais l'abstention a perdu un immense terrain. L'opposition rentre en lice avec une certaine assurance, et le gouvernement, sentant qu'il joue une partie décisive, use de toutes les armes que la centralisation met entre ses mains pour triompher d'adversaires devenus plus audacieux.

Les élections dans les départements, où des candidats de l'opposition s'étaient présentés, ont donné lieu à des incidents qui ont varié suivant les localités et suivant le plus ou moins d'énergie des préfets et sous-préfets, chargés de combattre les candidatures anti-gouvernementales. C'est dans les élections de Paris que prédomine l'élément politique ; c'est là véritablement qu'est le foyer de la lutte, et si l'on veut découvrir quel est l'esprit qui a présidé au mouvement électoral de 1863, c'est le résultat des élections de Paris qui peut seul en donner la clé.

L'opposition, avant d'aboutir à ce résultat qui fut véritablement foudroyant, eut à déjouer bien des intrigues, à écarter bien des hostilités mesquines et à combattre bien des tactiques maladroites. Elle dut son succès d'abord à la résolution qu'avaient prise les Cinq de rester unis en face des électeurs, comme ils l'avaient été pendant six années en face du pouvoir, et puis à la valeur politique des candidats qu'ils s'étaient adjoints et qu'ils présentaient au choix des masses électorales.

Dans le récit qui va suivre, je tâcherai d'oublier les attaques injustes dont j'ai été l'objet pour ne me souvenir que des dévouements que j'ai rencontrés. Il faudra cependant que je mette ma personnalité en jeu, puisqu'un moment, elle est devenue en quelque sorte le pivot de toute la campagne électorale. Mais je parlerai de moi le moins possible, pour laisser la place aux grands principes qui étaient en lutte. Quant aux combinaisons louches, auxquelles mon nom a servi de prétexte, il y a longtemps que j'ai pardonné à ceux qui les ont essayées.

La période électorale avait précédée de beaucoup la convocation légale des électeurs. Le décret qui appelait les citoyens dans les comices ne devait être publié que le 9 mai, et, dès les premiers jours de janvier, il s'était formé sur plusieurs points de Paris des comités, ayant pour but, en apparence, d'aider les électeurs à se faire inscrire sur les listes, mais, en réalité, se proposant d'exercer une action sur le choix des candidats.

Je fus invité le 12 janvier 1863 à assister à la réunion d'un de ces comités, qui avait son siège rue Saint-André-des-Arts, chez M. Emmanuel Durand, une jeune recrue de la presse libérale, mort depuis sans avoir pu donner la mesure de son talent. Ce fut dans ce modeste logement d'étudiant que je fis, pour la première fois, la rencontre de M. Gambetta. Quoique pauvre et inconnu, il exerçait déjà sur un certain nombre d'amis de son âge une puissante influence. A côté de lui, se trouvait M. Isambert, qui ne le quittait pas plus que son ombre, et qui paraissait être déjà un disciple fidèle et convaincu. Ces jeunes gens étaient loin de se montrer les *irréconciliables* qu'ils sont devenus depuis. M. Gambetta, en particulier, approuvait fort la politique que les Cinq avaient suivie; il était d'avis qu'il n'y avait rien à faire en dehors de l'opposition légale et constitutionnelle, et il engageait ses camarades à se placer sur ce terrain, le seul qui, suivant lui, offrait une base solide.

L'appui de ces débutants dans la vie politique n'était point à dédaigner. On dirigeait, contre quelques-uns d'entre nous, des attaques, dans le but de nous diviser et de nous rendre suspects les uns aux autres. Il était bon que nous eussions des défenseurs dans cette jeunesse ardente, qui marchait à la conquête de la liberté, sans préoccupation du passé et l'œil uniquement fixé sur l'avenir.

C'était particulièrement à M. Ollivier et à moi que s'adressaient les critiques et les reproches. D'abord répandues sourdement, ces attaques prirent bientôt un caractère qui ne nous laissait aucun doute sur les intentions hostiles de ceux qui les formulaient ou qui s'en faisaient les échos.

On accusait M. Ollivier de se montrer trop crédule sur les intentions libérales du gouvernement. On prétendait que dans ses discours, il prenait plus de soin de marquer les pas en avant faits par l'Empire que de signaler ses fautes et ses actes arbitraires. « Ce » n'est pas pour donner des *satisfecit* au gouvernement » qu'on l'a envoyé à la Chambre », disaient les mécontents. Le discours que M. Ollivier avait prononcé à propos du décret du 24 novembre, considéré naguère comme intempestif et maladroit, était de nouveau l'objet des commentaires les plus malveillants. On allait jusqu'à faire un crime au jeune député de Paris des sympathies qu'il rencontrait sur les bancs du Corps législatif et de l'estime que M. de Morny professait hautement pour son talent d'orateur.

Les attaques qu'on dirigeait contre moi étaient empruntées à un autre ordre d'idées. On prétendait que j'étais l'allié du Palais-Royal et que j'allais prendre le mot d'ordre chez le prince Napoléon. Cette accusation était absurde ; il suffisait d'examiner mes discours et mes votes pour s'assurer que j'avais constamment marché d'accord avec mes collègues de l'opposition et que ma conduite n'avait été à aucun moment entachée de complaisance. Quelques-uns de mes amis s'émurent, et je dus, pour les rassurer, leur fournir des explications.

En fait, mes relations avec le prince Napoléon étaient bien antérieures à mon élection comme député au Corps législatif. Elles n'impliquaient aucune alliance politique, par cette raison bien simple que le prince n'affichait à ce moment aucune ligne de conduite bien tranchée. Les questions extérieures l'absorbaient complètement, et, sur ce point, si une discussion s'était engagée entre nous, nous nous serions trouvés bien certainement en dissidence. Là où il y aurait eu un accord possible, c'était sur les questions économiques et sociales, où le prince apportait une grande largeur d'esprit et pour la solution desquelles il faisait comme nous appel à la liberté. Mais là même, il prenait des idées un peu de toutes mains, s'inspirant de M. Michel Chevalier et de M. Le Play et repoussant les doctrines du socialisme libéral; un disciple de Proudhon ne pouvait accorder son adhésion à cette sorte d'éclectisme semi-saint-simonien.

J'avais trouvé le prince Napoléon toujours disposé à venir en aide aux condamnés politiques et aux victimes du coup d'Etat, et je n'avais usé des bons sentiments qu'il me témoignait que pour tirer mes amis de la prison ou de l'exil. C'est ainsi que, par son entremise, j'avais obtenu le retour à Paris, puis la mise en liberté de M. Victor Pilhes, de M. Amédée Langlois et de M. Louis Vauthier, condamnés par la Haute Cour de Versailles pour l'échauffourée du 13 juin ; un autre condamné de la même catégorie, M. André Pasquet, fut mis en liberté par la même influence. A la suite de l'amnistie du 15 août 1859, le prince, sollicité par moi, avait fait tous ses efforts pour y faire comprendre Proudhon qu'une absurde condamnation pour outrage aux mœurs plaçait, ainsi que M. Ledru-Rollin, dans une situation exceptionnelle ; c'est à mes démarches que Proudhon dut de voir sa peine effacée par un décret spécial et de pouvoir rentrer en France, à la veille même des élections de 1863.

Un de mes amis politiques, qui était mon collaborateur à la *Presse,* et qui a occupé, depuis le 4 Septembre, de hautes situations dans le gouvernement de la République, M. Jules Ferry, se montra moins facile que les autres. Il arriva un moment où nos rapports, tournant à l'aigre, étaient menacés de se terminer par une rupture. Je trouvais qu'il était indigne de moi de me disculper de relations qui étaient publiques et que personne jusque-là n'avait songé à me reprocher. Je ne consentis à m'expliquer que lorsqu'il eut invoqué notre amitié. Il m'écrivit une lettre qu'il m'autorisa à montrer et qui fit taire pour un temps les mauvaises langues. J'en cite les principaux passages :

« Votre lettre est noble et m'a vivement touché.
» C'est pénétré des sentiments qu'elle confirme en
» moi qu'avant de clore cet incident, je veux protes-
» ter à mon tour contre les dispositions d'esprit où
» vous avez pu me croire. Je n'ai jamais conçu le
» moindre doute sur le point en question... Ce que la
» mauvaise foi vous reproche n'est pas seulement
» inoffensif, mais par la tenue que vous y avez gardé
» particulièrement honorable. Je n'en ai jamais jugé
» autrement. J'ai trop grande horreur de la malveil-
» lance et du dénigrement démocratiques pour accep-
» ter les points de vue bas et mesquins en honneur
» dans un certain monde, et je suis trop naturelle-
» ment porté vers l'équité pour que l'ensemble de vos
» actes si fermes et si limpides, ait laissé poindre
» dans mon esprit le besoin d'une réfutation quel-
» conque. »

M. Ollivier et moi, nous avions tort de nous émouvoir si fort de ces attaques. Elles ne dépassaient pas les limites étroites de cercles politiques excessivement restreints. Elles ne pénétraient point dans les masses électorales ; si l'on avait essayé de les y répandre, elles n'auraient rencontré que de l'indifférence. On aurait difficilement entamé le prestige des Cinq, qu'on avait vus constamment sur la brèche et qui étaient déjà, suivant une heureuse expression de M. Jules Ferry, « entrés dans l'histoire ». Mais nous eûmes connaissance vers la fin de février d'un projet formé de longue date et à notre insu, qui, s'il n'avait pas été déjoué à temps, aurait certainement, bien plus que les calomnies, compromis le résultat des élections de Paris.

Les *insermentistes* ne nous avaient jamais pardonné leur défaite de 1857; mais ce dont ils nous voulaient le plus, c'était d'avoir créé un mouvement d'opinion dont nous étions devenus le centre et d'avoir amené au 24 novembre le gouvernement impérial à faire un pas vers la liberté. A présent que le succès avait couronné nos efforts et que notre politique avait produit des fruits, ils voulaient rentrer dans la lice, non pour nous aider à poursuivre notre tâche, mais pour confisquer à leur profit les résultats obtenus.

Le plan auquel ces messieurs s'étaient arrêtés était vraiment diabolique. Le décret du 29 décembre 1862 qui avait fixé les nouvelles circonscriptions de la Seine, avait fait subir aux anciennes de profondes modifications. Par suite de ces remaniements, le département de la Seine, qui, jusque-là, avait nommé dix députés, n'en comptait plus que neuf. On prétendait qu'à cause de cela, les députés sortants de Paris n'avaient pas le droit de réclamer comme leur appartenant des circonscriptions que les changements apportés par l'administration avaient transformées et rendues méconnaissables. On en conclut qu'une nouvelle répartition des candidatures devait être opérée, et qu'elle ne pouvait être que l'œuvre d'un comité investi de ce rôle par la confiance des électeurs.

Cette idée n'était pas venue toute seule aux *insermentistes*. Elle leur avait été soufflée par M. Havin qui, dans un but tout personnel, voulait se rendre le maître des élections de Paris. M. Havin appelait à son secours ceux-là même dont il avait été l'adversaire en 1857. Il avait inventé une combinaison qu'il croyait très fine, mais qui péchait par la base; c'était de former un comité où l'élément abstentionniste dominait pour présider au choix des candidatures. Quand on a recours aux moyens louches, il est tout naturel de prendre pour auxiliaires des esprits mesquins. Pour triompher de l'ascendant des Cinq, ce n'était pas de trop que de s'appuyer sur les envies et sur les rancunes.

L'affaire avait été menée fort secrètement, mais j'en avais eu vent dès le mois de février 1863. Je fis part de ce que je savais à M. de Girardin. M. de Girardin avait eu d'abord l'intention de se désintéresser des élections de 1863. Il n'aimait pas à se mêler à ces luttes où les questions de personnes prennent trop souvent la place des idées. Mais il vit tout de suite qu'il s'agissait bien moins de nous que de l'avenir de cette opposition légale et constitutionnelle dont il s'était porté le promoteur en 1857. Aussi se résolut-il à nous accorder son puissant appui. Il m'écrivait à la date du 6 mars :

« J'étais instruit de tout ce que vous m'écrivez. Il
» y a *plusieurs mois* que je sais que MM. Havin et
» Guéroult se sont entendus pour se porter à Paris, et

» l'un par l'autre, à votre exclusion, et même à celle
» de M. Emile Ollivier.

» Les motifs allégués ne sont que de faux prétextes.

» Nous avons à nous concerter pour examiner ce
» que la *Presse* devra faire pour déjouer la manœu-
» vre et pour la leur faire abandonner.... Il y a tout
» un programme à débattre. Je suis d'avis de conver-
» tir l'objection en moyen et de marquer un pas de
» plus en avant dans la voie que l'opposition a ou-
» verte en acceptant l'élection et la candidature.

» Tout à vous,

» Emile de Girardin. »

Il était en effet temps d'aviser. En quelques jours, les conjurés avaient rallié à eux toutes les hostilités que les Cinq avaient soulevées, et on commençait à mettre en avant une répartition des circonscriptions qui les privait du droit de rendre compte de leur mandat aux électeurs qui les avaient envoyés à la Chambre. Dans cette combinaison, M. Havin se présentait dans la 5° circonscription qui était celle de M. Ernest Picard; on donnait à M. Ernest Picard la 7° circonscription qui était la mienne, et on me réservait la 1re circonscription où j'étais complètement inconnu et où je ne comptais pas un seul de mes électeurs de 1857.

Les prétentions du comité qui patronnait cet arrangement étaient insoutenables. On ne comprend pas que M. Carnot, qui avait ouvert ses salons aux membres qui en faisaient partie, eût pu un instant se faire illusion sur la réussite d'une aussi misérable manœuvre. Les remaniements qu'avaient subis les circonscriptions n'étaient pas tels qu'on ne pût facilement les reconnaître. Or, en déplaçant les candidatures, on déplaçait les responsabilités. On nous empêchait de rendre compte à nos électeurs de 1857 de la façon dont nous avions rempli notre mandat. On substituait les questions de personnes aux questions politiques. On compromettait toute l'œuvre accomplie depuis six ans par les Cinq.

M. E. de Girardin se rendit compte immédiatement de la situation et entama une de ces merveilleuses campagnes qui ont affirmé sa réputation de politique délié et de polémiste incomparable. Ma collaboration à la *Presse* le gênait un peu ; il avait à éviter le reproche de combattre bien plus pour un ami que pour un principe. Avec cet art qu'il possédait, il laissa ma personnalité de côté pour ne s'attacher qu'à celle de M. E. Picard. Au fond, c'était à M. E. Picard que M. Havin s'attaquait le plus directement, puisque le directeur du *Siècle* voulait lui prendre sa circonscription sous le fallacieux prétexte que c'était celle où il avait le plus de chances d'être nommé. Cette raison grotesque offrait trop de prise à la raillerie pour que M. de Girardin se privât des avantages qu'elle lui offrait. Le pauvre M. Havin sortit de là meurtri, écrasé, amoindri. Au bout de quelques jours, il fut forcé de se rendre et de déposer les armes. Une note insérée dans le *Siècle* le 28 mars constata sa défaite :

« En réponse aux attaques dont, le *Siècle* a été
» l'objet, je déclare que jamais mon vieux patriotisme
» ne s'exposera à rendre douteux le succès de notre
» cause par une prétention personnelle et par une
» compétition de circonscriptions.

» Léonor Havin. »

On promit à M. Havin une candidature dans une des circonscriptions de Paris, le *Siècle* ayant le droit, comme il l'avait dit, « de faire juger sa politique par » le suffrage universel, » et M. Havin se tint dès lors en repos et ne suscita plus aucun embarras.

Quand on recherche à quels sentiments avait obéi M. Havin en entreprenant cette campagne qui devait avoir une issue aussi piteuse, voici ce qu'on découvre : d'abord une rivalité d'influence entre lui et M. E. Picard, avec qui il avait eu des démêlés à propos de la direction du *Siècle;* en second lieu, la préoccupation qui le poursuivait depuis 1857 de se présenter dans la circonscription où le *Siècle* comptait le plus d'abonnés. En 1857, il n'avait pu réussir, parce que la circonscription était devenue le lot du général Cavaignac; en 1863, il lui paraissait tout simple de revendiquer un collège électoral qui lui était acquis d'avance, les abonnés du *Siècle* étant à ses yeux ses électeurs naturels.

Je croirais manquer à un devoir, si je ne témoignais pas ici ma gratitude à ceux de mes collègues qui me prêtèrent leur appui dans cette circonstance délicate. Le 14 mars, M. E. Ollivier m'écrivait :

« Nous ne sommes pas libres de nous déplacer. On
» doit des comptes à qui vous a donné le mandat. Favre
» que j'ai vu continue à être parfait. »

M. Jules Favre m'écrivait de son côté à la date du 16 mars :

« Ollivier a dû vous dire combien nous étions d'ac-
» cord sur ces tristes discussions qui m'affligent
» comme vous. C'est pour nous tous un point d'hon-

» neur de ne pas plus nous séparer aujourd'hui
» qu'hier; et si les électeurs ne comprennent pas qu'il
» y a un devoir à nommer les *Cinq*, les *Cinq* ne doivent
» pas leur donner l'exemple de la faiblesse et de la
» division. Soyez donc sûr que je ne donnerai jamais
» les mains à un arrangement qui vous enlèverait
» votre circonscription. Vous lui appartenez, et nul,
» si ce n'est vos électeurs, ne peut disposer de vous.

» Votre bien dévoué,

» JULES FAVRE. »

Je ne rencontrai pas la même fermeté dans M. E. Picard. L'idée d'avoir à lutter contre M. Havin, dont il s'exagérait l'influence, lui avait fait perdre littéralement la tête. A diverses reprises, pour obtenir grâce auprès du terrible directeur du *Siècle*, il fut sur le point de m'abandonner. Il attribuait aux propos qui se répandaient sur mon compte des proportions exagérées. S'il avait osé, il m'aurait conseillé d'accepter ma transportation dans la première circonscription. Dans tous les cas, il se rendait à des conférences à ce sujet, qui se tenaient chez M. Jules Simon, et où M. Havin avait pour truchement M. Henri Martin. Il m'en voulait d'esquiver ces convocations qui étaient des pièges et dont il espérait voir sortir une combinaison acceptable. Il lui répugnait de devoir quelque chose à M. de Girardin, dont l'intervention lui paraissait plus compromettante qu'utile. Nous l'avons en quelque sorte sauvé malgré lui.

Nous eûmes aussi à nous préoccuper d'un groupe d'abstentionnistes qui avaient inventé une tactique nouvelle: il ne s'agissait plus de se borner à ne pas prendre part au vote; on devait se rendre au scrutin et déposer un bulletin blanc en signe de protestation. Ce groupe avait pour promoteur M. Gustave Chaudey; M. Proudhon avait consenti à se faire son interprète. C'est du moins ce qui résulte des nombreuses lettres que renferme, sur la campagne électorale de 1863, la correspondance du grand écrivain.

L'assassinat de M. Gustave Chaudey par les membres de la Commune de 1871 a entouré son nom d'une auréole que je n'essaierai point de ternir. M. G. Chaudey est mort victime de ses convictions, immolé par des hommes qu'il avait jusque-là considérés comme des alliés. Cela suffit pour qu'on ne parle de lui qu'avec une grande déférence. Mais ce n'est point manquer de respect à sa mémoire, que de le dépeindre, tel qu'il se présentait au public en 1863.

M. G. Chaudey avait traversé bien des vicissitudes politiques. Il avait débuté, vers 1845, en se déclarant le partisan de la politique étroite de M. Guizot. Il avait affirmé ses opinions ultra-conservatrices dans une brochure où il prenait à partie les doctrines de Louis Blanc. Dans un voyage que j'avais fait à Besançon en 1849, j'avais rencontré M. G. Chaudey; il était devenu républicain, et il tendait à se rapprocher des idées de Proudhon. Son attitude au moment du coup d'État avait attiré sur lui l'attention de l'autorité et il avait dû chercher un asile en Suisse. Rentré à la suite de l'amnistie, il était venu s'établir à Paris, et il s'était attaché au groupe parlementaire dont le *Courrier du Dimanche* était l'organe. On le rencontrait dans tous les salons orléanistes, où il cherchait à se faire bien venir des notabilités de ce parti. Je l'ai entendu de mes propres oreilles donner du *Monsieur le comte* à M. de Montalembert que ce ton obséquieux semblait ennuyer et qui aurait volontiers sacrifié son titre, pourvu qu'on lui eût concédé la qualité de *libéral*. Il avait tourné autour de nous pendant quelque temps ; mais, quand il avait vu que les Cinq n'étaient pas disposés à l'accueillir, il s'était retiré et avait cherché fortune ailleurs.

De guerre las, M. G. Chaudey s'était fait le correspondant de Proudhon, alors réfugié à Bruxelles. C'était lui qui renseignait l'illustre publiciste sur ce qui se passait dans le monde politique de Paris. Quand, à la fin de 1862, Proudhon, à la suite d'un incident qui avait rendu son séjour en Belgique difficile, se résigna à venir s'établir à Passy, ce fut M. G. Chaudey qui le reçut au débotté.

Proudhon rentrait en France mécontent de l'accueil presque hostile que la presse libérale avait fait à ses dernières publications. On avait fait le silence sur sa brochure : *le Principe fédératif* où il avait accumulé une masse d'idées neuves et de vues originales. On n'avait prêté qu'une attention médiocre à son livre : *les Majorats littéraires*, où la question de la propriété littéraire était en quelque sorte coulée à fond. Proudhon ne se rendait pas compte des changements que le retour aux principes parlementaires avait apportés depuis trois ans dans les mœurs politiques du pays. Il ne s'apercevait pas que l'opinion était tout entière au mouvement électoral qui se préparait et que le calme manquait aux esprits pour s'attacher à des théories brillantes et à des thèses purement juridiques. De là, chez Proudhon, une mauvaise humeur, qui cherchait une occasion de s'épancher. On lui fit entrevoir que les élections lui offraient le moyen d'en finir avec cette pseudo-démocratie, qui avait, suivant lui, fait dévier la conscience publique, et il se jeta dans la lutte avec une ardeur qui démonta ceux-là même qui étaient le plus disposés à le suivre.

Ce fut véritablement M. G. Chaudey qui lui fournit son thème. L'idée première de Proudhon était de rester sur le terrain de l'abstention pure et simple et de chercher à y amener le plus d'électeurs possible. Mais sous l'influence de M. Chaudey, ainsi qu'il est facile de s'en assurer en relisant sa correspondance, il passa de l'abstention passive à l'abstention active, c'est-à-dire au vote à bulletin blanc. La brochure : *les Démocrates assermentés et les Réfractaires,* qui servit de manifeste au parti abstentionniste est sortie tout entière de la plume de Proudhon ; mais c'est M. Chaudey qui en a été le principal inspirateur et c'est lui qui a fourni les principaux arguments.

En acceptant la donnée du vote au bulletin blanc, Proudhon allait se trouver dans une situation difficile. Il se mettait à dos les abstentionnistes radicaux pour qui le vote au bulletin blanc était une indigne concession. Il avait contre lui les gens qui se rappelaient son attitude en 1852 et en 1857, et qui ne manqueraient pas de crier à la contradiction. Il se plaçait enfin, de son propre aveu, en opposition avec la majorité des électeurs qui condamnaient l'abstention, sous quelque forme qu'elle se présentât. Il se préparait donc un immense échec.

La peine qu'il éprouva à former son comité abstentionniste aurait dû éclairer Proudhon ; mais il s'était trop avancé pour pouvoir reculer. La manifestation qu'il cherchait à rendre imposante se réduisit bientôt aux mesquines proportions d'une machine de guerre contre ma candidature. Proudhon eut beau protester contre cette conséquence inattendue : ce fut tout le fruit que produisit cette campagne entreprise avec tant de fracas.

On faisait dans le comité Carnot plus de commérages que de besogne. On y passait tout son temps à démolir la réputation des quatre députés sortants de l'opposition libérale et constitutionnelle. On vint un jour y annoncer que Proudhon m'avait désavoué et qu'il me considérait désormais comme un adversaire politique. Mon opinion était de laisser tomber cet absurde propos. MM. E. Ollivier et Picard n'étaient point de cet avis ; ils jugeaient que la qualité d'ami de Proudhon constituait pour moi une force, et que je devais réclamer de lui une dénégation en forme. Ils firent même une démarche personnelle à Passy, démarche qui n'aboutit pas, parce qu'ils ne rencontrèrent pas Proudhon chez lui. J'eus tort de céder à leurs instances. Il en résulta entre Proudhon et moi un échange de lettres qui dura plus de deux mois, et qui aboutit à cette conclusion qu'on avait eu surtout pour but d'éviter, c'est que si aucun sentiment de mésestime n'existait entre nous, il n'était pas moins vrai que nous étions séparés politiquement, et qu'à ce point de vue, on avait eu raison de dire que nous étions des « adversaires politiques ».

Je n'ai eu du reste, en cette circonstance, qu'à me louer de Proudhon. Ses sentiments furent ce qu'ils devaient être, ceux d'une grande âme et d'un brave cœur. Il chercha longtemps le moyen de ne pas me nuire, tout en continuant sa campagne abstentionniste, et quand il découvrit que c'était poursuivre une chimère, il en conçut un véritable chagrin. Un instant il essaya de me rallier à ses idées ; mais il comprit bien vite que je ne pouvais pas me séparer de mes collègues sans me déshonorer ; il n'insista pas, et en vint même à faire des vœux pour la réussite de ma réélection : « J'aimerais mieux vous savoir mort que pas réélu, » m'écrivait-il dans une de ses dernières lettres.

Cette lutte toute intime avait donné lieu à des péripéties qui en avaient fait une sorte d'événement public. Il en résulta que la manifestation abstentionniste que Proudhon et ses amis préparaient avait l'air d'être dirigée plus particulièrement contre ma personne. Il n'y eut plus de doute quand on vit mon ancien concurrent aux élections de 1857, M. Bastide, prendre la présidence du comité qui préconisait le vote au bulletin blanc. Aussi, ce fut surtout dans la septième circonscription que s'exerça l'action de ce comité ; il rencontra peu d'auxiliaires ou d'adhérents dans les autres circonscriptions.

La session allait être close ; le décret qui convoquait les citoyens dans les comices allait être publié, et l'opposition continuait à s'agiter sans pouvoir fixer les noms des candidats qu'elle devait présenter aux électeurs. Depuis deux mois, le comité Carnot, qui avait affiché la prétention de diriger non-seulement les élections, mais le parti républicain tout entier, s'était dépensé en efforts impuissants et en combinaisons stériles. Qu'attendre d'un comité institué dans les plus absurdes conditions, puisqu'il avait pour chefs des abstentionnistes? Il ne pouvait servir qu'à semer la division, la confusion, et finalement l'abstention.

— Bien autrement raisonnable était la tentative faite par un certain nombre de personnages politiques pour constituer une sorte d'Union libérale. C'est chez M. le duc de Broglie que se tint la réunion. On y avait convoqué quelques représentants du parti républicain ; à côté de MM. Thiers, Changarnier, Cochin, Mortimer-Ternaux, le prince de Broglie et Prévost-Paradol, siégeaient MM. Jules Simon, Bastide et Carnot. Mais il y avait là trop d'idées disparates pour qu'on pût aboutir à une entente. Dans le comité de Broglie comme dans le comité Carnot, c'étaient d'ailleurs des abstentionnistes qui soulevaient la prétention de diriger le vote.

Dans cette situation, les députés qui avaient porté le poids de l'opposition pendant la législature qui venait de finir, comprirent que c'était pour eux un devoir étroit de ne pas laisser perdre le fruit de longs et pénibles efforts. Le 8 mai, c'est-à-dire le jour même de la publication du décret qui convoquait les électeurs, ils se réunirent chez M. Jules Favre et ils décidèrent qu'ils feraient appel à la presse démocratique et libérale pour leur venir en aide dans la tâche dont ils étaient décidés à assumer le fardeau.

On les a accusés à ce propos d'avoir usurpé un pouvoir qui ne leur appartenait pas. C'était là un reproche qui ne soutenait pas l'examen. Les députés sortants et les directeurs des grands journaux démocratiques avaient autant de droit à prendre en mains l'action électorale que les personnalités sans mandat du comité Carnot ou de la réunion de Broglie. A défaut d'un choix régulier que la législation restrictive de l'Empire rendait impossible, ils pouvaient à plus juste titre et jusqu'à preuve contraire, se dire les représentants de l'opinion constitutionnelle et libérale.

Une seconde réunion eut lieu également chez M. Jules Favre ; les directeurs du *Journal des Débats*, du *Siècle*, de *la Presse* et de *l'Opinion Nationale* avaient répondu à la convocation qui leur avait été adressée. Les questions étaient trop nettement posées pour qu'on pût se répandre en paroles inutiles. Trois journaux sur quatre furent d'avis que toute compétition devait s'effacer devant la nécessité d'assurer la réélection des quatre députés sortants dans leurs circonscriptions respectives.

Ce premier point vidé, on eut à examiner quels seraient les candidats qui auraient le plus de chances d'être élus dans les cinq autres circonscriptions. MM. Havin et Guéroult avaient manifesté l'intention de se porter comme candidats. Pour M. Havin, il ne pouvait s'élever aucune objection ; c'était l'accomplissement d'un engagement qui avait été pris publiquement vis-à-vis de lui quand il avait consenti à se retirer devant M. E. Picard. Il y eut quelques hésitations sur le nom de M. Guéroult ; mais elles disparurent presqu'aussitôt.

Pour les trois dernières circonscriptions, M. de Girardin avait posé en principe qu'on devait les réserver pour des illustrations parlementaires. Il mit en avant les noms de M. Thiers et de M. Dufaure. Mais le représentant du *Journal des Débats* déclara que M. Dufaure avait, depuis son échec dans le Var, renoncé à toute compétition électorale, et que, quant à

M. Thiers il ne se sentait pas le goût de soutenir la lutte à Paris ; il préférait se porter à Valenciennes où on lui avait offert une candidature ; M. Thiers avait exprimé le désir de voir figurer à sa place sur la liste un des plus brillants écrivains de la jeune école libérale, M. Prévost-Paradol. M. de Girardin combattit cette candidature avec la plus grande énergie : Nous » ne voulons pas, dit-il, opposer un gouvernement à » un gouvernement, mais seulement la liberté au gou- » vernement ». L'adoption du nom de Prévost-Paradol était, paraît-il, la condition que le *Journal des Débats* mettait à son concours ; ce nom ayant été repoussé, le représentant du journal se retira immédiatement.

Au nom de M. Thiers, on substitua celui de M. Laboulaye qui avait déjà figuré sur des listes antérieures. On adopta la candidature de M. Pelletan qui avait de profondes racines dans la huitième circonscription composée des communes de la banlieue de la rive gauche.

Il restait à pourvoir à la candidature de la neuvième circonscription. Plusieurs noms avaient été mis en avant. Mais au moment où on allait procéder à un choix définitif, M. Havin demanda la remise de la discussion au lendemain ; il croyait savoir que des efforts étaient faits pour décider une des grandes notabilités du parti démocratique, qu'ils étaient sur le point de réussir, et que l'effet produit serait tel qu'il y avait avantage à attendre vingt-quatre heures avant de clore la liste.

La personnalité démocratique à laquelle le directeur du *Siècle* avait fait allusion, n'était autre que M. Jules Simon. M. Jules Simon avait été jusqu'au dernier moment un abstentionniste enragé. Mais, comme il le disait dans une lettre à son ami Charras, qui a acquis une certaine célébrité, on ne rêvait qu'élections, « tout le monde voulait être député ou » faire des députés », et il avait fini par être pris comme tout le monde du *prurigo* électoral. Cette lettre à Charras a mis à nu la duplicité qui fait le fond du caractère politique de M. Jules Simon. Mais pour qui sait lire entre les lignes, il est facile d'y découvrir une démesurable envie « d'entrer dans cette danse » que menaient les illustres Cinq. » L'auteur du *Devoir* avait bien compté que le colonel Charras le relèverait de ses vœux abstentionnistes; mais le brave et loyal soldat avait refusé de comprendre. Aussi, quand M. Jules Simon se fut décidé à sauter le pas, il céda à un mouvement bien naturel d'indignation, en livrant à la publicité cette lettre qui formait un parfait contraste avec la nouvelle attitude de son correspondant.

La *Lettre à Charras* pesait sur la consience de M. Jules Simon. Aussi, on comprend qu'il ait hésité longtemps avant d'accepter d'être, comme il le disait, « quelque chose comme un sous-Darimon », et à figurer à côté de ces Cinq qu'il traitait avec le plus profond mépris. Comment expliquer qu'il ait consenti à mette sa main dans la main d'Ollivier, après avoir écrit cette phrase incroyable : « Il aurait été assez bien de » faire entrer Lavertujon ; il a des chances à Bor- » deaux, et peut-être aurait-il déterminé un courant » opposé à celui d'Ollivier. Car il y a un vrai danger » de voir la jeunesse entrer dans cette voie qui cherche » à concilier les plaisirs de la popularité avec les avan- » tages de la possibilité. Je leur ai dit, en propres

» termes, qu'ils demandaient aux républicains de les
» faire députés, afin de vendre la République le lende-
» main, comme leur patron. »

Si nous avions connu cette lettre ignominieuse, il est certain que nous n'aurions pas consenti à ouvrir nos rangs à M. Jules Simon. Mais il se présentait à nous comme un allié, et il acceptait d'avance toutes les résolutions prises. On ne songea pas un seul instant à lui demander des explications sur une conversion aussi subite qu'inattendue. Son nom devait déconcerter le parti abstentionniste ; à ce titre, dans la dernière réunion qui eut lieu chez M. Jules Favre, il fut sans contestation inscrit sur la liste.

Le 12 mai, la *Presse*, le *Siècle* et l'*Opinion nationale* inséraient à la première page, en tête de la première colonne, les noms des *candidats de l'opposition démocratique*. Cette publication fut le signal d'un débordement d'attaques violentes de la part des dissidents.

C'est le *Courrier du Dimanche* qui commença le feu. Il avait à venger l'exclusion dont avait été frappé M. Prévost-Paradol, son principal rédacteur. L'article, qui portait la signature de M. J.-J. Weiss, était d'une extrême violence. Il n'épargnait même pas les Cinq à qui ce journal n'avait cessé de prodiguer les éloges. Il produisit dans le parti libéral un effet contraire à celui qu'en avait espéré son auteur. Nous eûmes le lendemain communication d'une lettre de M. Target, administrateur du *Courrier du Dimanche*, qui désavouait énergiquement les attaques de son collaborateur. « Jamais, disait M. Target, il ne nous est
» venu et il ne nous viendra à la pensée de combattre
» les quatre députés qui depuis six ans ont rempli leur

» mandat au profit de la liberté. — Je crois qu'il
» n'aurait pas fallu non plus attaquer la candidature de
» M. Havin, dès qu'il ne se présentait plus dans la 4ᵉ cir-
» conscription ; mais ce qu'il importe surtout d'affirmer,
» c'est que nous désapprouvons tout ce qui peut nuire
» au succès de votre candidature, ainsi que de celle de
» vos trois collègues. — Il faut dans ce monde avoir
» avant tout une position nette et franche et j'entends
» la conserver à vos yeux. »

Les observations de M. Target étaient d'autant plus justes que la liste venait de subir une modification importante. M. Thiers avait enfin consenti à accepter la candidature dans la 2ᵉ circonscription, et nous n'avions pas hésité une seule minute à substituer son nom à celui de M. Laboulaye, qui du reste s'était retiré de bonne grâce.

Malgré les observations des hommes importants de son propre parti, le *Courrier du Dimanche* continuait néanmoins à pousser sa pointe : il appuyait dans la 6ᵉ circonscription les candidatures dissidentes de MM. Cochin et P. de Jouvencel, et il opposait la candidature de M. J.-J. Weiss à la mienne, dans la 7ᵉ circonscription.

Toutes les taquineries dont j'avais été l'objet depuis deux mois avaient fini par m'exaspérer. Comme je savais que les rédacteurs du *Courrier du Dimanche* et du *Journal des Débats* étaient en rapport fréquent avec M. Thiers, je pris le taureau par les cornes. J'étais le voisin de l'homme d'Etat de la place Saint-Georges, et par conséquent son électeur; j'avais le droit de le prier de mettre fin à une situation tout à la fois ridicule et intolérable. Je lui écrivis en termes qui ne laissaient de place à aucune échappatoire. Ma lettre était un peu vive; mais au point où étaient arrivées les choses, je n'avais pas le choix des expressions ; et puis, nous étions placés côte à côte sur la même liste, et cela effaçait les distances. Je disais à M. Thiers :

« Je suis l'objet des attaques les plus vives de la
» part de vos amis... Approuvez-vous cette conduite?
» Vos amis me refuseront-ils leur appui, quand les
» miens vous accordent le leur? J'ai besoin d'être fixé
» complètement à cet égard. Si pour des motifs que
» vous n'êtes point forcé de me donner, vous croyez
» devoir persister en ce qui me concerne dans une
» réserve qui déconcerte et décourage tous ceux qui
» ont de la sympathie pour moi, je vous le déclare
» très nettement : vous aurez mon vote ; mais je vous
» refuserai mon influence. »

C'était brutal. Mais la lettre produisit un effet immédiat. M. Thiers me fit demander une entrevue. Il protesta de son bon vouloir pour moi : « J'ai toujours
» admiré, me dit-il, la parfaite modération dont vous
» avez fait preuve, et le libéralisme correct que vous
» avez professé; on pouvait s'attendre à toute autre
» chose de la part d'un homme qui a des antécédents
» comme les vôtres. » Il m'affirma qu'il était sans action sur les « enfants perdus » de la presse libérale, et, qu'au lieu de se soumettre à ses conseils, ils cherchaient à l'entraîner plus loin qu'il ne voulait aller.

Que faire après de pareilles déclarations de la part d'un homme illustre que le ton de ma lettre avait dû certainement froisser ? Il ne me restait qu'à accepter ses explications et à laisser les choses suivre leur cours. C'est ce que je fis. Mes collègues suivirent mon exemple, et bien nous en prit de nous être arrêtés à ce parti. Après tout, les électeurs étaient nos seuls juges; rien ne pouvait désormais changer le verdict qu'ils avaient déjà prononcé dans leur conscience; nous n'avions plus qu'à attendre avec le calme que donne la certitude du devoir accompli.

Une tâche nous restait cependant à remplir, c'était de tracer un compte-rendu détaillé de la conduite que nous avions suivie pendant les six années de la législature. Ce compte-rendu nous était réclamé avec beaucoup d'insistance par un grand nombre d'électeurs, qui le regardaient comme l'unique moyen de fermer la bouche aux criailleries des dissidents. Je me chargeai de ce travail, qui exigeait des recherches minutieuses. Je fis un résumé clair et concis de nos actes et de nos votes. M. Ollivier rédigea le préambule et la conclusion. Le compte-rendu des Cinq parut dans les journaux sous ce titre :

AUX ÉLECTEURS

DES

TROISIÈME, QUATRIÈME, CINQUIÈME, SEPTIÈME CIRCONSCRIPTIONS DE PARIS

ET DE LA PREMIÈRE CIRCONSCRIPTION DU RHONE

CIRCULAIRE DES CINQ DÉPUTÉS DE L'OPPOSITION

MM. ÉMILE OLLIVIER, ERNEST PICARD, JULES FAVRE
ALFRED DARIMON, HÉNON

COMPTE-RENDU DE LEURS TRAVAUX

Au moment où je corrigeais les épreuves de ce manifeste, je reçus une invitation de me rendre à une réunion d'électeurs, rue de la Glacière, chez un des jardiniers qui abondent dans ce quartier. L'endroit choisi était charmant ; c'était une immense serre, où les plantes robustes aux parfums pénétrants des régions tropicales se mariaient aux plantes délicates aux parfums plus doux de nos climats. Il y avait là des personnes appartenant à toutes les classes. J'avais emporté une épreuve de notre compte-rendu ; j'en donnai lecture à la réunion. L'effet produit fut magique. Au fur et à mesure que j'avançais dans ma lecture, les approbations allaient en croissant et s'exprimaient sous toutes les formes. Arrivé au paragraphe final, j'élevai la voix, bien que mes auditeurs gardassent le plus profond silence. M. Ollivier avait répandu sur ce paragraphe un voile de mélancolie, qui donnait à notre circulaire un véritable caractère de dignité et de grandeur :

« Si vous nous jugez encore dignes de votre con-
» fiance, nous serons fiers d'être de nouveau vos élus.
» Si vous pensez que d'autres conviendraient mieux
» aux luttes qui se préparent, préférez-les. Nous
» vous demandons alors, quand nous seront rentrés
» dans la vie privée, de ne pas oublier complètement
» les cinq députés, qui n'ont pas désespéré, quand
» tous les hommes politiques désespéraient et se te-
» naient à l'écart; nous vous demandons de garder
» un souvenir sympathique à ceux qui n'ont pas voulu
» que l'histoire pût dire un jour qu'à une époque
» quelconque, la France libérale s'était abandonnée à
» elle-même. »

A peine avais-je prononcé cette dernière phrase que les applaudissements éclatèrent; toutes les mains se tendirent vers les miennes : « Vivent les Cinq! ils » nous les faut. C'est un devoir pour tous de voter » pour eux! » Ces cris s'entrecroisaient sans que je pusse parvenir à placer une parole. A la fin, un peu de silence se fit, et j'en profitai pour dire que j'étais prêt à fournir des explications... On ne me laissa pas achever. — « Des explications! s'écriait-on de » tous les côtés, sur quoi? Les voilà, les explications! » Elles sont complètes! Nous ne voulons pas entendre » un mot de plus! »

Je me retirai en proie à une profonde émotion. Je venais d'être récompensé de tous les déboires que j'avais eu à supporter pendant les trois derniers mois et d'être vengé de toutes les attaques dont j'avais été l'objet. J'avais repris confiance en moi-même et je me promis de laisser désormais passer sans les relever ces manœuvres de la dernière heure, que les oppositions impuissantes emploient aussi volontiers que les gouvernements faibles.

Après la publication du compte-rendu des Cinq, et surtout après l'accession de la candidature de M. Thiers, on s'habitua dans le public à ne plus dire *la liste de l'opposition*, mais simplement LA LISTE. Les dissidents subirent une série de déconvenues qui pronostiquaient leur défaite.

La déroute commença par un manifeste qui portait les signatures de MM. Carnot, Garnier-Pagès, Henri Martin, Jules Simon et Marie, et qui mettait fin à une scission malheureuse. C'était un appel chaleureux en faveur de l'union.

« La liberté, disait cette pièce, est le but posé;
» pour y parvenir, l'union nous est prescrite comme
» un devoir. Laissons les polémiques fâcheuses! Ecar-
» tons les divisions funestes!... Notre cause est
» sainte... Marchons! L'inaction, c'est le suicide;
» l'action, c'est la liberté! »

Pour bien marquer sa ferme intention de ne plus prêter son nom à des manifestations périlleuses, M. Carnot avait refusé ses salons aux personnes qui s'y réunissaient depuis trois mois. La partie la plus ardente de l'ancien comité se transporta au quartier du Temple, dans des locaux que M. Laurent Pichat mit à sa disposition. Les membres s'intitulèrent fièrement : *Comité démocratique des vingt-cinq;* mais le premier acte de ce comité fut une abdication. Il fit en effet publier par les journaux la note suivante :

« Le comité démocratique des vingt-cinq déclare
» qu'il est absolument étranger à la formation des
» listes de candidats publiées dans les journaux; par
» suite de la retraite de quelques-uns de ses membres
» et des opinions abstentionnistes de plusieurs autres,
» il n'a quant à lui aucune liste à proposer aux élec-
» teurs.

» *Pour copie conforme,*
» Legault. »

Le comité Bastide, constitué pour soutenir le vote au bulletin blanc préconisé par Proudhon, subit des vicissitudes qui le réduisirent peu à peu à l'impuissance. M. G. Chaudey avait rédigé un manifeste dont les abstentionnistes se promettaient merveille. Il était

contresigné par des gens dont les sentiments démocratiques ne faisaient doute pour personne. Malheureusement avant même que le manifeste fût publié, il s'était produit un incident qui allait en neutraliser les effets. On avait compté sur l'appui des *rouges*, qui recevaient l'impulsion de Ledru-Rollin et de ses amis. Mais ils refusèrent d'entrer dans le comité. « Ils ne
» veulent pas, écrivait Proudhon à Beslay, se sou-
» mettre à une initiative qui les absorberait, c'est-
» à-dire que leur rancune contre ma personne va
» jusqu'à sacrifier et leur opinion et le soin de la
» République qu'ils prétendent servir. »

Parmi ses amis, Proudhon rencontrait en outre bien des résistances. Je lis dans une lettre adressée à un certain docteur Dupas : « J'apprends par Victor
» Pilhes que la composition du comité d'abstention et
» la pensée principale qui domine dans son manifeste
» vous a exaspéré au plus haut degré et que vous
» parlez à votre tour de protester contre les *protes-*
» *tants*. Vous êtes indigné de l'idée du billet blanc. »

Quand il s'agit de faire distribuer le manifeste-Chaudey, d'autres obstacles se présentèrent. Laissons parler Proudhon lui-même : « Les libraires
» ne veulent pas s'en charger. Il nous faudrait un
» colporteur ; pas de colporteurs ! Nous les proposons
» aux marchands de journaux qui se tiennent sur la
» voie publique : défense ! »

Tout à coup ce manifeste fut répandu à profusion sur différents points de Paris et en particulier dans les quartiers de la 7e circonscription. On en trouvait d'énormes liasses sur tous les comptoirs des marchands de vin. Des colporteurs les distribuaient sur la voie

publique à la barbe des sergents de ville, qui ne faisaient aucune opposition. Cette tolérance paraissait d'autant plus suspecte que le placard était une édition clandestine, ne portant point de nom d'imprimeur et dépourvue de timbre. Le peuple, qui va tout de suite aux conclusions les plus brutales, attribua à la police cette distribution irrégulière, et Proudhon nous apprend dans une de ses lettres « qu'un ami de la
» coalition prit la peine de lui retourner un de ces
» exemplaires clandestinement imprimés avec ces
» mots en tête : *A M. Proudhon, la police reconnais-*
» *sante*, et le bruit court, ajoutait-il, que nous travail-
» lons avec la police. »

Ces odieux soupçons étaient absurdes. Ce qui est plus vraisemblable, c'est que les candidats officiels avaient trouvé commode de s'emparer d'une pièce qui pouvait amener une diversion utile pour eux. Le pouvoir peu scrupuleux sur les moyens employés pour arriver au succès avait fermé les yeux sur cette manœuvre. Le résultat produit fut de faire perdre toute autorité aux tentatives abstentionnistes.

Le comité Chaudey ne fut pas en effet le seul à recommander l'abstention. Vers les derniers jours de la période électorale, on afficha dans plusieurs quartiers un placard sans timbre et nom d'imprimeur, intitulé : *La fausse démocratie de l'année prochaine*. Il ne portait point de signatures ; mais on y invoquait les noms de Bancel, Barbès, L. Blanc, Charras, V. Hugo, Ledru-Rollin, F. Pyat, Raspail, Beaune, etc. « Voilà, disait-
» on, des hommes qui représentent la vraie démocra-
» tie ; voilà ceux qu'il faut consulter ; ceux-là ne vous
» pousseront pas vers les urnes ; ils voient le piège et

» vous crient de vous arrêter, de vous abstenir, de
» protester contre la mystification électorale, contre
» l'illégalité, contre l'immoralité de l'élection. Quant
» aux démocrates assermentés, ils vous mènent tout
» droit à la démocratie impériale. Citoyens, abste-
» nez-vous ! »

On répandit également dans Paris une brochure, format lilliputien, toujours sans nom d'auteur ni d'imprimeur, portant pour titre : *Élections de 1863. — L'abstention, Paris, Imprimerie de la Liberté, aux Catacombes*. Cette brochure qui, paraît-il, venait de Suisse, recommandait aussi l'abstention ; mais elle visait plus directement les candidats de l'opposition. Voici en quels termes s'exprimait sur eux l'auteur de ce factum :

« Il y a neuf hommes à Paris qui sont les vraies co-
» lonnes de l'Empire, qui sont sa vie, son âme, son
» talisman, son salut ; qui lui sont plus utiles à eux
» seuls que l'armée et la police, que les juges et les
» évêques convoqués pour le temps des élections, ce
» sont les neuf chefs de chœur de l'opposition de Sa
» Majesté, les quatre journalistes et les cinq députés
» chargés de dialoguer avec les feuilles officielles et
» de donner la réplique aux harangues ministérielles,
» de faire la basse dans le concert et de gronder à
» l'unisson, de fournir en un mot le complément indis-
» pensable du spectacle, de remplir la perspective,
» d'orner le paysage, d'achever l'illusion et de mon-
» trer au pays l'apparence d'un gouvernement régu-
» lier. Un gouvernement sans peuple aurait pu paraître
» étrange à la longue ; on aurait dit : il manque quel-
» que chose ; ces messieurs représentent le peuple

» comme le chœur du théâtre antique; les quatre
» journalistes sont les quatre évangélistes du Sauveur
» de Décembre; on les croira sur parole ceux-là; on
» ne croit pas les feuilles officielles. Mais cinq députés
» sont d'un plus grand effet, et là, le trompe-l'œil est
» tout à fait réussi; le jour où il les a tirés tous les
» cinq de l'urne électorale, ce jour-là L. Bonaparte
» a gagné le gros lot; les Cinq sont le quine de l'Em-
» pire. »

J'ignore si mes collègues de l'opposition ont jamais eu connaissance de ce manifeste. On me fit à moi l'honneur de m'en envoyer un exemplaire portant sur le faux titre cette dédicace : *A Darimon, député sortant et non rentrant, de la part de l'auteur,* JACQUES, JUSTICIER. Je n'ai jamais su à qui je devais cet envoi gracieux, et ceux de mes amis qui frayaient avec les abstentionnistes se gardèrent bien de m'en instruire. J'ai conservé cet exemplaire qui est devenu une véritable curiosité typographique.

A côté des abstentionnistes, il y avait les partisans du second tour de scrutin. Ils avaient pour organe le journal le *Temps*. M. Nefftzer restreignait le rôle d'un journal en temps d'élections à être un mur sur lequel venaient indifféremment s'étaler toutes les candidatures. Il accueillait toutes les professions de foi, quelles qu'elles fussent. Le scrutin de ballottage devait, suivant lui, décider en dernier ressort. On a fait de grands reproches à M. Nefftzer d'avoir adopté cette tactique. On a eu tort. M. Nefftzer poussait la prudence jusqu'à la timidité. Il avait peur, s'il se prononçait trop nettement pour les candidats de l'opposition, que son journal n'encourût les sévérités du pouvoir.

Il y avait du reste sur la liste des noms qui offusquaient certaines personnes de son entourage intime. Il s'était décidé au parti qui allait le mieux à son tempérament, c'est-à-dire à la neutralité.

Mais peu à peu les candidatures dissidentes s'évanouirent. M. J.-J. Weiss avait retiré la sienne; les candidatures ouvrières s'étaient réduites à deux, celles de MM. Leroy et Coutant; M. Leroy s'était lui-même retiré pour faire place à M. Cantagrel. Il ne resta de candidatures multiples que dans la 6ᵉ circonscription, où M. Guéroult s'était présenté et où les passions cléricales se donnaient carrière contre le journaliste qui avait combattu avec le plus d'ardeur le maintien du pouvoir temporel de la papauté.

Le mouvement en faveur de LA LISTE se serait peut-être dessiné avec moins d'élan, si le pouvoir n'avait commis une des plus lourdes maladresses que l'Empire ait eue à se reprocher. Je veux parler de la circulaire que M. de Persigny lança contre M. Thiers. Cette attaque directe contre l'homme d'Etat que l'Empereur avait appelé l'*historien national*, cette mise en suspicion d'un candidat qui avait prêté le serment exigé par la loi, et qu'on accusait aussi clairement que possible de poursuivre un but déloyal, causa dans la masse électorale un mécontentement général. Le nom de M. Thiers avait éveillé un grand nombre de susceptibilités. Au lendemain de la circulaire de M. de Persigny, le sentiment fut unanime. On put considérer l'élection de M. Thiers comme assurée.

Le ministre de l'Intérieur trouva du reste le moyen d'accentuer la faute lourde qu'il venait de commettre. Dans une circulaire de la dernière heure, il dénonçait

« les hommes de 1815, de 1830, de 1848 comme coa-
» lisés dans un effort commun et essayant de sur-
» prendre la bonne foi du pays pour tourner contre
» l'Empereur les libertés même qu'il avait données. »
Ce langage trahissait trop visiblement les inquiétudes
du pouvoir pour avoir la moindre influence sur l'esprit
des électeurs de Paris. Il fut pour eux un encourage-
ment de marcher au scrutin avec la ferme résolution
de vaincre.

Je n'ai pas à raconter ici les différentes phases du
scrutin des 31 mai et 1er juin 1863. Le résultat causa
sur le gouvernement un véritable effet d'effarement :
tous les candidats de la liste avaient passé, sauf
M. Guéroult qui était soumis à un ballottage, mais
dont l'élection était assurée au second tour ; les quatre
députés sortants avaient été réélus avec des majorités
écrasantes.

Qui ne se souvient de l'aspect que présentaient les
boulevards le 1er juin au soir ? De la Madeleine à la
Bastille, une foule énorme se pressait, s'arrachant les
journaux et se communiquant les résultats du vote à
mesure qu'ils étaient connus. Parti à dix heures du
soir des bureaux de la *Presse*, rue Montmartre, pour
aller porter une dépêche destinée à apprendre à ma
famille que mes électeurs m'avaient de nouveau confié le mandat de les représenter, je n'arrivai qu'à onze
heures et demie au bureau télégraphique du Grand-
Hôtel. Pendant ce trajet, il avait fallu m'arrêter cent
fois pour donner à la foule qui se pressait autour de
moi les chiffres détaillés du scrutin.

Même élan autour des sections de vote. « Dans mon
» quartier, m'écrivait un de mes électeurs, il y avait

» une joie, un enthousiasme qui rappelaient les beaux
» temps de la Monarchie de juillet et de la Républi-
» que. Des gens qui ne se connaissaient nullement
» causaient avec animation des résultats obtenus dans
» les diverses sections, se serraient les mains, et pour
» un peu se seraient embrassés. »

Dans les régions officielles, les élections de Paris produisirent une grande irritation. Un instant, il fut question de frapper la *Presse*, qu'on considérait, non sans raison, comme ayant mené toute la campagne. Il est certain que M. de Girardin y avait déployé des qualités stratégiques de premier ordre; c'est à son esprit de décision et à la sûreté de son coup d'œil qu'était due la victoire. On le fit venir au ministère de l'Intérieur sous un prétexte quelconque; on le pria de ne plus parler de la prépondérance de la classe ouvrière dans les élections, ce qui était une façon indirecte de l'inviter à montrer plus de prudence.

Dans la conversation qu'il eut avec M. le comte Treilhard qui était alors chargé du service de la presse, M. de Girardin put s'assurer que, dans l'entourage de l'Empereur, on était disposé aux résolutions extrêmes. On ne parlait rien moins que d'un coup d'Etat. L'Impératrice se montrait particulièrement irritée des élections de Paris. C'était surtout l'élection de Thiers qui l'avait exaspérée; elle voyait dans la victoire remportée par l'ancien ministre de Louis-Philippe, un triomphe pour le parti orléaniste. Ces premières impressions ne tardèrent pas à s'effacer et on en revint à une plus saine appréciation de la situation. Mais il est bon de constater une fois de plus cette nervosité qui régnait dans le monde gouvernemental et qui a fait prendre souvent *ex-abrupto* des mesures regrettables.

M. Guéroult n'eut pas de peine à passer au second tour, grâce au désistement de la plupart de ses concurrents. Il obtint cette moyenne de 17,000 voix, qui avait été accordée à presque tous les candidats de LA LISTE.

Une irrégularité commise dans le recensement des votes par les agents de l'administration amena l'annulation de l'élection de M. Pelletan dans la 8ᵉ circonscription. Les électeurs, convoqués le 15 décembre, confirmèrent l'élection du 1ᵉʳ juin, et ils prouvèrent ainsi que les élections de Paris n'avaient pas été une surprise, un entraînement de l'opinion publique, mais bien un acte réfléchi de la volonté nationale.

Au moment où le vote du 15 décembre avait lieu, M. de Girardin se trouvait parmi les invités de Compiègne. Dès que le résultat lui fut connu, il se garda bien de manifester ses sentiments ; il avait eu précédemment plusieurs conversations avec l'Empereur, et comme il l'avait trouvé peu disposé à faire des concessions dans un sens libéral, il craignait de l'irriter. L'Impératrice l'ayant abordé, il ne souffla pas un mot des élections ; ce fut elle qui prit l'initiative : « Eh bien, » Monsieur de Girardin, dit-elle avec un dépit qu'elle » ne pouvait parvenir à dissimuler, votre ami M. Pel- » letan l'emporte ! » Elle laissa échapper quelques paroles amères ; puis, voyant que M. de Girardin ne semblait pas disposé à accepter la discussion, elle lui dit avec une certaine vivacité : « Mais défendez donc » M. Pelletan. » M. de Girardin répondit avec un grand sang-froid : « Je n'ai pas à défendre ceux qui

» triomphent. » Ce mot mit fin à la conversation. L'Impératrice tourna brusquement le dos à l'éminent publiciste et s'éloigna.

Le lendemain de l'élection de M. Pelletan, Proudhon écrivait à un de ses amis : « L'opinion se prononce » décidément contre le système.... Nous marchons à » l'*Empire constitutionnel*. Que fera, que dira l'oppo- » sition démocratique si le gouvernement assisté de » M. Thiers et autres s'avise de prendre l'initiative » de cette grande évolution ?.... Déjà il est engagé à » moitié ; la logique le pousse ; le pays ne comprend » pas autre chose... »

Proudhon, livré à ses seules inspirations, avait retrouvé sa sagacité habituelle. Ses prévisions étaient fondées. On marchait en effet à grands pas vers l'Empire libéral. Mais là où son appréciation manquait de justesse, c'est quand il se figurait qu'il était au pouvoir de l'opposition de changer le courant de l'opinion. Le rôle du politique est de s'emparer de ce courant pour le faire tourner au profit de ses idées. L'opposition a fait plus tard la seule chose qu'il lui fût possible de faire, c'est de renfermer dans les plus étroites limites ce pouvoir personnel qui perdait le pays et qui compromettait l'Empire lui-même.

VI

LA SCISSION DE LA GAUCHE

J'aborde un sujet très délicat; je veux parler du déchirement qui s'est produit, pendant la session de 1864, entre les hommes politiques qui, durant la législature précédente, avaient marché constamment d'accord et qui avaient eu l'insigne honneur de fonder sur des bases solides l'opposition légale et constitutionnelle.

J'aurais bien voulu passer sous silence ce triste épisode; mais la scission, cherchée et voulue par les hommes qui s'étaient posés constamment en adversaires des Cinq, a eu sur la politique générale une trop grande influence, pour que je n'en expose pas les causes intimes. Je vais essayer de faire le départ des responsabilités encourues. Je mettrai tous mes soins à laisser de côté les récriminations pour n'interroger que les faits.

Dès le lendemain des élections des 31 mai-1er juin 1863, il était bien facile de s'apercevoir que le suffrage universel n'avait envoyé sur les bancs de l'opposition que des éléments disparates. Paris avait fait triompher tous ses candidats, mais ces neuf hommes différaient essentiellement et par leur origine et par leurs tendances.

Il y avait, en première ligne, les quatre députés qui avaient formé le noyau du groupe légendaire des Cinq. A ceux-là, la conduite était toute tracée ; ils n'avaient qu'à continuer la politique qu'ils avaient suivie pendant six années ; c'était leur devoir, puisque les électeurs venaient de donner à cette politique l'adhésion la plus éclatante. M. Emile Ollivier était bien inspiré, quand il disait à ses amis : « Ne nous » séparons jamais, et nous resterons le centre » autour duquel tous viendront se grouper. » La promesse fut faite. Je n'oserai pas dire qu'elle ne fut pas tenue ; mais, à coup sûr, elle ne fut pas comprise.

MM. Havin et Guéroult s'étaient, au point de vue de la politique extérieure, rapprochés de l'Empire ; l'un avait des rapports suivis avec le Palais-Royal ; l'autre, fort lié avec M. Mocquart, chef du cabinet de l'Empereur, faisait passer sous son couvert des notes qui étaient placées sous les yeux du souverain, et au moyen desquelles il cherchait à exercer une influence sur la politique impériale. On connaissait les rapports occultes du directeur du *Siècle* avec le palais des Tuileries, et on en plaisantait beaucoup dans la presse libérale. M. Prévost-Paradol avait surnommé M. Havin « le ministre sans portefeuille au départe- » ment de l'opposition », et le mot avait fait fortune dans les salons du faubourg Saint-Germain. La place de MM. Havin et Guéroult était tout naturellement dans l'opposition constitutionnelle. Mais, bien longtemps avant les élections, ils avaient pris l'engagement de ne pas se séparer; ils formaient bande à part, tout en cherchant à user du *Siècle* et de *l'Opinion nationale* pour peser sur les décisions de la minorité.

MM. Pelletan et J. Simon étaient des ennemis déterminés de l'Empire. M. Pelletan s'était fait remarquer par des brochures d'une extrême virulence, |où souvent se rencontraient le mot heureux et l'expression juste. Quant à M. J. Simon, partisan de l'abstention jusqu'à la veille du scrutin, il ne s'était déterminé à la prestation du serment qu'à la dernière heure; il avait, en acceptant une candidature, mécontenté la plupart de ses amis; il n'y avait pour lui qu'un moyen de recouvrer leurs bonnes grâces, c'était de se poser en adversaire intraitable et de se faire l'interprète de toutes les rancunes et l'écho de toutes les impatiences.

M. Thiers avait une personnalité trop puissante pour qu'il consentît à s'enrégimenter dans un groupe. Il côtoyait la gauche, sans jamais s'y mêler d'une façon absolue. Il indiquait les tactiques à suivre, il marquait le but qu'il fallait atteindre; mais sans jamais se poser comme un chef. En fait, il tenait à conserver son entière liberté d'action. Si ses tendances le poussaient quelque part, c'était vers le petit nombre d'hommes qui conservaient au fond du cœur un culte pour le régime parlementaire. M. Thiers ne prenait jamais conseil que de lui-même; mais il s'entretenait plus volontiers de ses projets avec MM. Buffet,

Lambrecht, Plichon et J. Brame qu'avec MM. Marie et J. Favre.

On voit qu'avec des éléments aussi hétérogènes, il était bien difficile de former une minorité compacte. Il n'en est pas moins vrai que, si les Cinq étaient restés unis, ils auraient entraînés dans leur orbite la plupart des députés de l'opposition envoyés par les départements. Ceux-là arrivaient avec si peu de parti pris, qu'ils protestaient tout haut contre l'idée d'un renversement et qu'ils déclaraient vouloir rester sur le terrain de la légalité. Le prestige des Cinq était assez grand pour rallier ces députés, pour qui l'opposition consistait uniquement à s'être fait nommer sans l'attache officielle.

Il se produisit, dès la première réunion de la minorité, un incident futile qui montrait bien de quel esprit étaient animés ces nouveaux venus. On posa très sérieusement cette série de questions : Les députés de l'opposition se feront-ils faire un uniforme? Assisteront-ils à la séance impériale? Accepteront-ils les invitations qui leur seront adressées par l'Empereur et l'Impératrice? Assisteront-ils aux soirées officielles?

Pendant toute la durée de la précédente législature, les Cinq s'étaient tenus à l'écart du monde officiel; on les avait invités une première fois à dîner aux Tuileries, ils avaient refusé. Cette invitation n'avait pas été renouvelée. Hénon, seul, s'était fait faire un uniforme; il le revêtait le jour de la séance d'ouverture, à laquelle il ne se croyait pas dispensé d'assister, et il le remettait religieusement dans son armoire.

Ces questions furent débattues assez longuement.

Plusieurs députés des départements déclarèrent qu'ils ne croyaient pas pouvoir pousser leur opposition jusqu'à refuser les invitations impériales et que leurs mandataires leur en voudraient de leur abstention. MM. Havin et Guéroult les mirent à l'aise en disant que, pour leur compte, ils iraient aux Tuileries toutes les fois qu'ils y seraient appelés, et qu'ils ne négligeraient aucune occasion d'approcher l'Empereur.

Ce fut M. Thiers qui trancha la difficulté : « Personne, dit-il, n'aurait le droit d'en vouloir à un député de l'opposition qui revêtirait l'uniforme obligatoire, et qui se rendrait, dans la tenue de rigueur, dans les salons des Tuileries. J'ai pris moi-même mesure d'un uniforme, et je l'endosserai avec plaisir le jour où l'Empereur aura fait un pas vers la liberté. » La satisfaction qu'amenèrent sur les visages les paroles de M. Thiers prouve bien que, dès le début, l'opposition systématique comptait peu de partisans dans les rangs de la minorité.

Malheureusement à l'ouverture de la session, la France se trouvait en face de menaces de guerre, et de plus il soufflait dans les régions officielles un vent de résistance à décourager les bons vouloirs les plus robustes. Il n'en fallut pas davantage pour mettre les députés nouvellement élus à la merci des esprits essentiellement hostiles.

Le gouvernement s'était engagé dans cette question polonaise qui devait lui aliéner pour longtemps les sympathies de la Russie et le priver, en cas de conflit avec la Prusse, d'un allié indispensable. On pouvait entrevoir le moment où il serait condamné à une honteuse reculade, une guerre avec la Russie devant amener une conflagration générale et personne n'étant disposé à le suivre dans une aventure sans issue. Les élections de 1863 avaient montré quels progrès l'opposition faisait dans les esprits. On redoutait que l'Empire ne cherchât dans une guerre une diversion à ses embarras intérieurs.

Le gouvernement impérial avait paru d'abord disposé à donner dans une certaine limite satisfaction à l'opinion publique. On avait enlevé le ministère de l'intérieur à M. de Persigny, dont les circulaires maladroites avaient contribué à assurer le succès de l'opposition. On avait introduit une modification importante dans le mécanisme parlementaire. On avait supprimé les ministres sans portefeuille et on les avait remplacés par un ministre d'Etat, destiné à devenir l'intermédiaire entre l'empereur et les grands corps de l'Etat. C'était un pas en avant vers la responsabilité ministérielle. A la vérité, avant d'envoyer le ministre d'Etat devant les Chambres, on avait pris soin, comme le fit remarquer M. Thiers, de vider son portefeuille ; mais c'était déjà un ministre mis en présence des représentants du pays. A ce premier jalon, rien n'empêchait d'en ajouter d'autres. Le jour où les ministres viendraient s'asseoir à côté du ministre d'Etat, on pouvait dire que la responsabilité ministérielle existait en fait. Aucun texte constitutionnel ne pouvait aller à l'encontre de la force naturelle des choses.

Le décret du 23 juin avait été légèrement modifié par le décret du 18 octobre suivant. Mais rien n'était changé aux rouages du mécanisme nouveau. On l'avait seulement ajusté de façon à le rendre plus commode pour M. Rouher, qui remplaçait M. Billault, enlevé par une mort inattendue à la tribune française.

Le mouvement s'était arrêté là. On parlait bien de changements prochains au régime de la presse ; mais ce qui nous revenait des dispositions où l'on était à ce sujet dans l'entourage de l'Empereur prouvait qu'il s'agissait là de simples désirs et non d'espérances fondées. La cour était à Compiègne, et M. de Girardin qui figurait, comme je l'ai dit, au nombre des invités m'écrivait à la date du 11 décembre :

« D'après les deux conversations que j'ai eues, il ne
» doit y avoir rien de fondé dans tout ce que je lis sur
» les changements apportés à la législation sur la
» presse. Il n'y aurait même aucune illusion à se faire
» pour l'avenir. »

A son retour de Compiègne, M. de Girardin fut plus précis. Il avait eu avec l'Empereur plusieurs conversations et voici en quels termes il les résumait :

« C'est une erreur de croire que l'Empereur penche
» vers ceux de ses conseillers à qui on attribue des
» sentiments libéraux. Si l'on veut savoir à quoi s'en
» tenir sur ses dispositions, il faut s'en rapporter à
» ce que disent MM. Rouher et Thuillier ; ils tradui-
» sent fidèlement sa pensée. J'ai essayé de balbutier
» quelques mots en faveur de la liberté de la presse ;
» l'Empereur m'a répondu avec une énergie qui ne
» lui est pas habituelle : *Jamais*. A l'intérieur donc,
» on ne fera rien. On serait plutôt disposé à reculer
» en arrière. Morny est tenu pour suspect. On lui re-
» proche de se montrer trop faible pour l'opposition.
» Si l'on avait un moyen de suspendre la Constitution,
» on l'emploierait bien volontiers. »

Il faut faire dans ce langage de M. de Girardin la part de la mauvaise humeur. Il avait recherché une invitation à Compiègne dans l'espoir d'y faire entendre quelques vérités et d'y plaider surtout la cause de la liberté de la presse. Il avait été repoussé avec perte, et il exagérait un peu ce qu'il avait vu et entendu. Mais la suspension du *Courrier du Dimanche* pour un article de Prévost-Paradol montrait qu'on était bien loin des concessions libérales annoncées par des nouvellistes complaisants. Beaucoup de personnes, sans avoir été interroger à Compiègne le sphynx impérial, étaient parfaitement convaincues qu'on était entré dans une ère de *statu quo* absolu.

Le premier projet présenté au Corps législatif après la vérification des pouvoirs avait trait à un emprunt de 300 millions destiné à diminuer les découverts et à atténuer les charges de la Dette flottante qui avait dépassé le chiffre d'un milliard. M. Thiers était persuadé que cet emprunt serait détourné de son but, et qu'on le ferait servir à préparer des armements en vue d'une guerre prochaine. Il ne voyait qu'un moyen de contre-carrer les projets qu'il attribuait au gouvernement, c'était de restreindre dans les limites les plus étroites les émissions de bons du Trésor. En diminuant les ressources dont le gouvernement pouvait disposer, il espérait le forcer à renoncer à ses entreprises et à maintenir la paix.

Il y eut à l'hôtel de la place Saint-Georges une réunion à laquelle M. Thiers ne convia que les principaux membres de la minorité. De la députation de Paris, il n'avait convoqué que MM. Jules Favre, E. Ollivier, Jules Simon et E. Picard. Par contre, il avait appelé des députés appartenant à un groupe qu'on commençait à appeler le Tiers-Parti. Le but de cette réunion était de rechercher les moyens de s'opposer à toute intervention armée en faveur de la Pologne. On s'arrêta à l'idée de rédiger un amendement au projet d'emprunt ayant pour objet de limiter à 100 millions l'émission des bons du Trésor pour l'année 1864.

L'amendement fut déposé et par les signatures dont il était revêtu, on peut juger que ce n'était pas uniquement sur la gauche que M. Thiers comptait prendre son appui. Les signataires étaient MM. A. Thiers, Marie, Lanjuinais, E. Picard, Glais-Bizoin, L. Javal, Martel, J. Simon, Lambrecht, E. Ollivier, A. Darimon, Plichon, d'Andelarre, le duc de Marmier, Piéron-Leroy, Malézieux. Il y avait là une sorte de tentative d'*union libérale*.

Quand la discussion du projet d'emprunt vint en séance publique, on vit mieux ce que M. A. Thiers prétendait faire. Il ne voulait rien moins qu'exclure de l'opposition tout ce qui n'adhérait pas absolument à ses idées. Les dissidences qui s'accusèrent à ce moment ne laissèrent aucun doute à cet égard. C'était à MM. Havin et Guéroult qu'on s'attaquait, parce qu'on les supposait partisans de la politique belliqueuse du gouvernement.

« Nous avons, s'écriait M. Picard, des amis impa-
» tients qui croient qu'en votant contre l'emprunt, ils
» voteraient contre la Pologne. Cependant la majorité
» votera pour l'emprunt, et elle croit voter pour la
» paix. Je signale à l'attention des amis impatients
» dont je parle la voie dans laquelle nous entrons :

» l'emprunt est destiné à payer des dépenses de
» guerre. »

M. E. Ollivier s'exprimait en termes encore plus vifs : « Je voterai l'amendement, et je le voterai d'au-
» tant plus volontiers qu'il a une signification paci-
» fique. Je ne suis pas assurément de ceux qui veulent
» la paix à tout prix, mais je ne suis pas non plus
» de ceux qui veulent la guerre à tout prix, surtout
» quand la guerre expose mon pays et ajourne les
» libertés intérieures. »

Les déclarations faites par MM. Guéroult et Havin donnaient du reste raison aux réserves de leurs collègues : « Économie et liberté ; oui, disait M. Guéroult,
» mais quant à la paix, mes électeurs ne m'ont pas
» donné un mandat aussi absolu. Dans ma profession
» de foi, je n'ai pas laissé ignorer à mes électeurs
» mes opinions sur l'affranchissement de la Pologne,
» et ils m'ont nommé dans ces conditions. » M. Havin disait de son côté : « Je ne sais pas si on fera ou si on
» ne fera pas la guerre. Je ne suis pas dans le gou-
» vernement, je ne connais pas ses secrets ; mais si
» l'honneur de la France réclamait la guerre, je don-
» nerais mon appui et mon concours le plus complet
« pour la délivrance de la Pologne. »

Il était impossible de trouver une cause de dissentiment plus profonde. Cependant on ne voit pas que l'idée vînt à personne dans la gauche, de frapper d'exclusion MM. Havin et Guéroult. La pensée en vint un moment à M. Thiers, mais il n'y donna pas suite. Content d'avoir écarté par une manifestation ultra-pacifique toutes les velléités belliqueuses, il laissa la gauche ouvrir de nouveau ses rangs au directeur du *Siècle* et au rédacteur en chef de l'*Opinion nationale*.

C'est surtout quand il s'agit de rédiger les amendements au projet d'Adresse qu'on vit combien l'opposition de 1863 différait de l'opposition de 1857. Celle-ci s'était attachée à faire de ses amendements un véritable programme de gouvernement, écartant les questions de détail pour s'attacher exclusivement aux grands principes qui forment la base des libertés publiques. Comme il était difficile d'établir un accord absolu, les amendements prirent un caractère personnel, chacun s'attachant à son idée favorite et au sujet qui pouvait lui fournir les meilleurs développements oratoires. Ils ne réunirent pas tous l'ensemble des signatures de l'opposition ; il y eut des membres qui firent leurs réserves. M. Thiers ne signa aucun des amendements de la gauche.

Dans les réunions qui eurent lieu à l'occasion de la rédaction des amendements à l'Adresse, M. Thiers affectait la prétention de faire adopter par tout le groupe de gauche ses idées de gouvernement parlementaire. Il insistait surtout sur la nécessité de proclamer l'irresponsabilité du chef de l'État. C'était s'attaquer aux bases mêmes de la Constitution impériale, qui avait fait de l'Empereur la source de toute autorité, et rendre par conséquent toutes les améliorations impossibles. Jamais un Napoléon ne consentirait à devenir ce que le premier Consul avait appelé « un pourceau à l'engrais. » Il y eut, à diverses reprises, sur ce point capital, des discussions très vives entre M. Thiers et M. E. Ollivier, celui-ci soutenant qu'il était parfaitement correct et dans tous les cas très

utile d'établir concurremment la responsabilité des ministres et celle de l'Empereur. « L'irresponsabilité
» du souverain, disait-il avec raison, n'a jamais été
» qu'une fiction ; elle n'a pas empêché Louis XVI de
» porter sa tête sur l'échafaud, ni Charles X et Louis-
» Philippe d'être forcés de fuir après avoir signé leur
» abdication. » Il y avait évidemment deux systèmes en présence, ou plutôt en lutte. On le vit bien en 1870, quand M. Thiers fit opposition au plébiscite. Le plébiscite pour lui, c'était la reconnaissance du principe de la responsabilité du souverain, le renversement de sa fameuse maxime : « Le roi règne et ne gouverne pas. »

Malgré les divergences de vues, il n'y avait dans l'esprit de personne une arrière-pensée de rupture. On se montrait très déférent vis-à-vis de M. Thiers. A la suite de la discussion sur les élections de l'Isère, où la personnalité de M. Casimir Périer avait été mise en jeu, l'éminent homme d'État avait voulu aborder la question des candidatures officielles. M. de Morny l'avait renvoyé à la discussion de l'Adresse. Néanmoins, 36 membres s'étaient prononcés en faveur de l'invalidation. « Les Cinq sont devenus les Trente-Six ! » s'était écrié M. Ollivier en prenant acte du vote et en exprimant ainsi une pensée de conciliation.

Dans une autre circonstance, M. E. Ollivier avait amené la gauche à renoncer à son amendement en faveur de la liberté de la presse pour se rallier à un amendement signé par M. Martel et ses amis. L'amendement-Martel avait un caractère essentiellement restrictif, mais M. Thiers avait jugé qu'en le votant, la gauche ferait un acte de sagesse politique.

« Il ne faut point, disait-il, effaroucher les gens de la
» majorité. » La gauche avait consenti à faire ce sacrifice, bien qu'il lui coûtât un peu.

Il est probable que l'on eût continué ainsi à se faire des concessions réciproques et que les occasions de scission définitive eussent été écartées au moins pour un temps, sans une circonstance qui força les membres du groupe de gauche à déclarer de quelle nature était leur opposition. Il y a avait lieu de remplacer à Paris M. J. Favre qui avait opté pour le Rhône, et M. Havin qui avait opté pour le Calvados. Les députés de Paris commirent la faute d'abandonner la ligne de conduite qui leur avait si bien réussi en 1863. La direction des élections complémentaires tomba aux mains de comités qui étaient en grande partie composés d'anciens abstentionnistes, et qui se placèrent tout de suite sur le terrain de l'opposition systématique. La gauche fut dès lors entraînée à les suivre, et le déchirement devint imminent.

On essaya pour le choix des candidats d'user du même procédé qu'on avait employé aux élections de 1863. Les députés de Paris furent convoqués chez M. Jules Favre, le 27 février; ils s'étaient adjoint les rédacteurs de quatre grands journaux : le *Siècle*, l'*Opinion nationale*, le *Temps* et la *Presse*.

On proposa pour la première circonscription en remplacement de M. Havin, M. Laboulaye qui avait mis aux élections précédentes le plus grand empressement à se retirer en présence de la candidature de M. Thiers. Mais cette candidature n'eut pas le don de plaire à MM. Havin et Guéroult. De plus, M. Jules Simon souleva une question subsidiaire : les députés de Paris avaient-ils bien le droit de se substituer à l'opposition tout entière et ne convenait-il pas d'appeler les députés des départements à donner leur avis? MM. Jules Favre et Pelletan se prononcèrent pour l'affirmative. La réunion se trouva donc partagée entre deux opinions contraires. Si la majorité qui comptait sept voix, eût tenu bon contre la minorité qui n'en réunissait que trois, la liste eût été arrêtée séance tenante, et elle eût été bien certainement libérale sans être hostile. Mais la majorité lâcha pied, et elle eut la faiblesse de consentir à ce qu'une autre réunion eût lieu à laquelle s'adjoindraient d'autres députés que ceux de Paris.

Agir ainsi, c'était prendre le contre-pied de ce qu'il eût fallu faire. Au lieu de se placer à la tête du mouvement, on se mettait à la suite; c'était aller en quelque sorte au-devant des dissidences et laisser le champ libre à toutes les prétentions. Il arriva, chose facile à prévoir, que la réunion de la gauche se trouva submergée par le flot des candidatures et qu'elle fut réduite à l'impuissance.

La réunion plénière de la gauche eut lieu chez M. Marie, le 5 mars. La discussion fut des plus confuses. On passa successivement en revue tous les noms sans parvenir à se mettre d'accord sur les deux candidats qui seraient présentés aux électeurs. Il était visible qu'on n'avait réclamé l'adjonction des députés des départements que pour rendre toute solution impossible. La réunion proclama elle-même son absence de résolution en votant l'ordre du jour suivant :

« Les députés de l'opposition se sont réunis chez

» M. Marie. Ils ont pensé que les électeurs, ayant
» spontanément constitué dans les deux circonscrip-
» tions des comités électoraux et que des divisions
» de nature à compromettre l'élection n'étant pas à
» craindre, rien en ce moment ne motivait leur
» intervention. »

Cet abandon, de la part de l'opposition, d'une initiative qui lui revenait de droit, produisit ses conséquences immédiates. Ce n'est pas à renforcer l'opposition légale et constitutionnelle que s'occupèrent les comités, mais à transformer les élections de Paris en manifestation contre le gouvernement impérial. Pour mieux marquer les tendances nouvelles, on avait offert la candidature à M. Bancel, un des représentants expulsés au coup d'État, qui depuis ce temps habitait la Belgique. Le serment de M. Bancel, expédié de Bruxelles, arriva trop tard, et son nom dut être écarté. On se rabattit alors sur deux hommes qui avaient fait partie du gouvernement en 1848, sur M. Carnot et sur M. Garnier-Pagès. Mais même sur ces deux noms l'entente ne put s'établir : pendant que le *Siècle* inscrivait en tête de ses colonnes les candidatures de MM. Carnot et Garnier-Pagès, l'*Opinion nationale* substituait à ce dernier nom celui de M. Théodore Bac, l'ancien membre de la Montagne ; elle le choisissait surtout, disait-elle, comme ami de la Pologne, et parce que son nom signifiait : « *Politique des nationalités à l'extérieur.* »

Pour les comités, il n'y avait de candidatures sérieuses que celles des deux membres du gouvernement provisoire, et c'est à les faire triompher qu'ils employèrent tous leurs efforts. Ils réussirent, grâce à la maladresse du gouvernement qui fit faire une descente de police chez M. Garnier-Pagès où s'étaient réunis une centaine d'électeurs et qui engagea ce ridicule procès des Treize, où on ne savait qui était le plus offensé du droit ou du bon sens.

Au point de vue de la politique générale, ces deux élections étaient infiniment regrettables; elles mettaient en péril la paix et la liberté. Elles renforçaient le parti de la guerre qui s'agitait autour de l'Empereur et qui poussait à une lutte contre la Russie. « Ce » n'est pas, disait avec raison la *Presse*, la guerre » déclarée, mais c'est la guerre mise aux voix et vo- » tée. » D'un autre côté, on pouvait craindre que le parti de la résistance qui était très fort dans les conseils impériaux ne poussât le souverain à faire appel à des mesures exceptionnelles, et, dans tous les cas, à mettre un temps d'arrêt aux réformes libérales.

Le danger de la guerre fut conjuré, grâce à l'attitude de l'Europe; mais la politique intérieure ressentit le contre-coup de la grosse faute commise par l'opposition. Les élections du 21 mars 1864 exercèrent sur l'esprit de l'Empereur une influence funeste; elles le rendirent rétif à toute idée de réformes; il fallut trois années pour faire disparaître toutes ses défiances. Encore n'est-il pas sûr que, sans l'ébranlement terrible causé dans l'opinion par les triomphes de la Prusse en 1866, Napoléon III eût jamais consenti à écrire la lettre du 19 janvier et à entrer dans la voie des concessions libérales.

Quant à l'opposition de 1863, elle descendit très rapidement la pente qui mène à l'opposition révolutionnaire, et elle se trouva conduite à expulser de son sein ceux de ses membres qui voulaient rester fidèles à la ligne politique qu'ils avaient suivie jusque-là.

La loi des coalitions servit de prétexte. Mais il est à remarquer que c'est seulement au lendemain des élections du 21 mars que les divergences s'accentuèrent sur cette loi et que la lutte prit ce caractère d'aigreur qui devait aboutir à une rupture éclatante.

Au moment où, dans la discussion de l'Adresse, la question des coalitions se présentait devant le Corps législatif, un seul sentiment semblait animer l'opposition ; on tenait à ce qu'une réforme aussi profitable aux ouvriers ne rencontrât d'obstacles ni dans le gouvernement ni dans les Chambres. MM. Jules Simon et Emile Ollivier se trouvèrent d'accord pour demander que, dans l'amendement de la gauche, on substituât le mot *modification* au mot *abrogation* qui avait éveillé les susceptibilités de la majorité.

Quand, à la fin du mois de février 1864, la discussion du projet de loi eut lieu dans les bureaux, l'accord continuait à subsister. Il s'en fallut de bien peu que la majorité de la commission fût composée de membres de la gauche. J'avais eu dans mon bureau la majorité au premier tour de scrutin, et il ne me manqua que trois voix, au ballottage, pour l'emporter sur mon concurrent. Dans son bureau, M. E. Picard aurait certainement été nommé, si nos collègues de l'opposition s'étaient montrés plus assidus. MM. Ollivier et Jules Simon l'emportèrent dans leurs bureaux sur leurs concurrents.

Il se produisit, à propos de la nomination de M. Jules Simon, un incident qui mérite d'être noté. M. Jules Simon avait pour adversaire M. Jérôme David ; celui-ci soutenait cette fameuse théorie du droit commun, qui allait devenir bientôt le mot d'ordre de l'opposition ; M. Jules Simon avait combattu avec une grande vivacité ce système, et ses arguments avaient paru si forts et si péremptoires qu'il avait entraîné de son côté la majorité des suffrages.

Par une singulière interversion des rôles, à ce moment, c'était M. Jules Simon qui voulait maintenir à la législation sur les coalitions son caractère restrictif et comminatoire, tandis que M. E. Ollivier et moi nous nous élevions contre le projet de loi équivoque qui était sorti des élucubrations du Conseil d'Etat. M. E. Ollivier a raconté l'entretien qu'il eut avec M. de Morny lors de la présentation de la loi ; il démontra au président du Corps législatif qu'elle était détestable, qu'elle n'était qu'un trompe-l'œil, qu'on avait évidemment cherché à faire illusion à l'Empereur, et il déclara que, quant à lui, il était décidé à dénoncer l'artifice et à démasquer la tromperie.

A la même date, j'avais reçu une première invitation à dîner aux Tuileries, et je m'y étais rendu avec quelques-uns de mes collègues de l'opposition. Après le dîner, l'Empereur m'aborda avec une brusquerie qui me déconcerta légèrement :

— « J'espère, lui dis-je, que votre Majesté n'a pas
» pris en mauvaise part l'opposition que j'ai faite à
» son gouvernement.

— » Non, me dit-il, je n'en veux pas aux Cinq ; ils
» avaient été nommés pour faire de l'opposition, et
» ils ont rempli leur mandat ; je n'en veux qu'aux 91,
» à ces députés qui avaient été nommés pour soutenir
» l'Empire, qui ont contrecarré ma politique à l'exté-

» rieur et qui ont cherché à me nuire, et à me décon-
» sidérer. Les Cinq m'ont fourni parfois des indica-
» tions utiles. Ce sont eux qui m'ont amené à proposer
» des modifications à la législation sur les coalitions...
» La Chambre est saisie du projet de loi. L'avez-vous
» lu ? qu'en pensez-vous ?

— » Je pense que toute la loi est à refaire ; le Con-
» seil d'Etat n'a rien compris aux intentions de Votre
» Majesté.

— » Comment cela ?

— » Votre Majesté a voulu que la coalition fût
» libre ; elle l'est, d'après le projet de loi. Le fait de
» coalition est considéré comme un acte licite ; mais,
» par une contradiction étrange, la provocation à la
» coalition est considérée comme un acte coupable.

— » Mais c'est absurde !

— » C'est cependant là toute l'économie du projet
» de loi.

— » Que faudrait-il faire à votre avis ?

— » Il n'y a qu'un système acceptable, c'est
» d'abroger les articles du Code pénal relatifs à la
» coalition et à les remplacer par des dispositions
» frappant les atteintes portées à la liberté du tra-
» vail.

— » Eh bien ! me dit l'Empereur, cherchez à amé-
» liorer la loi en ce sens ; je crois, qu'en effet, vous
» avez raison, et, qu'en matière économique, il est
» impossible de biaiser et de s'arrêter à des termes
» moyens ; c'est là que la liberté est le meilleur re-
» mède. »

En me plaçant au point de vue que j'avais laissé
entrevoir à l'Empereur, j'entrepris, dans *la Presse*, du

projet de loi rédigé par le Conseil d'Etat, une critique qui exerça une grande influence sur les travaux de la commission. La loi fut modifiée dans le sens que j'avais indiqué.

L'opposition obéissait à d'autres préoccupations. Il ne s'agissait plus pour elle d'améliorer une loi libérale dont l'Empire avait eu l'initiative ; il s'agissait de faire avorter la réforme, afin d'en enlever le profit au gouvernement. Le *Siècle* avait demandé que la question fût soumise à une enquête, où les ouvriers seraient entendus. Mais un simple ajournement ne remplissait qu'imparfaitement le but de ceux qui voulaient mettre l'Empire en échec. C'est alors qu'on inventa cet expédient absurde qui consistait à effacer du Code pénal les articles 414, 415 et 416 et à leur substituer ce qu'on appelait le droit commun. On a attribué à M. E. Picard ces paroles significatives :
« En demandant le droit commun, je savais bien que
» je demandais une bêtise ; mais c'était le seul moyen
» de faire échouer la réforme proposée par l'Empe-
» reur. Si la Chambre adoptait la loi telle que la
» commission l'avait modifiée, nous mettions une
» arme puissante aux mains des ouvriers, et l'Empire
» voyait s'accroître sa popularité. » J'ignore si le spirituel député de Paris a jamais tenu ce langage ; mais, vrai, au fond, il exprime en quelques mots la pensée secrète de ceux qui réclamaient le retour au droit commun.

M. E. Ollivier se fit, dans le sein de la commission, l'adversaire le plus intraitable de ce système et, par une évolution dans les idées qui n'a jamais été expliquée, il arriva que M. Jules Simon, qui avait été nommé dans son bureau pour le combattre, s'en fit, au contraire, le plus chaleureux défenseur. M. E. Ollivier fut nommé rapporteur de la loi. Ce fut le signal d'un formidable déchaînement. Avant même que le rapport fût connu, il était condamné. La gauche se prononça contre la loi, malgré les modifications profondes que la commission avait introduites dans le projet primitif ; il ne restait absolument rien de ce projet ; la gauche n'en maintenait pas moins son amendement prononçant l'abrogation pure et simple des articles du Code pénal relatifs aux coalitions et l'application du droit commun. Dans une réunion tenue chez M. Marie, et à laquelle nous n'avions été convoqués, ni M. Ollivier ni moi, la minorité déclara qu'elle voterait en masse contre le projet de loi.

En vain M. E. Ollivier essaya-t-il de conjurer l'orage, en soumettant son travail à MM. J. Favre et E. Picard. M. J. Favre lui renvoya les épreuves qu'on lui avait communiquées en les accompagnant de paroles dédaigneuses qui déguisaient mal une rupture prochaine. M. E. Picard se montra tout aussi intraitable. La facilité avec laquelle il se laissa entraîner nous causa une blessure cruelle : jusqu'aux élections de 1863, M. E. Picard avait témoigné à M. Ollivier une confiance aveugle ; il était vis-à-vis de lui plein de déférence ; il usait de tous les moyens pour le mettre en relief, et il semblait avoir attaché sa fortune politique à la sienne. Comme je l'ai dit ailleurs, j'avais été admis en tiers dans les espérances d'avenir que caressaient ces deux amis inséparables. J'étais loin de me douter que, du jour au lendemain, notre allié de la veille allait passer dans le camp de nos adversaires. A quelles considérations M. E. Picard céda-t-il en cette circonstance? Je ne l'ai jamais su, n'ayant jamais eu l'occasion de provoquer une explication. De l'intimité la plus complète, nous passâmes sans transition à l'hostilité la plus absolue.

On sait en quels termes brutaux, M. J. Favre, dans la discussion de la loi sur les coalitions, dénonça la rupture. « Il faut, s'écria-t-il, qu'on nous dise com-
» ment on a abandonné d'anciennes opinions en pro-
» posant ce qui les contredit absolument. » M. de Morny protesta contre cette prétention de demander à un collègue compte de son opinion. M. E. Ollivier déclara qu'il n'était pas de l'avis du Président : « Le
» privilège de la vérité, dit-il, est de communiquer à
» ceux qui la défendent le calme qui est en elle. Aussi
» quelqu'étonnement douloureux que m'aient causé
» certaines paroles que vous venez d'entendre, je ré-
» pondrai comme je l'ai fait jusqu'ici, c'est-à-dire en
» prouvant que j'ai raison et que mes adversaires ont
» tort. »

La scission était accomplie. Elle emprunta une couleur tragique aux circonstances qui l'accompagnèrent. A la suite de la discussion, M. J. Favre et M. E. Ollivier se rencontrèrent dans l'hémicycle ; M. J. Favre tendit la main à l'ami qu'il venait de cribler d'épigrammes sanglantes et d'accuser publiquement d'avoir renié ses anciennes opinions. M. E. Ollivier repoussa la main qui lui était tendue : « Nous ne
» sommes pas ici au Palais, » dit-il dédaigneusement. Puis, cédant au sentiment que lui inspirait une amitié ancienne, il courut vers M. J. Favre, avec l'espoir de le ramener à lui. Mais le grand orateur s'était éloigné,

emportant de cette poignée de mains refusée une rancune à laquelle il n'obéit pas toujours, mais qu'assurément il n'oublia jamais.

L'effet de cette rupture fut, non point, comme on l'a dit, de nous rejeter vers le gouvernement, mais de nous raffermir davantage dans la politique que nous avions adoptée et qui consistait à pousser le gouvernement dans la voie des réformes, sauf à revenir à l'opposition toutes les fois que nous nous trouverions en face de la résistance au progrès et à la liberté. A user de ce système, nous avons souvent prêté le flanc à ces critiques sans cervelle qui n'admettent pas que la politique de mise en demeure soit, après tout, la plus féconde et la plus sûre; mais nous avons obtenu des résultats que nous aurions certainement compromis par une hostilité systématique. Après la loi des coalitions, sont venues les lois sur les sociétés coopératives, sur les logements insalubres, sur l'enseignement secondaire spécial, sur l'enseignement technique, sur l'enseignement primaire, sur la suppression de la contrainte par corps, sur la liberté du courtage, sur l'abrogation de l'article 1781 du Code civil, sur la suppression des livrets, etc., etc., toutes lois inspirées par l'idée d'améliorer le sort des masses. Il est probable que si l'opposition était parvenue à faire rejeter la loi des coalitions, le gouvernement impérial, qui avait beaucoup de peine à obtenir pour les réformes économiques l'adhésion de ses députés dévoués, se fût arrêté dans cette voie et que les progrès accomplis auraient subi un ajournement indéfini.

A partir de ce moment, on ne nous convoqua plus aux réunions de la gauche, et nos démarches les plus innocentes devinrent des actes de ralliement au gouvernement.

Napoléon III, pendant son séjour en Angleterre, avait été frappé des avantages que le commerce et le crédit retiraient de l'usage des chèques et des *clearing-house*, et il avait voulu doter la France de ce mode si économique de payement. Mais, comme toujours, le conseil d'Etat, se renfermant dans des considérations purement fiscales, n'avait traduit que d'une façon imparfaite la pensée impériale, et avait rédigé un projet de loi qui restreignait bien plus qu'il n'étendait les facilités du payement par chèques. J'avais, par un amendement, essayé d'améliorer ce projet de loi si peu pratique. Au moment où je me levai pour développer mon amendement, M. de Morny, qui était au fauteuil, me cria à demi-voix et en souriant : *gare l'échec !* Ce jeu de mots me déconcerta, et me fit perdre un instant toute contenance. Mais je me rassurai bientôt, en voyant que la Chambre prêtait la plus grande attention à mes explications. Quand j'eus terminé, je m'aperçus que M. de Morny avait disparu du fauteuil et qu'il était allé s'asseoir sur les bancs des députés. Il arrivait bien rarement à M. de Morny de prendre une part directe aux discussions des projets de lois. Cette fois, il s'y engagea à fond de train, et c'est bien certainement grâce à son intervention, que la Chambre se montra favorable à mon amendement. L'ajournement du projet de loi fut prononcé, et à quelques jours de là, le gouvernement le retira, en annonçant qu'il allait de nouveau mettre la question à l'étude.

Une commission fut formée, à l'effet, disait l'arrêté

du ministre des finances, « d'étudier les dispositions
» à insérer dans le projet de loi relatif au timbre des
» chèques. » Il était tout naturel, qu'on nommât,
pour en faire partie, les membres du Corps législatif
qui avaient trouvé insuffisant le projet du conseil
d'Etat. C'est à ce titre que M. E. Ollivier et moi, nous
fûmes désignés. Mais quoi ! M. de Morny était membre
de la commission, et de plus M. Rouher, ministre
d'Etat, en était le président ! Il n'en fallut pas davantage pour qu'on tirât de ces faits des conclusions à
perte de vue : « L'accouplement, disait le *Progrès de*
» *Lyon*, des noms de MM. de Morny et Rouher dans
» une commission non politique, est un symptôme
» qu'on ne laissera point passer sans commentaire. »

Cela dépassait les limites de l'absurde et de l'odieux. Il était de notoriété publique que certains
membres de la gauche avaient avec le gouvernement
des rapports plus ou moins suivis. M. Jules Simon entr'autres ne négligeait aucune occasion de conférer
sur les questions d'instruction publique avec M. Duruy, qui était son ami de longue date, et quand il
s'agissait d'une institution économique qui pouvait
rendre les plus grands services au commerce et au
crédit, on nous déniait le droit d'apporter au gouvernement le tribut de nos conseils et de notre expérience !

Quand s'ouvrit la session de 1865, les choses
étaient arrivées à l'état aigu. M. E. Ollivier avait
parfaitement accepté la situation nouvelle qui lui était
faite, et il était résolu à accentuer davantage la politique des Cinq, que la gauche avait décidément abandonnée.

L'élection des secrétaires vint fournir la preuve du système d'exclusion que voulaient nous appliquer nos amis de la veille. M. de Morny avait eu, en 1864, l'idée de rétablir l'usage, constant, dans toutes les assemblées délibérantes, d'appeler à faire partie du bureau un membre au moins de la minorité. Il en avait conféré avec des membres de la majorité, et il m'avait désigné à leurs suffrages pour un des postes de secrétaires. Mais la Chambre ne partageait pas toutes les tendances libérales de son président. J'avais obtenu un nombre de voix honorable ; ma candidature n'en avait pas moins échoué.

L'expérience fut renouvelée à l'ouverture de la session de 1865. Cette fois elle réussit. Je fus un des quatre secrétaires nommés au premier tour de scrutin. Ce fut le signal d'un déchaînement général de toute la presse opposante. Je fus traité comme le dernier des transfuges. J'eus bientôt le secret de tous ces emportements ridicules. La gauche, dans le but de faire échec à l'opposition constitutionnelle, avait présenté au choix de la majorité le nom de M. Magnin ; elle avait en même temps encouragé les prétentions de M. Planat, député de la Charente, qui s'était fait fort d'obtenir toutes les voix du Tiers-Parti. MM. Magnin et Planat n'avaient pas été nommés. J'étais dès lors devenu l'élu de la majorité, et ce n'était, disait-on, qu'avec sa connivence, que j'étais parvenu à faire partie du bureau.

Un entrefilet signé *Havin*, inséré dans le *Siècle*, amena une polémique qui fournit la note comique dans ce petit drame parlementaire. « La *Presse*, disait » le *Siècle*, a tort d'avancer que MM. Ollivier et Dari-

» mon n'ont pas été convoqués aux réunions de l'oppo-
» sition : l'honorable M. Glais-Bizoin, chargé des
» convocations, est là pour démentir cette assertion. »

Je rectifiai cette note dans une lettre adressée au *Siècle*. Mais j'eus le tort de vouloir épargner M. Glais-Bizoin avec qui j'avais eu jusque-là d'excellents rapports et que j'étais loin de soupçonner de manquer de droiture. Il en résulta une longue correspondance qui fit rire la galerie à nos dépens et qui ne fournit aucun éclaircissement au public.

Ce qui s'était passé, le voici :

Le jour de l'ouverture de la session, j'avais rencontré dans la salle des conférences M. Glais-Bizoin. Après les paroles de politesse banale qu'on échange entre gens qui ne se sont pas vus depuis longtemps, M. Glais-Bizoin me dit, en mâchonnant ses mots, suivant son habitude: « Il est bien fâcheux qu'il y ait
» des divisions entre nous. Il serait à désirer qu'elles
» ne se renouvelassent pas à cette session. — Cela ne
» dépend pas de nous, répondis-je. — Il faut faire ces-
« ser ces divisions au plus vite ; elles sont déplorables ;
» nous prêtons le flanc à nos adversaires. » Là-dessus, M. Glais-Bizoin m'avait quitté brusquement, sans m'avoir parlé une seule minute des réunions de la gauche et sans m'avoir pressenti à ce sujet.

La note du *Siècle* était donc mensongère. Mais elle avait un but, c'était de mettre les torts de notre côté. Ce n'était plus la gauche qui s'était séparée de nous, c'était nous qui nous étions séparés de la gauche.

Toutes ces rouéries ne pouvaient rien contre un fait désormais irrémédiable. Sans désapprouver ma polémique avec M. Glais-Bizoin, M. E. Ollivier me dit que, pour son compte, s'il avait été convoqué à la réunion de la gauche, il aurait refusé de s'y rendre, jugeant qu'il était de sa dignité de ne pas laisser se prolonger plus longtemps une équivoque. C'était à la gauche à revenir à nous; nous étions restés fidèles au pacte contracté avec nos électeurs. Nous n'avions plus rien à faire avec des gens qui voulaient nous entraîner dans une ligne de conduite que nous avions répudiée en entrant dans la Chambre.

Après un pareil éclat, il ne restait plus à M. E. Ollivier qu'une chose à faire, c'était d'affirmer hautement et énergiquement la politique qu'il suivrait à l'avenir. Ce fut l'objet du discours du 27 mars 1865. Ce discours produisit dans les régions gouvernementales un effet prodigieux. Les partisans de la politique de résistance en furent désarçonnés du premier coup; les amis des réformes libérales reprirent confiance, et ils purent espérer de rencontrer plus de faveur pour les projets qu'ils caressaient en secret. A la Chambre, l'effet produit ne fut pas immédiat; la majorité se trouva plus étonnée que ravie; la modération de M. E. Ollivier lui faisait peur. Mais dans le Tiers-Parti, parmi les députés qui avaient traversé les Chambres sous la monarchie constitutionnelle, on se trouvait heureux d'avoir rencontré un pareil auxiliaire. Le discours de M. E. Ollivier fut considéré comme la préface d'un mouvement en avant. L'élan qui fut donné alors ne s'est plus arrêté depuis.

La scission de la gauche fut donc en soi un événement considérable. Elle eut sur les événements qui suivirent une énorme influence. On sait quel rôle important joua M. Ollivier dans tous les changements apportés par la suite à la marche du gouvernement impérial. L'amendement des 42, la lettre du 19 janvier, l'interpellation des 116 et le plébiscite de 1870, tous ces faits qui opérèrent la transformation de l'Empire autoritaire en Empire libéral, ont eu pour point de départ cette rupture, non cherchée, mais acceptée, avec un courage qu'on ne saurait trop louer.

Après le discours du 27 mars, un vide complet se fit autour de nous. Tous ces jeunes débutants dans la vie politique, qui nous faisaient cortège la veille, se retirèrent brusquement de nous pour aller à MM. Jules Favre et E. Picard. Un seul nous resta fidèle, ce fut M. Gambetta. En ce moment il cherchait encore sa voie; mais il montrait déjà un certain esprit pratique. L'opposition légale et constitutionnelle paraissait la seule rationnelle et la seule féconde à cet esprit qui devait plus tard devenir le chef des irréconciliables. Mais il se laissa bientôt entraîner par la camaraderie; l'homme qui devait faire la caricature de nos idées en les affublant du nom grotesque d'*Opportunisme*, penchait de plus en plus vers les opinions extrêmes.

M. Gambetta s'adressait souvent à moi pour obtenir des billets d'entrée dans les tribunes réservées. J'allai un jour lui porter moi-même dans la salle des Pas-Perdus le billet qu'il réclamait. Nous échangeâmes quelques mots qui me prouvèrent qu'il avait pris son parti :

« Eh ! bien, mon cher Gambetta, lui dis-je, il paraît » que vous êtes en train de dépasser la gauche.

— « Que voulez-vous ? me dit-il, nous sommes en » présence d'un malade. Je vois bien qu'Ollivier et » vous, vous lui préparez un enterrement de première

» classe. J'aurais consenti volontiers à aller jusqu'à
» l'église; mais je ne veux pas aller jusqu'au cime-
» tière. »

Nous nous quittâmes sur ce mot, et, depuis, je ne l'ai plus revu.

VII

LA LETTRE DU 19 JANVIER 1867

M. Émile Ollivier, dans son livre sur le 19 janvier nous a révélé que peu de mois avant sa mort, M. de Morny s'était laissé convertir à l'idée de compléter le décret du 24 novembre et d'« effacer, comme il dit, » le coup d'État de décembre par un coup d'éclat »˙ libéral. » Il s'était mis d'accord avec M. Rouher qui, à ce moment, ne témoignait aucune répugnance à entrer dans un cabinet dont M. Émile Ollivier ferait partie.

Le programme à présenter avait été à peu près arrêté. Il s'agissait de proclamer la liberté de la presse, d'effacer de la Constitution l'interdiction pour les députés de devenir ministres en conservant leur siège, et de remplacer l'Adresse par le droit d'interpellation largement appliqué et libéralement entendu.

Mais peu à peu, M. Rouher s'était refroidi. Le 10 mars 1865, M. de Morny était mort. Avec lui disparaissait l'espoir de voir le gouvernement impérial prendre une initiative hardie. Grâce à la double influence qu'il exerçait sur l'Empereur et sur la Chambre, le Président seul était capable de faire prévaloir des réformes nouvelles et d'avoir raison des tentatives de résistance.

Après la mort de M. de Morny, il se produisit dans la majorité une sorte de craquement. Les élections de 1863 avaient amené sur les bancs du Corps législatif un groupe de gauche assez compact; à côté de ce groupe, il s'en était formé un autre, composé d'individualités flottantes, qui visaient avant tout à affirmer leur indépendance, mais qui auraient eu beaucoup de peine à formuler un programme commun. Ce groupe, précisément parce qu'il renfermait des éléments disparates, agit sur la majorité à la façon d'un dissolvant. On ne se méfiait pas d'hommes qui proclamaient en toute circonstance leur dévouement à la dynastie et qui apportaient dans leurs critiques une extrême modération.

Le Tiers-Parti qu'on eût mieux fait d'appeler le *parti-Thiers*, parce qu'en effet cet homme d'État exerçait indirectement sur lui une grande influence, aspirait à jouer un rôle. Des hommes comme MM. Buffet, Lambrecht, de Talhouët, Plichon, Brame, de Chambrun, Martel, ne pouvaient longtemps se résigner à être de simples serre-files dans une Chambre où l'opposition avait conquis une si large place. Ils attendaient une occasion d'exposer leurs idées. Napoléon III les servit à souhait en donnant pour successeur à M. de Morny, M. le comte Walewski, devenu de sénateur, député des Landes. On sait quelle part M. Walewski avait prise aux décrets du 24 novembre;

on avait lieu d'espérer qu'il ne refuserait pas son appui
à de nouvelles réformes.

L'Empereur paraissait avoir deviné les tendances
secrètes du Tiers-Parti, car à l'ouverture de la session
de 1866, il se complut, dans le discours du trône, à
décourager toute pensée de modification dans les
institutions. Il s'éleva contre « ces esprits inquiets » qui
confondent « l'instabilité avec le progrès »; il protesta contre l'idée « de reprendre le lendemain ce qu'on
» a rejeté la veille » et faisant en quelque sorte la
philosophie de la Constitution de 1852, il déclara qu'il
était temps de mettre un terme aux discussions sur les
théories gouvernementales. M. Walewski semblait
être entré dans les vues du souverain ; car, en ouvrant
la première séance, il invita ses collègues à ne pas
oublier « que la Constitution demeurait la loi su-
» prême ».

Des déclarations aussi précises ne firent que surexciter les esprits novateurs. Ils engagèrent la partie
d'une façon assez habile. Ils rédigèrent un amendement à l'Adresse, au bas duquel ils réunirent le plus
grand nombre possible de signatures. Il y en avait
primitivement 24 ; il y en eut bientôt 36, et quelques
jours après 42. Ils écartèrent avec soin tous les
hommes qui, de près ou de loin, se rattachaient à la
gauche. Ainsi je n'obtins pas la faveur de signer
l'amendement. M. Ollivier a expliqué qu'il n'y inscrivit
pas son nom, afin de ne pas éveiller de susceptibilités.
Il fut de plus décidé que tous les signataires voteraient contre l'amendement des 17. C'était sous ce
nom qu'on désignait le groupe dont MM. Jules Favre
et Ernest Picard étaient les chefs.

La discussion de l'amendement des 42 donna lieu à une des luttes oratoires les plus brillantes du second Empire. MM. Buffet, de Talhouët et Ollivier se montrèrent des orateurs puissants. Mais M. Rouher usa d'un artifice qui devait produire un grand effet sur la majorité : il établit qu'entre le système de la gauche et celui des 42, il n'y avait aucune différence, et il termina son discours par un appel pathétique qui produisit une profonde émotion dans l'assemblée : « Ne
» vous séparez pas de nous, s'écria-t-il, vous, nos amis
» d'hier, qui serez, je l'espère, nos amis de demain.
» La pente sur laquelle vous êtes placés est glissante.
» Vous ne rêvez qu'une modification insensible, gra-
» duelle, plus ou moins opportune, et, dans quelques
» instants, lorsque le vote s'ouvrira, alors peut-être
» vous trouverez dans vos rangs ceux qui ne repré-
» sentent plus votre opinion, et pour avoir voulu con-
» quérir des nuances, vous aurez été absorbés par des
» couleurs ! »

L'amendement des 42 fut rejeté; mais au vote il réunit 61 voix favorables. C'était une forte minorité pour un amendement qui avait un caractère essentiellement politique. Les 61 devinrent les 65 au vote sur l'amendement Martel qui demandait que, dans la législation sur la presse, la juridiction des tribunaux fût substituée au régime administratif.

Si l'amendement des 42 avait été écarté, la majorité n'en avait pas moins éprouvé une forte secousse, et les esprits perspicaces sentaient qu'elle n'était pas sortie intacte de la commotion. C'est ce que M. de Persigny expliquait à l'Empereur dans une lettre qu'il lui écrivait le lendemain du vote; l'ami des mauvais jours avait raison quand il disait que le chiffre 65 en aggravant la situation « sollicitait de nouvelles défec- » tions ». L'amendement avait, en quelque sorte, déteint sur la commission de l'Adresse. Entre les deux textes, il y avait des points communs.

Les 42 disaient :

« La stabilité n'a rien d'incompatible avec le sage progrès de nos institutions. — La France, fortement attachée à la dynastie qui lui garantit l'ordre, ne l'est pas moins à la liberté qu'elle considère comme indispensable à l'accomplissement de ses destinées. Aussi le Corps législatif croit-il être aujourd'hui l'interprète du sentiment public, en apportant au pied du trône le vœu que Votre Majesté donne au grand acte de 1860 les développements qu'il comporte. Une expérience de cinq ans paraît en avoir démontré la convenance et l'opportunité. La nation, plus intimement associée par votre libérale initiative à la conduite de ses affaires, envisagera l'avenir avec une entière confiance. »

La commission de l'adresse disait de son côté en termes plus concis :

« La stabilité des institutions n'a rien d'inconciliable avec le sage progrès de nos libertés. Vous l'avez déjà promis, Sire, et le passé répond de l'avenir. »

Aussi n'était-ce pas sans raison que MM. Buffet et de Talhouët déclaraient que la commission et les signataires de l'amendement n'étaient séparés que par une simple question d'opportunité.

L'amendement des 42 était conçu en termes généraux; il ne spécifiait aucune réforme. Mais les orateurs chargés de le développer avaient pris soin de déterminer les droits réclamés; c'étaient l'extension du droit d'amendement, le droit d'interpellation, la présence des ministres dans la Chambre, et un régime légal pour la presse. Il fut facile de faire entendre à l'Empereur que, si on laissait le Corps législatif discuter la Constitution, les institutions courraient le plus grand péril. Aussi des dispositions furent-elles prises pour poser une limite à ce qu'on considérait comme un empiétement.

Ce fut l'objet du sénatus-consulte du 18 juillet 1866. Aux termes de ce sénatus-consulte, la Constitution ne pouvait être discutée par aucun pouvoir public autre que le Sénat procédant dans les formes qu'elle détermine. C'était là un amoindrissement notable des attributions de la Chambre issue du suffrage universel.

Mais les événements devaient rendre toutes ces précautions inutiles et rallier forcément le pouvoir à ces réformes libérales pour lesquelles il témoignait tant de répugnance.

Malgré toutes les protestations et toutes les circulaires, nous ne pouvions pas faire que les victoires de la Prusse n'eussent déplacé le champ des influences en Europe. Sadowa ne diminuait peut-être pas notre prestige militaire, mais il montrait que nous pouvions avoir des rivaux. Nous avions recherché des compensations et nous ne les avions pas obtenues ; c'était un grave échec pour la politique impériale.

Ajoutez à cela le bruit fort répandu d'une maladie de l'Empereur qui l'aurait empêché de se montrer plus énergique et qui aurait écarté l'idée d'une intervention par les armes dans la guerre entre l'Autriche et la Prusse.

Vers la fin de 1866, on traversait une époque critique : le peu de stabilité d'une paix fondée sur un agrandissement exagéré de la Prusse, les épidémies, le déficit, dans les récoltes, les inondations, les doutes sur la santé de l'Empereur, tout cela contribuait à répandre l'inquiétude. On se prenait à douter de la solidité des institutions.

Enprésence des succès foudroyants de la Prusse la réforme de notre législation militaire s'imposait Mais ceux-là même qu'on avait chargé d'étudier la question étaient effrayés de la désaffection qu'une réforme devait amener. « Comment faire ? me disait un
» des membres de la commission, le général Lebrun,
» au commencement de novembre 1866. On ne peut
» pas augmenter le contingent ; ce serait mécontenter
» les populations des campagnes et fournir par là
» aux partis hostiles un moyen d'exercer leur action
» délétère. Les députés de la majorité ne veulent pas
» qu'on touche à leurs électeurs. Si la majorité ré-
» pugne à la réforme de l'armée, ce sera une diminu-
» tion de notre influence à l'extérieur. Pour ces sor-
» tes de choses, il faut l'unanimité des représentants
» du pays ; sans cela, c'est une affaire ratée. »

Le général Lebrun ne se trompait pas sur les sentiments des députés de la majorité. Voici ce que je lis dans mes carnets à la date du 9 décembre 1866 :
« Les membres de la majorité que je rencontre se
» montrent de plus en plus inquiets. On nous laisse
» sans direction, disent-ils. Nous ne savons plus si
» nous sommes avec ou contre le gouvernement. A
» la dernière session, le gouvernement avait l'air
» d'approuver M. Thiers. M. Fould l'applaudissait
» dans les couloirs, et M. Rouher, par son attitude,
» semblait l'encourager. Que pouvions-nous faire de
» mieux, sinon de les imiter ? On ne nous disait pas

» si l'on était avec la Prusse ou avec l'Autriche.
» Nous sommes allés où le bon droit nous semblait
» le plus évident. L'Autriche nous paraissait avoir été
» attaquée sans prétexte sérieux ; nous avons naturel-
» lement désiré le triomphe de l'Autriche. Comment
» le gouvernement va-t-il se poser en face de l'oppo-
» sition à la prochaine session? On nous laisse à cet
» égard dans l'ignorance la plus complète. L'opposi-
» tion aura trop raison, voilà ce que nous croyons
» entrevoir. Quelle justification peut-on donner de
» l'affaire du Mexique? Quand M. Thiers disait qu'il
» fallait traiter avec Juarez, on s'est récrié. Aujour-
» d'hui, nous serions trop heureux de pouvoir trai-
» ter avec Juarez. La question militaire met les dé-
» putés les plus dévoués dans une situation des plus
» difficile; ils sont placés entre l'enclume et le mar-
» teau. On ne peut pourtant pas leur demander de
» se sacrifier; ils se doivent à leurs électeurs. Or,
» toute augmentation du contingent est condamnée
» à l'avance par les paysans. Le député ne peut pas
» aller à l'encontre des sentiments de ses commet-
» tants. Le gouvernement va mettre la majorité à
» une rude épreuve. »

Et cependant, c'était la conclusion à laquelle tous arrivaient, on ne pouvait pas rester dans le *statu quo*. De l'aveu des hommes qui suivaient avec soin la marche des événements, jamais la France ne s'était trouvée dans une situation aussi grave. « Pour peu,
» me disait un homme d'Etat, que les choses marchent
» dans le même sens, ce ne sera plus le gouverne-
» ment, ce sera la nationalité française qui sera en
» péril. En effet, nous sommes en l'air, sans alliances

» d'aucune sorte et sans un traité auquel nous puis-
» sions nous adosser. On a pu, en 1854, faire la guerre
» d'Orient; il s'agissait du maintien des traités. En
» 1859, on a pu faire la guerre d'Italie sans pré-
» texte plausible; on pouvait avec quelque raison dire
» que l'Autriche interprétait mal les traités et les fai-
» sait servir à ses vues ambitieuses. Mais, dans le
» discours d'Auxerre, on a déclaré que les traités de
» 1815 étaient déchirés et devenus caducs. Il y a fort
» à parier que la Prusse prendra texte de cet aveu
» dans un avenir très prochain. Puisque nous ne nous
» croyons plus liés par les traités antérieurs, la Rus-
» sie se déclarera libre des engagements de 1856 et
» fera renaître la question d'Orient. Elle a une alliée
» toute naturelle : c'est la Prusse. Quels sont nos
» alliés à nous? L'Angleterre? Elle paraît vouloir se
» désintéresser des affaires du continent. L'Italie?
» Elle est impuissante, et d'ailleurs elle est attachée
» à la Prusse par les liens de la reconnaissance.
» L'Autriche? Elle lutte pour sa propre existence,
» et loin d'être un appui, elle est un embarras. Nous
» sommes seuls, absolument seuls. Dans ces condi-
» tions, quelle aurait dû être notre ligne de con-
» duite? Il fallait imiter l'Angleterre, et puisqu'on
» avait conservé la neutralité dans la lutte entre la
» Prusse et l'Autriche, il fallait en profiter pour ne
» pas intervenir au moins moralement. Au lieu de
» cela, on met le feu sous le ventre au pays; on
» chauffe les populations; on fait une loi militaire.
» Il n'est pas besoin de voir très clair pour apercevoir
» où mène une pareille politique. Quand il sera bien
» prouvé que nous sommes seuls, il s'agira de bien

» autre chose que de la dynastie. Ce sera notre exis-
» tence comme nation qu'on agitera dans les conseils
» de l'Europe. »

Le découragement avait gagné tous les esprits. Je rencontrai vers la fin de décembre un administrateur de la *France*, M. de R..., un de ceux que le régime impérial avait enrichis. « Eh bien, lui dis-je, que
» dites-vous de tout ce qui se passe? — Hélas! me
» répondit-il, cela va bien mal! — Oui, la machine
» aurait besoin d'être graissée de nouveau.— C'est,
» me dit-il, une bien mauvaise machine. »

L'appréciation était juste. Mais où trouver des hommes capables de construire une nouvelle machine et de la remettre en mouvement? « L'Empire, disait
» plaisamment M. Ernest Picard, ressemble au coche
» embourbé de la fable. Malheureusement, pour le
» tirer de l'ornière, il n'y a ni chevaux ni charretier,
» il n'y a que des mouches. »

M. Walewski se souvenait de l'heureuse diversion que, dans des circonstances graves, avaient produite les décrets du 24 novembre 1860. Il crut qu'on se tirerait des difficultés de la situation par les mêmes moyens, c'est-à-dire en adoptant le programme libéral qu'avait tracé l'amendement des 42. Il avait été témoin des hésitations, des embarras des députés de la majorité; il savait que beaucoup d'entre eux se repentaient de n'avoir pas voté avec les 65; après les événements des derniers mois, il ne doutait pas que le Tiers-Parti ne fît tache d'huile dans la Chambre et ne parvînt à faire prévaloir sa politique. Cela l'avait amené à se jeter à corps perdu dans ce parti; au 15 août, il avait proposé pour la décoration un grand nombre de députés pris dans ce groupe. Napoléon III paraissait ainsi avoir encouragé l'opposition des 42.

A Compiègne, M. Walewski avait eu de longues conversations avec l'Empereur. D'après M. Emile Ollivier, les mesures suivantes avaient été arrêtées : l'envoi des ministres à la Chambre comme commissaires du gouvernement; la suppression du ministère d'Etat ou plutôt sa réduction à ce qu'il avait été primitivement; le retrait de l'Adresse et son remplacement par le droit d'interpellation; un décret qui, en maintenant le régime de la presse, subordonnait la suppression des journaux à certaines garanties, telles que l'intervention du Conseil d'Etat.

Il ne paraît pas que le président du Corps législatif ait eu grande confiance dans les ministres en exercice pour faire réussir son plan. Il s'attendait sans doute à de grandes résistances de leur part, car il fit appel à M. Emile Ollivier, dont il avait, semble-t-il, fait accepter le nom par l'Empereur.

M. Emile Ollivier a fait ailleurs, en l'accompagnant de pièces à l'appui, le récit complet des pourparlers qui eurent lieu à ce moment entre M. Walewski et lui. Ne voulant pas me livrer à des redites inutiles, je ne puis qu'y renvoyer le lecteur. Mais, pour l'intelligence des faits qui vont suivre, il est nécessaire de bien préciser le sens de ces pourparlers.

Entre M. Ollivier et M. Walewski, il y avait un point commun : c'est que le moment était venu de faire un pas de plus dans la voie des réformes libérales. Sur l'étendue et la portée de ces réformes, il y avait certaines divergences qu'il est utile de noter. M. E. Ollivier trouvait que les réformes adoptées allaient en deçà de son programme; il était néanmoins disposé à prêter l'appui qu'on lui demandait. Mais il y avait trois points sur lesquels il déclarait ne pouvoir rien concéder : 1° l'abandon du projet de loi militaire, qui avait soulevé un *tolle* général; 2° l'abrogation de l'article 44 de la Constitution et la possibilité reconnue, pour un ministre, de rester député; 3° la cessation du pouvoir arbitraire qui pesait sur la presse et la constitution pour elle d'un régime légal quelconque.

Mais la grande difficulté, c'est que M. Walewski s'était chargé d'offrir à M. E. Ollivier, de la part de l'Empereur, le ministère de l'instruction publique, et M. E. Ollivier se montrait très résolu à ne pas devenir ministre. Il y eut, à ce sujet, une lutte qui dura plusieurs jours et qui se termina par une transaction : M. E. Ollivier s'engageait à remplacer M. Rouher, dans le cas, fort improbable, où le ministre d'Etat ne se déciderait pas à exécuter le nouveau programme; il consentait, en outre, à entrer aux affaires, même avec M. Rouher, mais en subordonnant son acceptation à des conditions qui devaient inévitablement faire hésiter l'Empereur et amener celui-ci à lui rendre sa parole. Une note en ce sens fut remise à M. Walewski, afin que l'Empereur sût d'avance à quoi s'en tenir.

M. E. Ollivier eut une entrevue avec l'Empereur le 10 janvier 1867. Les raisons pour ne pas accepter un portefeuille avaient sans doute été trouvées bonnes; car, après une longue conversation sur les questions de fond, l'Empereur lui dit : « Et vous ? il paraît » que vous ne voulez pas entrer aux affaires ? » —

M. E. Ollivier affirma de nouveau son refus, et ajouta « qu'ayant à son service un homme de la valeur de » M. Rouher, nul ne lui était nécessaire, et que, » d'ailleurs, si l'Empereur lui croyait quelque force, » il était prêt à se concerter avec le ministre d'Etat, » qui ne déclinerait pas, il en était certain, l'hon- » neur de réaliser la nouvelle politique. » L'Empereur répliqua : « Vos raisons sont trop bonnes pour que » j'y oppose une seule objection ; je pense comme » vous ; je vous rends votre parole. » Et la conversation se trouva terminée.

Deux jours après, M. E. Ollivier recevait une lettre des plus flatteuses, par laquelle l'Empereur l'invitait à venir causer avec lui et M. Rouher sur les détails d'exécution. Il alla au rendez-vous, mais il n'y trouva pas M. Rouher. L'Empereur se déclara décidé à la loi sur les réunions publiques, à l'envoi de ministres à la Chambre et au sacrifice du pouvoir discrétionnaire en matière de presse. Puis, il ajouta : « Ce que j'accorde » est considérable, et, si je sortais du premier Em- » pire, on le reconnaîtrait, mais, comme je succède » à des gouvernements parlementaires, tant que je » ne verserai pas dans l'ancienne ornière, on trouvera » que ce que j'accorde est peu ; vous le verrez, on le » dira. »

A la suite de cette seconde entrevue, il y eut un échange de notes entre le député et le souverain. Comme les réformes promises se faisaient attendre, M. E. Ollivier s'informa respectueusement des motifs du retard. L'Empereur lui répondit qu'il était uniquement dû aux difficultés du remaniement ministériel.

Il ne paraît pas que M. E. Ollivier ait mis aucun de ses collègues dans la confidence de ses démarches, et des pourparlers qui avaient eu lieu entre lui et le souverain. Cela résulte des reproches qui lui ont été adressés plus tard par certaines personnalités médiocres et remuantes. Dans tous les cas, j'ai recueilli de la bouche de plusieurs des 42 qu'ils n'avaient pas été mis au courant de ce qui se passait, que M. E. Ollivier ne les avait pas consultés, et qu'ils ne connaissaient que fort vaguement et par de simples ouï-dire la part qu'il avait prise aux réformes.

Tout s'était, du reste, passé dans le plus grand secret. C'est seulement dans le conseil du 17 janvier que l'Empereur, pour la première fois, s'exprima nettement sur la nécessité d'introduire des changements dans l'organisme de l'Etat. Aucun des ministres ne fit d'objections. M. Rouher fit observer qu'en présence des réformes qui allaient s'opérer, il était du devoir de tous les membres du cabinet de donner leur démission collectivement. Il pouvait se faire que la Couronne jugeât utile de s'entourer d'hommes nouveaux pour une œuvre nouvelle, et rien ne devait gêner l'Empereur dans les choix qu'il aurait à faire. L'Empereur insista pour que tous ses conseillers restassent aux affaires. Mais, par des motifs divers, étrangers aux modifications qui se préparaient, le maréchal Randon, M. Fould et M. de Chasseloup-Laubat demandèrent à se retirer. Le conseil se sépara, sans qu'aucune résolution définitive eût été prise.

Le secret n'avait cependant pas été si bien gardé que le public n'eût eu vent de ce qui se préparait.

Le 18 janvier, la gauche avait été convoquée chez M. Thiers, au lieu de l'être chez M. Marie, comme cela se faisait précédemment ; elle avait discuté l'attitude qu'elle devait prendre, si les bruits qui couraient venaient à se réaliser. Le journal la *France* avait indiqué avec assez de précision les points sur lesquels portaient les réformes. On en causait tout haut le soir au premier grand bal des Tuileries. On attendait donc avec impatience que le *Moniteur* voulût bien fixer l'opinion publique.

Comme le 24 novembre 1860, le décret qui consacrait les réformes nouvelles était précédé d'une lettre de l'Empereur au ministre d'Etat, destinée à les expliquer et à les interpréter. Il y avait une certaine contradiction entre le langage qu'avait tenu le souverain en ouvrant la session de 1866 et les mesures auxquelles il venait de s'arrêter. L'Empereur trouva moyen de s'en tirer par une de ces habiletés de style dans lesquelles il était passé maître : « J'ai dit, l'année
» dernière, que mon gouvernement voulait marcher
» sur un sol affermi, capable de supporter le pouvoir
» et la liberté. Par les mesures que je viens d'indi-
» quer, mes paroles se réalisent ; je n'ébranle pas le
» sol que quinze années de calme et de prospérité
» ont consolidé, je l'affermis davantage en assurant
» par la loi aux citoyens des garanties nouvelles, en
» achevant enfin le couronnement de l'édifice élevé
» par la volonté nationale. »

Le décret du 19 janvier 1867 supprimait l'Adresse, concédait le droit d'interpellation et établissait pour les ministres la faculté d'être chargés, par une délégation spéciale, et de concert avec le mi-

nistre d'Etat, les présidents et les membres du Conseil-d'Etat, de représenter le gouvernement devant le Sénat et le Corps législatif. Une loi devait être proposée « pour attribuer exclusivement aux tribunaux
» correctionnels l'appréciation des délits de presse et
» supprimer ainsi le pouvoir discrétionnaire du gou-
» vernement. » Une autre devait « régler le droit de
» réunion, en le contenant dans les limites qu'exige
» la sûreté publique. »

Le commentaire impérial avait paru sans doute insuffisant, car on y avait joint deux longues Notes interprétatives. La première donnait les motifs qui avaient déterminé l'Empereur à supprimer l'Adresse et à la remplacer par le droit d'interpellation. La seconde expliquait les difficultés qu'il y avait eu à mettre d'accord la présence des ministres dans la Chambre et le respect de la Constitution. « Il fallait, disait
» le rédacteur de la Note, se renfermer dans les
» termes de la Constitution, portant que les ministres
» ne dépendent que du chef de l'Etat, qu'ils ne sont
» responsables que chacun, en ce qui le concerne, des
» actes du gouvernement, qu'il n'y a pas de solidarité
» entre eux, et *qu'ils ne peuvent être membres du Corps*
» *législatif*. Le décret n'apporte et ne pouvait apporter
» aucun changement à ces prescriptions. »

S'il était resté dans l'esprit de M. E. Ollivier quelque arrière-pensée au sujet du portefeuille qui lui avait été si nettement offert et qu'il avait si nettement refusé, ce passage de la deuxième Note du *Moniteur* lui aurait causé quelque déception. Une des modifications constitutionnelles sur lesquelles il avait insisté le plus, la faculté pour un député de devenir ministre,

était impitoyablement repoussée. Aussi, on comprend qu'il ait pu écrire, dans son livre, que la lettre du 19 janvier « ne le satisfit pas » et qu'il y sentit « un pre-
» mier refroidissement. »

Le *Moniteur* annonçait que tous les ministres avaient donné leur démission entre les mains de l'Empereur. Mais le même jour le cabinet démissionnaire s'était réuni en conseil. Au lieu de constituer une nouvelle administration, on s'occupa d'abord de combler les vides causés par le départ de MM. Fould, Randon et de Chasseloup-Laubat. Dans la combinaison qui se formait, M. Béhic occupait le portefeuille des finances, le maréchal Niel était désigné pour succéder au maréchal Randon et l'amiral Rigault de Genouilly à M. de Chasseloup-Laubat. Les autres ministres maintenaient leur démission ; mais aucun nom n'était prononcé pour les remplacer. L'Empereur les interrogea les uns après les autres pour savoir s'ils étaient disposés à rester et à l'aider dans l'œuvre qu'il s'agissait d'accomplir. M. Rouher accepta sans faire la moindre réserve. Quand ce fut le tour de M. de La Valette de se prononcer, celui-ci se montra fort ému ; il exprima le regret d'être forcé d'abandonner le service de l'Empereur ; il lui serait, dit-il, impossible, le cas échéant, d'aborder la tribune. Mais l'Impératrice intervint et insista pour que M. de La Valette retirât sa démission. Cet incident arrêta le refus sur les lèvres des autres ministres, et à l'instant même la composition du cabinet fut arrêtée. Elle devait cependant subir une modification avant d'avoir été rendue publique. M. Béhic se ravisait dans la nuit et refusait de se charger du portefeuille des finances. Le portefeuille abandonné par M. Béhic fut offert à M. Rouher, qui l'accepta après quelques objections.

On a dit de la journée du 19 janvier qu'elle avait été la journée des dupes. Si l'on a entendu par là qu'elle avait trompé l'espoir de certains hommes qui avaient cru que les changements apportés dans les institutions amèneraient l'avènement d'un nouveau personnel gouvernemental, le mot ne manque pas de justesse. A la première nouvelle de la démission des ministres, M. de La Guéronnière, dans la *France*, et M. Clément Duvernois, dans la *Liberté*, s'étaient empressés d'applaudir ; ils complimentaient M. Rouher d'avoir montré assez de sagesse pour se condamner à une retraite momentanée. Mais quand ils virent « que » la démission éclatante des ministres aboutissait, » comme le disait M. Clément Duvernois, à leur réta- » blissement, » ils poussèrent un cri de surprise et ils accusèrent les ministres de « vouloir reprendre en » détail, dans l'application, ce que l'Empereur avait » abandonné en principe. » Ces soupçons, semés avec une insistance perfide, contribuèrent à faire croire dans le public qu'il y avait eu une combinaison plus libérale que le cabinet renouvelé avait contribué à faire avorter. On commença à accuser M. Rouher d'avoir pesé sur l'esprit de l'Empereur pour écarter ce qu'on appelait « les hommes nouveaux. »

Rien n'était moins exact. Le seul nom qui eût été mis en avant était celui de M. Emile Ollivier ; on a vu qu'il avait un moment accepté de faire partie d'un cabinet avec M. Rouher, et que, si la combinaison avait échoué, c'était parce qu'il avait mis la plus grande insistance à refuser un portefeuille. En dehors de

M. Emile Ollivier, personne n'avait été appelé. Les journaux, et, en particulier les journaux étrangers, avaient publié des listes ministérielles. Elles étaient une pure œuvre d'imagination. La meilleure preuve, c'est qu'elles portaient toutes en tête le nom de M. Emile Ollivier, dont elles faisaient soit un ministre d'Etat, soit un ministre de l'Intérieur, soit même un ministre présidant le conseil d'Etat, et que, de l'aveu de M. Emile Ollivier lui-même, non-seulement aucun de ces portefeuilles ne lui avait été offert, mais qu'au moment où on lui donnait un rôle prépondérant dans un cabinet, il avait repris son rang de simple député et n'avait d'autre ambition que de s'entendre avec M. Rouher pour faire aboutir les réformes dont il avait été l'un des promoteurs.

Quoi qu'il en soit, on s'attendait bien certainement, dans certaines régions, à voir M. Rouher reculer devant des réformes contre lesquelles il s'était si vivement prononcé l'année précédente et se décider à une retraite qu'on considérait comme forcée. Son maintien au ministère d'Etat doublé du ministère des finances causa de grands mécomptes, et c'est dans ce sens qu'on peut dire du 19 janvier qu'il fut une nouvelle journée des dupes.

J'ai noté jour par jour les impressions que j'ai recueillies à la salle des conférences ; quoique la session ne fût pas ouverte, un grand nombre de députés s'y réunissaient ; la gravité des événements les avait naturellement attirés. Il régnait une certaine obscurité sur les faits qui avaient amené la nouvelle évolution ; les questions de personnes contribuaient à rendre les ténèbres plus épaisses. Mais il est intéressant de connaître les impressions produites ; je copie mes notes sans y rien changer :

21 janvier. « Les membres de la majorité sont déroutés. Ils ne savent pas bien quelle attitude ils doivent prendre. Pourquoi, disent-ils, nous avoir fait voter l'année dernière contre l'amendement des 42, si on devait à un an de distance leur donner complètement raison ? Il y a là une véritable atteinte à la dignité de la Chambre. — Le Tiers-Parti est en liesse ; on le traite en triomphateur. — La gauche est mécontente ; elle regrette l'Adresse ; à la place de l'Adresse, on lui donne le droit d'interpellation, mais en le soumettant à l'autorisation préalable de la majorité ; c'est une diminution d'influence.

» On agite aussi les questions de personnes. On est généralement persuadé que la combinaison ministérielle qui a prévalu dans les conseils de l'Empereur est purement provisoire. On ne comprend pas surtout comment M. Rouher continuerait à cumuler deux portefeuilles. On ne croit pas à l'avènement de M. Emile Ollivier.

» Le rôle que M. Emile Ollivier a joué est fort obscur. La seule chose qui paraît certaine, c'est qu'il a eu une entrevue avec l'Empereur. Que s'est-il dit dans cette entrevue ? — C'est ce que personne n'a encore su tirer au clair. On prétend que M. Emile Ollivier était dans une combinaison que préconisaient MM. de Persigny et Valewski. On va jusqu'à l'accuser d'avoir voulu renverser M. Rouher. M. Buffet aurait été également appelé par l'Empereur. »

22 janvier. — « L'opposition contre M. Émile Olli-

» vier s'accentue. On prétend qu'il ne peut se fixer
» à rien et qu'il oscille perpétuellement entre ses
» amis et la majorité. Il y a évidemment un mot
» d'ordre donné. On affirme que c'est M. Walewski
» qui a conduit M. Émile Ollivier chez l'Empereur. La
» combinaison n'aurait pas tenu deux heures; ce
» serait l'Impératrice qui l'aurait fait échouer. »

23 janvier. — « M. Buffet, avec qui je me suis en-
» tretenu, paraît radieux; on lui a accordé tout ce
» qu'il demandait dans le discours qu'il a prononcé à
» l'appui de l'amendement des 42. Il regrette seule-
» ment la suppression de l'Adresse; il pense qu'on y
» reviendra; l'Adresse est la conséquence naturelle du
» droit d'interpellation. M. Buffet voudrait qu'au lieu
» de terminer les interpellations par un ordre du jour
» général et vague, on en revînt à l'ordre du jour
» motivé. Des membres de la majorité ne sont pas loin
» d'adopter l'opinion de M. Buffet. »

25 janvier. — « La majorité commence à se ras-
» surer. On lui a persuadé qu'en accordant les
» réformes, ce n'est pas l'amendement des 42 que
» l'Empereur avait en vue, mais bien le passage cor-
» respondant de l'Adresse. L'amendement des 42 n'au-
» rait fait qu'apporter un élément de plus dans les
» déterminations du souverain. Entre les 42 et la
» majorité, il n'y aurait eu qu'une question de
» nuances. On dit que l'Empereur, dans le discours
» de la Couronne, introduira une phrase qui donnera
» à la majorité une complète satisfaction sur ce
» point. »

Pendant qu'à la salle des conférences on se livrait
à des conjectures hasardées et que l'opinion s'égarait,

M. Émile Ollivier entrait en conférence avec M. Rouher ; sur l'invitation de celui-ci, le député de Paris se rendait dans le cabinet du ministre d'État dans le but de s'entendre sur les bases à donner aux lois sur la presse et sur le droit de réunion. Ce que fut cet entretien, M. Émile Ollivier ne l'a laissé entrevoir que d'une façon discrète ; mais il y a un point sur lequel il fut très net : « Permettez-moi, dit-il au ministre d'État,
» de vous déclarer qu'il est faux, ainsi qu'on vous l'a
» affirmé, que mon unique désir soit de vous rem-
» placer ; pas un seul de mes cheveux n'y pense ; si
» on vous rapportait de moi un propos ou une dé-
» marche qui pussent contredire mes déclarations
» actuelles, je vous prie de m'interpeller formel-
» lement. » On voit par là ce que valaient les bavardages de la salle des conférences.

Malheureusement, M. Emile Ollivier avait des amis compromettants qui n'acceptaient l'abnégation qu'il avait montrée depuis le début de la crise que sous bénéfice d'inventaire et qui escomptaient d'avance son accession au pouvoir. Ils lui attribuaient, au sujet de M. Rouher, des propos qu'il n'avait certainement pas tenus, mais qui devaient contribuer à mettre en méfiance un esprit naturellement ombrageux. Ainsi on prétendait qu'il avait dit que « si M. Rouher était
» encore ministre, c'était à lui, Émile Ollivier, qu'il
» le devait. » De pareils commérages auraient été méprisés en d'autres circonstances. Mais M. Rouher, devenu l'avocat de réformes qu'il avait repoussées, se sentait dans une position fausse, et tout ce qui contribuait à le lui faire sentir lui causait de vives irritations.

M. Clément Duvernois a rempli dans cet imbroglio un véritable rôle de dissolvant. Embusqué derrière les colonnes de la *Liberté* et recevant les encouragements et les confidences de hautes personnalités sur l'influence desquelles il se faisait de grandes illusions, il avait déclaré à M. Rouher une guerre sans pitié ni merci. Il annonçait des résistances sérieuses à la réalisation du programme de l'Empereur, et il en rendait M. Rouher responsable d'avance. C'est pour cela, disait-il chaque jour, qu'il appelait *l'avènement des hommes nouveaux*. Les choses en vinrent à tel point que M. Rouher crut devoir protester contre les intentions qu'on lui prêtait; il écrivit le 27 janvier à M. Émile Ollivier : « Au fond, croyez que je cherche à assurer
» au programme de l'Empereur l'exécution la plus
» sincère et la plus loyale; toute autre solution serait
» sans valeur. »

En s'exprimant ainsi, M. Rouher était sincère. Mais il commit une faute grave : il ne donna aucune suite aux entretiens que l'Empereur lui avait recommandé d'avoir avec M. Émile Ollivier. Les gens qui avaient intérêt à rompre la bonne harmonie qui avait régné jusque-là entre ces deux hommes eurent dès lors le champ libre; ils en profitèrent pour aigrir des rapports qui n'avaient eu, pendant quelques jours, qu'une cordialité apparente. On répandit le bruit que M. Rouher, dans le conseil des ministres, avait appuyé le maintien de l'autorisation préalable en matière de presse. M. Clément Duvernois s'empressa de publier, dans la *Liberté*, un article effaré intitulé : le *Minimum*, dans lequel on accusait le cabinet de vouloir réduire à rien les libertés promises. Au bout de quelques jours, les nouvelles étaient reconnues fausses; mais le coup était porté. Malgré lui et à son insu, M. Émile Ollivier était devenu l'antagoniste obligé de M. Rouher.

Ce n'était pas, à proprement parler, dans le cabinet que se montrait l'esprit de résistance. Les ministres avaient trouvé dans l'Empereur une décision qui décourageait tous les scrupules. Mais il s'était formé dans la majorité un groupe qui paraissait déterminé à faire obstacle aux réformes. On faisait dans ce groupe assez bon marché de la suppression de l'autorisation préalable pour les journaux; mais on avait espéré que le droit de réunion ne s'appliquerait pas aux réunions électorales préparatoires. Or, le 30 janvier, le conseil des ministres avait décidé que les réunions électorales seraient comprises dans la loi. Aussi la salle des conférences était-elle pleine de figures irritées, et l'on commençait à faire entendre des paroles malsonnantes. M. Jérôme David surtout se répandait en plaintes amères : « Avec ce système, me
» dit-il, il sera impossible à un préfet de faire passer
» un candidat du gouvernement. » — « Avant six
» mois, s'écriait un autre, nous aurons des coups de
» canon. L'Empire tombe dans les mêmes erreurs que
» la Restauration et la Monarchie de juillet; il périra
» de la même manière. »

Il y avait eu, le 1er février, un dîner à la présidence du Corps législatif. Beaucoup de députés de la majorité y assistaient, et M. Walewski avait pu voir quels progrès avait fait l'opposition. M. Granier de Cassagnac assistait à ce dîner. « Il ne faut pas, s'écriait-il,
» seulement s'opposer aux mesures; il faut les em-
» pêcher de se produire. » Ces paroles rencontraient

naturellement de l'écho parmi les hommes qui devaient leur situation à la candidature officielle et qui se sentaient menacés dans leur avenir politique. M. le duc d'Albuféra, qui se rapprochait pourtant du Tiers-Parti, était un de ceux qui faisaient chorus et qui applaudissaient le plus bruyamment aux paroles de M. Granier de Cassagnac.

Tous ne se montraient pas du reste aussi violents. Beaucoup, parmi ceux qui étaient fort effrayés au début, commençaient à revenir à des sentiments plus raisonnables. Ce qu'ils réclamaient avant tout, c'est que M. Rouher, restât ministre. Un grand nombre de députés déclaraient que si on leur démontrait que la raison d'Etat exigeait les mesures proposées, ils les voteraient avec empressement. Pour amener ces esprits flottants et incertains, il avait suffi d'un moyen considéré comme infaillible ; on leur avait fait entrevoir la possibilité d'une dissolution, et devant cette menace, ils avaient mis une sourdine à leur mécontentement. Ils comprenaient en effet qu'un appel aux électeurs donnerait au gouvernement le beau rôle, puisqu'il aurait le bénéfice de ses intentions libérales. Aussi, au bout de quelques jours, le parti de la résistance avait vu diminuer ses chances. Une sorte de convention tacite s'était formée pour attendre l'ouverture de la session et le discours de la Couronne.

Mais, si sur le fond des réformes, il s'opérait une sorte d'apaisement, les questions de personnes s'envenimaient. Il y avait dans la Chambre un petit groupe de députés qui annonçaient chaque jour l'avénement prochain de M. Emile Ollivier. Ils parlaient en termes mystérieux des entretiens qu'il avait eus avec l'Empe-

reur et de la lettre très flatteuse que le souverain lui avait écrite. Ils ne montraient pas cette lettre ; mais ils assuraient en avoir reçu communication, et ils prétendaient qu'elle faisait à M. Emile Ollivier une situation hors de pair. Ces bruits colportés dans les couloirs, à la Bourse et dans les cercles, y répandaient le doute et l'inquiétude. Le 4 février, aux Italiens, on s'était montré ému outre mesure. Les frères Isaac et Emile Pereire s'agitaient beaucoup au foyer du théâtre pour rassurer les esprits ébranlés. Ils se déclaraient autorisés à dire qu'il n'y avait pas un mot de vrai dans les commérages mis en circulation par de prétendus amis de M. Emile Ollivier. « Celui-ci
» avait eu en effet une entrevue avec l'Empereur ;
» mais elle n'avait pas la portée qu'on lui attribuait.
» M. Walewski avait conduit M. Emile Ollivier aux
» Tuileries, afin de lui permettre de développer les
» idées qu'il exposait dans un Mémoire remis à l'Em-
» pereur. L'Empereur lui avait, à la suite de cet en-
» tretien, adressé une lettre fort courte et fort polie,
» qui n'était qu'un simple accusé de réception. »

La lettre de l'Empereur à M. Emile Ollivier était quelque chose de plus ; mais elle intriguait fort le monde politique et les ministres. Par un motif fort louable de discrétion, M. Emile Ollivier n'en avait donné communication qu'à un petit nombre d'amis intimes. Il n'en faisait voir qu'une copie, de sorte qu'on ne pouvait savoir si la lettre était de la main de l'Empereur ou si elle avait été simplement écrite par son secrétaire particulier, distinction importante, paraît-il, aux yeux de certaines gens. L'Empereur avait écrit à M. Emile Ollivier sans prévenir les membres du cabinet ; de sorte qu'ils ne savaient pas quelle était la valeur de cette missive. M. Auguste Chevalier, mon collègue, me dit dans un coin que tous ces commentaires arrêtaient les affaires et troublaient les ministres. Il essaya de tirer de moi quelque éclaircissement ; mais je 'ne pus le satisfaire. J'avais, comme tout le monde, entendu parler de la lettre ; je n'en avais pas pris connaissance, et les personnes qui l'avaient lue en avaient reçu les impressions les plus contradictoires.

Je crois que tout le bruit à propos de cette lettre provenait de ce que les personnes qui en colportaient des fragments se taisaient sur la date où elle avait été écrite ; la lettre portait la date du 12 janvier, et on lui attribuait une origine plus récente. C'était là une manœuvre répréhensible, car elle créait des divisions et des rivalités dans le moment où la conciliation et l'apaisement étaient le plus nécessaires.

Est-ce à dire que les bruits de modifications ministérielles fussent absolument faux ? Il avait été, en effet, un moment question de remplacer M. de La Valette que le rétablissement de la tribune effrayait fort. « Je » suis malade, et de plus bien vieux », m'avait-il dit dans une visite que je lui avais rendue. On avait parlé d'appeler M. Henri Chevreau au ministère de l'Intérieur ; mais le projet n'avait pas tenu. M. de La Valette s'était résigné à rester, en attendant que l'occasion se présentât pour lui de se retirer ou de prendre un autre portefeuille.

Une tentative qui paraissait toute naturelle, c'était de constituer le Tiers-Parti à l'état de groupe séparé et marchant en dehors de la majorité. Elle fut faite ; mais elle échoua. M. Buffet, avec qui j'eus l'occasion

de m'entretenir quelques jours avant l'ouverture de la session, me déclara qu'il n'y avait jamais eu un groupe de députés à qui ce nom pût s'appliquer. « Il y a eu,
» me dit-il, l'année dernière, quelques députés de la
» majorité qui se sont entendus pour proposer un
» amendement libéral à l'Adresse ; ils sont convenus
» d'une rédaction, et ils l'ont soumise à la signature,
» puis au vote de leurs collègues. Il n'y a eu rien de
» plus. Quant à M. Emile Ollivier, je ne l'ai pas vu
» depuis six mois, et il n'a jamais été question de
» combinaison ministérielle dans laquelle nous dus-
» sions entrer ensemble. »

MM. Chevandier de Valdrôme et de Talhouët tenaient le même langage. Il aurait été impolitique, suivant eux, « de constituer un Tiers-Parti en dehors de la majorité;
» le seul point sur lequel on n'avait pu s'entendre
» l'année précédente, c'était sur l'opportunité des ré-
» formes ; mais aujourd'hui les divergences devaient
» cesser, et la majorité se réunir dans les mêmes sen-
» timents. »

M. Walewski était opposé à tous ces efforts pour constituer un Tiers-Parti. Il se désolait de voir que M. Emile Ollivier se tenait à l'écart. « Il devrait bien,
» me disait-il, venir prendre langue quelquefois à la
» salle des conférences. Il importe qu'il entre en re-
» lations avec la majorité. Son abstention peut être
» mal interprétée. D'ailleurs, ne faut-il pas que tôt ou
» tard il se trouve en face de ses collègues ? Au lieu de
» diminuer les points de contact, il devrait s'attacher
» à les multiplier. Il serait désirable qu'il assistât à
» la séance impériale. »

Malgré les résistances qu'ils rencontraient, quelques

députés persistaient dans leur projet de former un groupe destiné à manœuvrer entre la gauche et la majorité. L'élection des secrétaires qui devait avoir lieu le premier jour de la session leur parut une occasion propice.

Le coup fut préparé de longue main. Habituellement, il y avait à pourvoir à deux vacances, deux secrétaires sortant par suite du roulement. Mais, cette année-là, M. Thoinnet de La Thurmelière, pour des motifs tout personnels, déclara qu'il ne se représenterait pas pour faire partie du bureau, ce qui portait à trois le chiffre des secrétaires à élire. M. Busson-Billault, un des secrétaires sortants, crut qu'en présence de la détermination de M. Thoinnet de la Thurmelière, il n'y avait aucun inconvénient pour lui à poser sa candidature.

Cette résolution de M. Busson-Billault rompait l'ordre du roulement, et remettait en question la réélection de tous les anciens secrétaires. Elle favorisait dans tous les cas, les projets du groupe de députés qui voulait faire de la réorganisation du bureau le point de départ d'une nouvelle stratégie politique.

Les candidats mis en avant étaient MM. Brame et Martel. Ces deux députés étaient à tous égards dignes des suffrages de la Chambre. Mais ils devenaient à leur insu des instruments de désorganisation. On voulait surtout écarter M. Welles de La Valette, afin d'atteindre M. Rouher, son beau-père. On cherchait également à m'éliminer, parce que j'avais cessé, disait-on, de faire partie de l'opposition, prétexte étrange de la part de gens qui aspiraient à entrer, soit par eux-mêmes, soit par leurs amis, dans les conseils du gouvernement.

Il y avait là un danger qu'il fallait conjurer. La manifestation qui se préparait devait avoir pour résultat d'irriter la majorité qui y verrait l'intention de former une petite église destinée à la remplacer ou à la dominer. C'était ramener par une voie indirecte les questions de personnes et préparer une crise plus ou moins prochaine.

Il y eut, le 13 février, la veille de l'ouverture de la session, un dîner auquel assistaient les principaux membres de la majorité et les membres de l'ancien bureau. Il fut décidé que des mesures seraient prises pour déjouer la manœuvre qui s'organisait et pour former de la majorité un tout solide et compact.

Si je n'avais consulté que mes convenances personnelles, je me serais très volontiers retiré. Les fonctions de secrétaire que j'occupais depuis deux ans exigeaient une grande assiduité aux séances. Or, l'année 1867 se présentait à moi avec des devoirs multiples qui absorbaient presque tout mon temps : j'étais, à l'Exposition universelle, le président de la classe du travail manuel qui exigeait de ma part une surveillance continuelle ; j'étais membre du jury international ; à la Chambre, j'étais le secrétaire de la commission de la loi des sociétés, et j'avais à préparer la discussion qui menaçait d'occuper de longues séances ; il m'était bien difficile de ne pas prendre part à l'étude et à la préparation de lois sur la presse et sur le droit de réunion. Dans ces conditions, il m'eût été fort agréable de céder la place soit à M. Brame, soit à M. Martel. Mais j'aurais eu l'air d'accepter une exclusion injuste à tous égards ; j'avais, en effet, voté avec les 42, et si je m'étais rapproché de la majorité, je n'avais pas, à proprement parler, cessé d'être un homme d'opposition. Le retrait de ma candidature eût donné lieu à une foule d'interprétations fâcheuses et eût amené le triomphe de la coterie qui cherchait à se constituer. Je me décidai donc à accepter la lutte.

Elle fut très vive. A l'issue de la première séance, un certain nombre de membres de la majorité se réunirent dans le local du premier bureau pour arrêter la liste des candidats qui devaient être présentés aux suffrages de la Chambre.

Il fut décidé : 1° qu'on maintiendrait ceux des secrétaires que le roulement n'avait pas fait sortir; 2° qu'on dresserait la liste des candidats qui se présenteraient pour occuper les places vacantes; 3° que ces noms seraient placés dans une urne et qu'on tirerait au sort les candidats que la majorité soutiendrait de ses votes. L'urne étant absente, on eut l'idée malheureuse de la remplacer par un chapeau. Le sort désigna MM. Mège, de Conegliano et de Guilloutet.

Quoique la plus grande impartialité eût présidé au choix de cette liste, elle ne rencontra pas un assentiment unanime. On trouva que le procédé employé était un peu trop expéditif. Dans la salle des conférences, les candidats portés sur la liste avaient reçu le nom de *candidats du chapeau*. Aussi les dissidents, qui avaient été sur le point d'abandonner la partie, reprirent-ils courage. On faisait une propagande acharnée dans les couloirs en faveur de la liste Brame-Martel.

M. Walewski n'appuyait que très mollement la liste de la majorité ; les noms qui la composait n'avaient pas toutes ses sympathies. Mais M. E. Ollivier était très net; il blâmait hautement l'idée de faire une manifestation à propos de l'élection des secrétaires et il conseillait à ses amis d'y renoncer ou du moins de s'abstenir. Le moment lui paraissait mal choisi pour faire une démarche qui, de quelque côté qu'on l'envisageât, ne pouvait être qu'un acte d'hostilité.

On procéda au vote. La liste du premier bureau passa tout entière au premier tour, ou peu s'en faut. M. Martel obtint moins de voix que l'année précédente. Quant à M. Brame, il n'était arrivé que dixième, avec 38 voix seulement.

Au fond, M. Walewski n'eût pas été fâché que la liste échouât. Outre que ses instincts le rapprochaient des gens du Tiers-Parti, il se rendait parfaitement compte que la direction de la majorité lui échappait peu à peu et qu'il n'était déjà plus l'homme de la Chambre. Il n'avait pu déguiser ses antipathies pour certaines personnalités dont les noms figuraient sur la liste. Ses amis avaient manœuvré avec tant de maladresse, que l'élection des secrétaires fut pour lui un véritable échec personnel. J'en fus, pour mon compte, très désolé, car nos relations avaient toujours été excellentes.

Le discours de la Couronne amena un certain apaisement. Le Tiers-Parti se déclarait satisfait du paragraphe relatif aux questions intérieures. La Chambre avait fortement applaudi la péroraison du discours où l'Empereur faisait appel à son concours pour l'aider « dans l'œuvre difficile de gouverner un peuple, » et où il jetait le dédain « sur les utopies dangereuses et sur » les excitations des partis ». M. Walewski eut aussi un grand succès le lendemain ; il trouva le moyen d'attribuer à l'influence de la majorité les réformes libérales concédées par l'Empereur. Beaucoup de députés ne demandèrent pas mieux que de le croire, et on sut gré à M. Walewski d'avoir ainsi rassuré les consciences trop scrupuleuses.

Mais les questions de personnes avaient pris une trop grande place depuis deux mois pour que la paix pût durer longtemps. La guerre recommença à propos d'une simple difficulté de procédure. Il s'agissait de savoir si, aux termes du décret qui réglementait le droit d'interpellation, les auteurs d'une demande d'interpellation pourraient la déposer en séance publique et en indiquer les motifs, ou bien s'ils devraient se contenter de l'envoyer directement et par écrit au Président. Le règlement était formel, et c'est dans le sens de la seconde alternative qu'il devait être interprété ; on avait voulu éviter que l'interpellation servît de prétexte à des développements qui rendraient inutile l'autorisation préalable des bureaux. Mais un certain nombre de députés étaient d'avis que la Chambre ne pouvait se prononcer en connaissance de cause, si on ne lui indiquait pas les raisons qui avaient dicté l'interpellation. Les signataires étant dans l'impossibilité de se transporter dans les neuf bureaux, il était nécessaire, suivant eux, qu'ils pussent accompagner l'interpellation d'une sorte d'exposé des motifs.

La question fut discutée entre le Président et les secrétaires. Quelques-uns d'entre eux penchaient vers l'interprétation la plus large ; mais en consultant les textes, nous les trouvâmes tellement clairs qu'il n'était pas possible de les éluder. Il fut décidé qu'on suivrait strictement le règlement.

Malheureusement pour lui, à la première demande

d'interpellation qui fut présentée, M. Walewski perdit littéralement la tête. M. Lanjuinais, qui voulait interpeller le gouvernement sur la suppression de l'Adresse déposa sa demande en séance publique, au lieu de la remettre au Président. M. Walewski donna de la procédure à suivre une interprétation tellement embrouillée, que M. Ernest Picard en prit texte immédiatement pour interpeller à son tour le gouvernement sur les ordres en vertu desquels le secret des lettres n'était plus respecté. Le règlement s'en allait à vau-l'eau ; le Président essaya vainement de le repêcher ; il contribua à l'enfoncer davantage.

Cet incident fut le signal d'un grand déchaînement contre M. Walewski. On n'était pas bien loin de l'accuser de trahison. On racontait que, dans un conseil des ministres auquel il assistait, il avait été décidé que le règlement serait rigoureusement appliqué, et qu'aucune demande d'interpellation ne devait se produire en séance publique avant d'avoir été autorisée par les bureaux.

Dans le monde officiel, on déclarait que le règlement avait été violé, et on se mit à rechercher gravement les moyens d'effacer les traces du précédent qui venait d'être créé. On comptait pour cela sur la fermeté de la majorité. Mais la majorité, outre qu'elle ne comprenait rien à ces subtilités, ne se montrait pas disposée à se laisser conduire. On trouvait d'ailleurs que le Président ne pouvait agir autrement qu'il ne l'avait fait. De quelque façon qu'on s'y prît, les demandes d'interpellation ne pouvaient échapper à la publicité. Les signataires n'avaient-ils pas la ressource des journaux ? Avec la procédure réglementaire, il arriverait que le public aurait connaissance des interpellations avant les députés. C'était inadmissible. Et puis, on entrevoyait le dessein des ultras d'enterrer les questions indiscrètes et de réduire le droit d'interpellation à ses plus étroites limites, et pourquoi ne pas le dire? à rien. Tout cela paraissait illogique et absurde. Le précédent resta acquis; mais on commença à élever des doutes sur les capacités présidentielles de M. Walewski.

Quand l'interpellation Lanjuinais fut soumise à la discussion des bureaux, elle fut combattue très vivement par les ultras. Mais on put s'apercevoir que ceux-ci obéissaient à un mot d'ordre qui ne partait pas des régions officielles. Ainsi, c'est M. de Montjoyeux, un des amis de M. le marquis de La Valette, qui avait parlé dans son bureau en faveur de l'interpellation et qui avait contribué à la faire admettre.

M. E. Ollivier nous apprend qu'à la veille de la discussion sur l'interpellation Lanjuinais, il soutint, dans une réunion qui eut lieu chez M. de Janzé, que les signataires de l'amendement des 42 devaient voter l'ordre du jour pur et simple, « quoique, dit-il, le » droit d'interpellation ne parût pas au plus grand » nombre un équivalent du droit d'Adresse. » Il eût été à désirer que tout le monde fût animé des mêmes sentiments de conciliation. Mais M. de Girardin s'était emparé du nom de M. E. Ollivier pour le mettre continuellement en opposition avec celui de M. Rouher. Les lois destinées à régir la presse et le droit de réunion n'avaient pas encore été élaborées par le conseil d'État que M. de Girardin opposait aux *lois-Rouher* ce qu'il appelait *lois-Ollivier*. De vives discussions s'engageaient dans la presse. Il y avait évidemment des hommes politiques intéressés à amener entre M. E. Ollivier et M. Rouher une rupture éclatante.

L'interpellation de M. Lanjuinais sur la suppression de l'Adresse eut lieu le 25 février. La discussion fut conduite de la façon la plus maladroite. On avait recommandé à M. Walewski d'appliquer complétement les dispositions du sénatus-consulte du 6 juillet 1866 et d'empêcher que la Constitution fût discutée. Il exécuta les instructions qu'il avait reçues avec une rigueur intempestive. M. Lanjuinais qui voulait prouver que les modifications apportées au décret du 24 novembre 1860 n'étaient pas dans l'esprit de la Constitution, fut forcé d'interrompre sa démonstration. Après un discours de M. Jules Favre, parlant au nom de la gauche, on avait réclamé la clôture; mais M. Émile Ollivier avait demandé la parole et M. Walewski tenait beaucoup à ce qu'il parlât. Il avait raison; car M. Emile Ollivier était, paraît-il, décidé à faire une déclaration favorable aux réformes du 19 janvier et à en finir une bonne fois avec la gauche. Mais pour obtenir la continuation de la discussion, il n'était pas nécessaire d'avoir recours à un subterfuge; il était visible en effet que, si on lui donnait de bonnes raisons, la majorité n'insisterait pas sur la clôture. La clôture fut mise aux voix, et sans consulter les secrétaires sur le résultat du vote, qui paraissait douteux, M. Walewski décida que la discussion continuerait.

Les membres du bureau furent, à leur sortie de la salle, l'objet des interpellations les plus vives. Le garde des sceaux, M. Baroche, déclara que cette façon de procéder mettait le gouvernement dans l'embarras. Les secrétaires, placés dans une situation fausse, parlaient de donner leur démission. Mais le lendemain, à la suite d'une longue explication sur l'incident, le Président avoua qu'il avait eu tort en omettant de consulter le bureau. Devant cette déclaration, les secrétaires n'insistèrent pas.

La journée du 26 février 1867 a été le point aigu de la crise ouverte par le décret du 19 janvier. C'est de ce jour-là que date réellement la rivalité fâcheuse qui s'est établie entre M. E. Ollivier et M. Rouher. Jusque-là, ils avaient paru marcher d'accord, ne tenant aucun compte du tapage qui se faisait autour de leurs noms, et écartant toutes les tentatives de division qu'on voulait établir entre eux.

Au début de la séance, il était naturel que M. E. Ollivier prît le premier la parole, puisqu'il était inscrit. Mais M. Rouher réclama le bénéfice du privilège qui accorde la priorité à un ministre sur tout autre orateur. Il parla et longuement. Son discours fut un hommage éclatant rendu aux réformes du 19 janvier. Après ce discours, il ne restait à M. E. Ollivier que l'alternative, ou de se taire, ou de prendre acte des déclarations de M. le ministre d'Etat. Il réclama la parole. Aussitôt des clameurs s'élevèrent des bancs de la majorité ; on demanda avec insistance la clôture. La manœuvre se laissait trop apercevoir. Aussi M. E. Ollivier n'eut aucune peine pour ramener la Chambre au sentiment de la justice. La clôture ne fut point prononcée, et la parole lui fut maintenue. Il n'en usa que pour donner en peu de mots une adhésion sans réserve au discours de M. Rouher et pour inviter ses ses amis « à se réunir à ceux qui exprimeront leur » satisfaction et leur confiance en votant l'ordre du » jour. »

M. Rouher avait évidemment pris pour lui le beau rôle, et, bien qu'il eût usé pour l'obtenir d'une tactique un peu brutale, le beau rôle lui restait. M. Emile Ollivier en paraissait légèrement amoindri. En réalité, il avait obéi, comme il lui est arrivé souvent, à sa nature prime-sautière. Mais le monde politique, qui ne juge le plus souvent les actes que sur les apparences, se montra impitoyable. M. Emile de Girardin donna le signal par son fameux article : *Les réserves qui n'ont pas été faites*, dans lequel, parodiant le mot du *Journal des Débats* à M. Guizot, il disait à son allié de la veille : « Vous pouvez avoir encore notre estime, mais » vous n'aurez plus notre concours. »

Cet incident parlementaire eut un long retentissement. Le lendemain 27 février, avait lieu au Vaudeville, la première représentation des *Brebis galeuses*, de Théodore Barrière. On s'entretenait bien moins de la pièce dans les couloirs que de l'attitude prise par M. Emile Ollivier. L'article de M. de Girardin servait de thème aux commentaires. On racontait que la veille, en sortant de la séance, le directeur de la *Liberté* avait dit : « Ou M. Ollivier a un portefeuille dans sa » poche, ou il est devenu fou. » M. de Girardin était fort entouré et fort interrogé. En passant devant sa loge qui était ouverte, je l'entendis qui disait à M. Paul de Saint-Victor : « Je ne l'ai jeté si brutalement à la » mer que pour avoir occasion de le repêcher dans » deux ou trois mois. »

Il n'attendit pas aussi longtemps ; car, dès le 28 février, il prenait sa meilleure plume pour défendre contre les attaques des journaux officieux celui dont il s'était séparé la veille avec tant d'éclat. Mais la rupture n'en était pas moins définitive. M. E. de Girardin, déçu dans l'espoir, longtemps caressé, de voir arriver au pouvoir un homme représentant ses idées, s'était lancé dans une opposition violente contre l'Empire. La *Liberté* avait été saisie, et l'éminent publiciste avait été s'asseoir sur les bancs de la police correctionnelle. Celui qui se donnait le nom de *Condamné du 6 mars* pouvait, pour son compte, procéder à ce qu'il appelait l'*Amputation*. Il n'y avait plus d'entente possible entre lui et M. Emile Ollivier.

Au reste, une réaction en faveur de ce dernier s'était produite au bout de quelques jours dans le sein de la Chambre. On disait que l'Empereur l'avait fait appeler pour le complimenter sur son attitude. Devant les députés qui faisaient partie de sa Maison, le souverain s'était exprimé en termes sévères sur l'hostilité qu'on paraissait témoigner au député de Paris. Il avait chargé M. de La Valette de blâmer fortement un article violent publié dans le *Pays* par M. Granier de Cassagnac. On avait eu vent de tout cela dans la Chambre. Aussi les sentiments des députés se mirent à l'unisson, et on entendit M. Mathieu, un futur compétiteur, dire en pleine salle des conférences qu' « il » était impolitique de repousser M. Emile Ollivier » puisqu'il venait à la majorité. » Le 10 mars, les bureaux nommèrent la commission chargée d'examiner le projet de loi ayant pour objet de décerner une récompense à Lamartine, et en témoignage de bon vouloir, M. E. Ollivier fut choisi comme membre et rapporteur de la commission.

Pendant que le Corps législatif s'épuisait en débats stériles sur des rivalités personnelles, le gouvernement avait réussi à faire adopter un sénatus-consulte qui permettait au Sénat d'annuler ou de suspendre une loi votée par les députés du pays. C'était un moyen de contrebalancer l'action directe du Corps législatif. Le Sénat avait voté sans bien se rendre compte de l'importance de l'innovation. Les parlementaires y avaient vu un acheminement vers le système des deux Chambres et y avaient applaudi. M. Ernest Picard seul crut y apercevoir un amoindrissement de la Chambre issue du suffrage universel. Il demanda à interpeller le gouvernement; mais sa demande fut repoussée par les bureaux qui bien certainement n'en comprirent pas la portée.

La Chambre était du reste préoccupée de deux faits qui l'empêchaient de porter ailleurs son attention : le gouvernement venait de déposer sur le bureau les projets de loi concernant la presse et le droit de réunion; d'autre part, les bureaux avaient admis une interpellation de M. Thiers « sur les affaires extérieures. » On n'avait soumis aux bureaux cette interpellation que pour la forme; car, au lendemain du 19 janvier, le *Moniteur* avait publié la note suivante dont le texte avait été fourni par M. Emile Ollivier :

« Le gouvernement a le vif désir de soumettre à
» l'appréciation des grands corps de l'État les motifs
» qui ont déterminé sa conduite dans la politique exté-
» rieure. La suppression des débats de l'Adresse ne
» retardera pas ces explications, car le gouvernement

» est décidé à accepter dès le début de la session les
» demandes d'interpellation qui lui seront adressées
» sur les affaires étrangères. »

Cette discussion sur les affaires extérieures fut un véritable tournoi oratoire; M. Thiers y prononça le fameux discours qui se terminait par ce trait venimeux : *Prenez garde, il n'y a plus une seule faute à commettre.* Cette fois, M. E. Ollivier trouva le moyen de prendre sa revanche. Il répliqua à M. Thiers et remporta un triomphe complet. M. Rouher eut beau le lendemain se surpasser lui-même; il ne parvint pas à effacer l'impression produite par l'orateur que les circonstances lui avaient donné pour rival. Le 14 mars, on ne parlait aux Tuileries où il y avait une grande réception que du discours de M. Thiers, et les critiques sanglantes dirigées contre la politique impériale dans les affaires de 1866 avaient allongé les visages. Le lendemain, à la soirée de la Présidence du Corps législatif, les mêmes personnes étaient rayonnantes. On déclarait qu'après le discours de M. E. Ollivier, il n'y avait plus rien à dire et que M. Rouher avait reçu « la monnaie de sa pièce ». On s'élevait contre les interruptions dont l'Extrême-Droite avait émaillé ce discours qu'on considérait comme un grand acte politique; on les trouvait d'autant plus maladroites qu'aux yeux des esprits inattentifs, elles pouvaient passer pour des adhésions aux allégations de M. Thiers. Les amis de l'homme d'État de la place Saint-Georges et les gens du Tiers-Parti se montraient consternés. On avait remarqué que M. Buffet, qui avait ponctué de *Très bien* le discours de M. Thiers, avait haussé les épaules à plusieurs reprises pendant le discours de

M. Ollivier. Le 16 mars, M. Clément Duvernois, s'inspirant de ses rancunes, publiait un article très violent dans lequel il appelait M. E. Ollivier *le nouveau membre de la majorité*.

Le 18 mars, comme je prenais ma place au bureau, un de mes collègues, M. Mège [1], qui était de service avec moi, me dit : « Nous fondons un cercle, voulez-vous en être ? — Je répondis : Quelle en sera la composition ? — On ne fera exclusion de personne, me dit M. Mège ; seulement on fera surtout appel aux membres de la majorité ; tous les membres du bureau ont déjà donné leur adhésion. Vous ne pouvez, sans faire injure à la majorité qui vous a maintenu à votre poste de secrétaire, refuser votre adhésion. — Eh bien, dis-je à M. Mège, inscrivez-moi. Au lendemain du jour où l'Empereur donne les libertés que j'ai si souvent réclamées, j'aurais en effet mauvaise grâce à me séparer de mes collègues ; j'aurais l'air de me réserver. J'ai toujours été très net. Dites à vos amis qu'ils ne me trouveront jamais parmi les partisans de l'équivoque. »

Il s'agissait de la réunion qui a acquis une certaine célébrité sous le nom de *Cercle de la rue de l'Arcade*. Les députés qui devaient en faire partie avaient été convoqués pour le 22 mars. J'appris qu'il y avait eu quelque difficulté pour la formation du Cercle. Les ministres ne voulaient pas en entendre parler, et le Préfet de police avait reçu pour instruction de refuser l'autorisation. Mais M. Jérôme David qui avait eu l'idée de cette réunion, était parvenu à triompher de

---

1. M. Mège a fait partie du ministère Ollivier en 1870.

tous les obstacles. Il expliqua que l'on n'avait pas pour but de constituer un groupe ayant un caractère exclusif : « Qui voudra y venir y viendra, » dit-il. Il ne devait pas y avoir de chef, et afin d'éviter toute apparence de direction occulte, on tirerait au sort chaque soir les noms du président et des deux secrétaires. Les adhésions du reste étaient nombreuses. On pouvait compter sur près de 200 membres.

Tout allait bien jusque-là, quand un député, qui avait avec M. Rouher les rapports les plus intimes, fit une communication qui contrastait singulièrement avec les déclarations conciliantes de M. Jérôme David. Les bureaux étaient convoqués pour le lendemain 23 mars, afin d'examiner le nouveau projet de loi sur la presse. Dans la réunion des présidents de bureaux, qui avait lieu pour examiner des questions d'ordre intérieur, M. Walewski avait annoncé que l'Empereur avait manifesté le désir de voir M. E. Ollivier faire partie de la commission. M. Rouher s'était, paraît-il, ému de cette démarche du Président du Corps législatif, et il avait été prendre les ordres de l'Empereur. Le député qui portait la parole, se prétendait autorisé à déclarer que jamais l'Empereur n'avait songé à désigner M. E. Ollivier, que si quelqu'un sur cette question représentait la pensée gouvernementale, c'était M. Mathieu, et que c'était cet honorable député qui se présentait officiellement aux suffrages du 8e bureau.

Cette communication intempestive produisit une impression fâcheuse. Un certain nombre de députés qui avaient donné leur adhésion la retirèrent. Ils craignirent de se trouver inféodés à une personnalité, qui occupait sans doute une grande place dans le gouvernement, mais dont l'influence paraissait ébranlée. Avant même d'être définitivement constitué, *le Cercle de la rue de l'Arcade*, soupçonné de vouloir faire obstacle aux volontés de l'Empereur, se trouva frappé d'impuissance.

La discussion de la loi de la presse dans les bureaux fut très vive. Dans le 6° bureau, dont je faisais partie, je pris la parole pour combattre le projet qui était en contradiction avec les principes dont jusque-là je m'étais porté le défenseur. Ma critique parut si complète à deux membres de la gauche, MM. Pelletan et Marie, qu'ils déclarèrent n'avoir rien à y ajouter. Je n'obtins que trois voix. Dans le 8° bureau, les choses se passèrent comme on l'avait annoncé au Cercle de la rue de l'Arcade. M. Mathieu, député de la Corrèze et ami particulier de M. Rouher, se trouva en concurrence avec M. E. Ollivier. On passa au vote ; M. Mathieu l'emporta. La majorité n'était que d'une voix (13 contre 12). La cabale n'en avait pas moins réussi. Un incident de bureau venait de faire de M. E. Ollivier et de M. Rouher deux ennemis irréconciliables. Cet incident devait avoir du reste des conséquences plus graves au point de vue politique.

On avait remarqué qu'à partir de ce moment, M. Walewski avait cédé le fauteuil à l'un des vice-présidents, M. Alfred Leroux. On racontait tout bas que le vote du 8° bureau avait blessé le Président et qu'il avait été se plaindre à l'Empereur de l'opposition personnelle que lui faisaient certains membres. On parlait même d'une démission qui aurait été donnée, et de la prochaine nomination de M. J. David à la présidence du Corps législatif. Mais M. Walewski avait reparu au fauteuil, et tous ces bruits s'étaient évanouis.

Le 28 mars, c'était M. Schneider qui présidait, et les commérages avaient repris de plus belle. A la soirée des Tuileries, on annonçait la retraite de M. Walewski : les uns prétendaient qu'il avait donné sa démission, les autres qu'on la lui avait demandée. On faisait connaître la combinaison qui avait prévalu : on ne donnerait pas de successeur à M. Walewski; la Chambre devait être alternativement présidée par M. Schneider et par M. Alfred Leroux.

Le 29 mars, le bruit de la veille était devenu une certitude. Un peu avant l'ouverture de la séance, on avait aperçu M. de Persigny se promenant fiévreusement dans la salle des conférences. Il parcourait les groupes et annonçait que M. Walewski allait monter au fauteuil pour donner les motifs de sa démission. Comme un député exprimait à M. de Persigny son étonnement sur cette forme insolite de procéder : « Croyez-vous, s'écria-t-il avec emportement, que » M. Walewski va se laisser donner des coups de pied » dans le c... sans rien dire ? »

M. Walewski monta en effet au fauteuil. Il lut un petit papier contenant l'annonce de sa démission, donnée, dit-il, dans un but d'union et de concorde. Il appela au fauteuil M. Schneider et se retira par le couloir de gauche, suivi par les députés de la gauche et du Tiers-Parti descendus de leurs bancs pour lui serrer la main et lui faire cortège. La majorité resta immobile et silencieuse.

Après la séance, les secrétaires, à l'exception de M. Welles de La Valette, crurent devoir rendre à

M. Walewski une visite de condoléance. Le Président démissionnaire nous reçut dans son cabinet. Il nous donna les motifs réels de sa démission. Il avait été, en effet, profondément blessé de la communication qui avait été faite au Cercle de la rue de l'Arcade au sujet de la candidature de M. Ollivier. A cause de la qualité de la personne qui portait la parole, il avait vu là une sorte de démenti qui lui était infligé par M. Rouher. Il avait demandé à M. Rouher de retirer ce démenti; M. Rouher s'y était refusé. M. Walewski avait considéré dès lors que sa dignité était amoindrie devant la Chambre, et qu'il ne pouvait pas accepter une pareille situation. Ce n'était là, du reste, ajoutait-il, qu'un incident; il était visible que M. Rouher voulait lui susciter toutes sortes de difficultés. Il préférait se retirer plutôt que d'être une cause de désaccord.

Je suis convaincu que M. Walewski guettait depuis longtemps un prétexte pour s'en aller et qu'il choisit avec empressement celui-là, comme lui étant le plus favorable. Il était chaque jour témoin des luttes qui s'engageaient entre les groupes de la Chambre; la majorité s'émiettait; l'opposition devenait plus ardente. En haut lieu, on avait compté sur le Président pour refréner les ardeurs de la gauche et en même temps pour arrêter la décomposition de la majorité. Or, M. Walewski n'avait pas l'autorité nécessaire pour accomplir ce double rôle; il s'était laissé accaparer par le Tiers-Parti, et il comptait dans la Chambre trop d'adversaires personnels pour exercer sur elle une véritable influence. Quoique doué d'un grand esprit politique, il n'avait pas l'habitude des assemblées; il manquait du sang-froid indispensable pour trouver le mot juste et pour réprimer les écarts de tribune. Ou il laissait faire et dire, ou il intervenait hors de propos. Il s'était rendu lui-même compte de son insuffisance, et il se retirait spontanément pour n'être pas amené à le faire plus tard forcément.

Dans les circonstances où elle se produisait, la chute de M. Walewski fut considérée comme le premier pas fait dans la voie de la résistance aux réformes du 19 janvier. Un instant on eut l'espoir que le Président démissionnaire resterait député ; déjà on formait le projet de constituer un groupe dont il deviendrait le chef. Mais le 3 avril, un décret élevait M. Walewski à la dignité de sénateur ; c'était une renonciation à tout rôle politique.

On eut bientôt le mot de tous les efforts qui avaient abouti à la formation du Cercle de la rue de l'Arcade. On n'avait élevé péniblement cet échafaudage politique que pour faire arriver M. J. David soit à la présidence, soit à la vice-présidence du Corps législatif. Les choses n'allèrent pas toutes seules. L'Empereur avait personnellement du goût pour M. J. David et l'Impératrice encore davantage. Mais on trouvait qu'il manquait de la souplesse nécesssaire pour remplir des fonctions aussi délicates. Le titre que lui donnaient les journaux de *chef des Arcadiens* lui constituait aux yeux de l'Empereur une situation qui le rendait en quelque sorte impossible. Le nommer, c'était encourager la réaction dans sa résistance. En l'élevant à la dignité de président de la Chambre, on semblait faire abandon des réformes du 19 janvier.

Il y eut à ce sujet de grandes hésitations. Un instant on put croire que M. J. David avait perdu toutes ses chances. Le lendemain, il paraissait les avoir regagnées. L'Empereur avait été frappé de cette considération que M. J. David avait été nommé trois fois secrétaire par la Chambre, et ce fait témoignait à ses yeux de l'estime dont il jouissait auprès de ses collègues. Mais ce motif ne suffit pas pour triompher des objections que soulevait la candidature de M. J. David. De guerre las, l'Empereur s'arrêta à une transaction : M. Schneider, vice-président, fut choisi pour remplacer M. Walewski; on nomma, à la place de M. Schneider, M. Gouin, un député que ses antécédents parlementaires mettaient à l'abri de tout soupçon rétrograde; M. J. David fut nommé troisième vice-président.

La nomination de M. J. David enleva au Cercle de la rue de l'Arcade toute son importance politique. Il n'y fit plus que de courtes et rares apparitions. On avait eu vent que le Cercle était vu d'un œil peu favorable par l'Empereur. Dans un article intitulé la *Réaction*, le journal l'*Étendard*, qui passait pour refléter la pensée impériale, avait donné à la majorité un avertissement auquel elle s'était montrée très sensible. Le Cercle devint peu à peu une sorte de rendez-vous pour les députés qui ne savaient où passer leurs soirées. On y jouait au billard, et on y faisait force parties de piquet; mais on y causait très peu politique. Il y eut encore quelques réunions où, sur des questions spéciales, on discuta de la conduite à suivre; elles attirèrent peu de monde, et petit à petit se réduisirent à rien. Quand, quelques mois plus tard, une campagne fut ouverte par des journaux du Tiers-Parti contre le Cercle de la rue de l'Arcade, on peut dire qu'ils s'acharnaient sur un ennemi absent; le groupe des *Arcadiens* s'était dispersé.

Cela veut-il dire que les idées de résistance s'étaient évanouies? Elles étaient au contraire devenues plus fortes que jamais. A la commission de la loi sur le droit de réunion, on ne parlait rien moins que d'enterrer la loi. Les amendements à la loi de la presse se succédaient plus excentriques les uns que les autres : tous avaient pour but de revenir aux mesures restrictives. L'amendement de M. Mathieu eut un succès de fou-rire et est resté légendaire. Par contre, les députés de la gauche et du Tiers-Parti, devenus méfiants, se montraient pressants et mettaient à chaque instant les commissions en demeure d'achever leur travail et de déposer leurs rapports.

La majorité était fort embarrassée. Les journaux la menaçaient d'une dissolution, si elle se séparait avant d'avoir voté les deux lois libérales. On faisait courir le bruit qu'une intrigue s'ourdissait dans l'entourage de l'Empereur pour se débarrasser du même coup de la Chambre et du ministère. On devait dire à l'Empereur : « Si la majorité était réellement dévouée, elle
» n'aurait pas marchandé, comme elle le fait, le vote
» de la loi sur l'armée : elle s'est fait tirer l'oreille ;
» elle a exigé des modifications de toute sorte ; ce
» n'est pas une majorité dévouée que celle qui fait
» passer ses intérêts avant ceux du pays. » Pour avoir raison de M. Rouher, on se proposait de dire : « On n'a pas relevé l'Empire pour changer les
» lois économiques qui ont fondé la prospérité de la
» France ; on ne demandait ni traités de commerce
» ni libertés commerciales ; le pays réclamait avant

» tout d'être relevé de la déchéance qu'il avait subie
» depuis 1815 ; la raison d'être de l'Empire, c'est de
» rendre à la nation son prestige aux yeux de l'étran-
» ger ; la politique de M. Rouher est essentiellement
» anti-impérialiste ; on doit y renoncer au plus vite.»

C'était là des combinaisons ridicules. Mais elles révélaient tout ce qu'il y avait d'équivoque dans la situation. La majorité voyait bien qu'elle avait cessé d'être le point d'appui du gouvernement. Sans doute, les hommes qui lui étaient chers occupaient les ministères ; mais c'est la politique de la minorité qu'ils étaient forcés de suivre. « La majorité se sent empoi-
» sonnée, » me disait M. de La Valette. Le mot était fort juste ; on avait fait avaler à la majorité les réformes du 19 janvier, et comme un homme empoisonné, elle faisait tous ses efforts pour les vomir, sentant bien que si elle se les assimilait, elle était perdue et que l'heure de sa mort ne tarderait pas à sonner.

C'était toujours la loi sur le droit de réunion qui inspirait le plus de répugnance aux députés de la Droite. On parlait de faire une démarche collective auprès de l'Empereur pour le supplier de ne pas donner suite au projet. Mais au moment de se mettre en route pour les Tuileries, on hésitait, on sentait qu'une pareille démarche eût été le signal de la débâcle. Je trouve, dans mes carnets, à la date du 24 mai, la note curieuse que voici :

« Je causais hier avec M. Paulmier, un des mem-
» bres de la commission du droit de réunion. Il était de
» fort mauvaise humeur : « Nous avons fait, disait-
» il, tous nos efforts pour montrer au gouvernement
» combien cette loi est dangereuse ; mais que voulez-

» vous dire à un homme qui veut absolument se jeter
» par les fenêtres ? — M. Peyrusse, chargé de faire le
» rapport, disait de son côté : « Je commencerai mon
» rapport en déclarant que si nous acceptons la loi,
» c'est par déférence pour la volonté de l'Empereur. »
» Je ne crois pas que la résistance aille jusqu'à un
» vote de rejet ; mais l'irritation est grande. On en-
» tend des propos comme celui-ci : « Si l'Empereur
» ne sait plus gouverner, qu'il s'en aille. »

Par une étrange contradiction, cette Chambre, qui paraissait vouloir laisser protester les promesses du 19 janvier, ne souffrait pas que les journaux lui reprochassent ses hésitations. Elle avait accueilli par des murmures M. E. Ollivier caractérisant la politique suivie par ces mots : *le piétinement sur place*. Deux articles publiés par la *Presse* et la *Liberté* avaient causé une telle émotion à la salle des conférences qu'on avait songé à réclamer des poursuites. La question avait été agitée en conseil des ministres. Mais la Chambre avait reculé devant l'idée d'être obligée de traduire des journalistes à sa barre. On s'était contenté de grogner dans les couloirs ; l'affaire en était restée là.

Le moment était venu pour le gouvernement d'éclairer l'opinion sur ses véritables intentions autour desquelles on cherchait à épaissir les nuages. M. Rouher saisit la première occasion pour déclarer que le gouvernement désirait vivement que les lois politiques fussent discutées et pour protester contre les projets de dissolution qu'on lui attribuait. Afin de dissiper toutes les incertitudes, les rapporteurs des lois de la presse et du droit de réunion furent invités à déposer leurs rapports. Les commissions s'exécutèrent immédiatement. Le rapport sur la loi relative aux réunions publiques fut présenté le 12 juin ; le rapport sur la loi concernant l'imprimerie et la presse fut déposé trois jours après.

Mais quand il s'agit de placer ces lois à l'ordre du jour, une nouvelle difficulté s'éleva. La session était très avancée, et il paraissait impossible que la discussion pût aboutir avant la réunion des conseils généraux ; on serait donc forcé de l'interrompre et d'ajourner la Chambre. Ne valait-il pas mieux dès lors renvoyer la discussion de lois politiques à une session supplémentaire qui aurait lieu au mois de novembre ou d'octobre ? Un grand nombre de députés se montraient favorables à cette combinaison, et par des motifs tout opposés ; les uns espéraient qu'un incident quelconque ferait rentrer le gouvernement en lui-même et que les lois seraient retirées ; les autres craignaient que le temps manquât pour les soumettre à un examen sérieux et pour en faire disparaître les dispositions restrictives. Il n'y avait qu'un point qui faisait hésiter ces derniers, c'est que l'ajournement ne cachât une arrière-pensée de rétrogradation.

Il y avait foule le 18 juin à la réception du ministère de l'Intérieur. Aux députés qui l'interrogeaient, M. de La Valette faisait la même réponse : « Si la Cham-
» bre désire renvoyer à une session supplémentaire
» le vote des lois politiques, elle en est la maîtresse ;
» l'ordre du jour lui appartient. Mais le gouverne-
» ment déclare qu'il est prêt dès à présent à soutenir
» la discussion. »

Il était évident que le gouvernement voulait laisser

à la Chambre la responsabilité de la résolution à prendre, afin de pouvoir dire, le cas échéant, que pour son compte, il n'aurait pas demandé mieux que de donner aux besoins de réforme une satisfaction immédiate.

Mais M. Buffet vint mettre la question sur un autre terrain. Il s'était formé un groupe autour de M. de La Valette; M. Buffet se plaça en face du ministre : « La
» Chambre, dit-il, voudrait savoir à quoi s'en tenir
» sur les projets du gouvernement. S'agit-il simple-
» ment de la proroger? Il n'y a aucun inconvénient, il
» y a même avantage; les lois seront examinées avec
» plus de maturité et votées en connaissance de cause.
» S'il s'agit d'une dissolution, le point de vue change :
» par la dissolution, le gouvernement est débarrassé
» des lois politiques, il peut en saisir la Chambre nou-
» velle; mais il est libre aussi de ne pas le faire. Les
» réformes du 19 janvier peuvent ainsi être mises à
» néant. » A cette question si nette, M. de La Valette répondit d'une manière évasive : « Le droit de disso-
» lution, dit-il, est un droit constitutionnel; je ne puis
» pas prendre à cet égard d'engagement pour l'ave-
» nir ; tout ce que je puis dire, c'est que, personnel-
» lement, je ne pousse pas l'Empereur à en faire
» usage. Il est vrai que d'autres peuvent ne pas être
» de mon avis; pour mon compte, je l'ignore absolu-
» ment. La seule chose que je puisse affirmer, c'est
» qu'il n'a pas été question de dissolution dans les
» conseils du gouvernement et que les journaux sont
» seuls les auteurs de ces bruits. »

Le 21 juin, la question d'ajournement se présenta devant la Chambre. M. Schneider proposa de mettre à l'ordre du jour le budget, ce qui impliquait le renvoi à

une autre session des lois sur l'armée, sur la presse et sur le droit de réunion. « La pensée du gouverne-
» ment, dit M. Rouher, est de demander à votre pa-
» triotisme une réunion prochaine qui sera fixée aux
» premiers jours de novembre. » M. E. Ollivier essaya de combattre l'ajournement; mais l'union s'était faite, évidemment à son insu, entre les diverses nuances de la Chambre. « Si j'ai bien compris M. le ministre, je
» suis prêt à accepter sa proposition, dit M. Thiers,
» et voici ce que j'ai compris : au mois de novembre,
» nous retrouverons le terrain tel qu'il est aujour-
» d'hui, les lois telles qu'elles sont présentées par les
» commissions. Est-ce bien là ce qui est entendu,
» monsieur le ministre ? » — « Oui ! oui ! » s'écria-t-on sur les bancs de la majorité. Les hésitations cessèrent; l'ajournement fut prononcé par 210 voix contre 34.

A la suite de ce vote, et malgré les déclarations de M. Rouher, les menaces de dissolution recommencèrent de plus belle. On fut fort étonné de voir la *France*, qui avait pris la défense du Corps législatif après le vote d'ajournement, se rallier aux journaux qui lui étaient hostiles et réclamer comme eux la dissolution. Évidemment, il y avait un mot d'ordre. On l'attribuait à l'entourage de M. de La Valette. Il n'y était personnellement pour rien. J'eus occasion de m'entretenir avec un de mes collègues qui l'approchait de très près, et je pus m'assurer que les inspirations venaient d'ailleurs. Comme je faisais remarquer le mauvais effet qu'avait produit l'article de la *France*, on me répondit que la Chambre avait tort de s'émouvoir des articles de journaux et qu'on ne devait pas faire attention à

ce que disait M. de La Guéronnière, dont on connaissait l'inconsistance politique. « Le Marquis, ajoutait-
» on, n'est pour rien là-dedans. Il n'est ni pour ni
» contre la dissolution, puisque c'est un droit qui appartient à l'Empereur. Cependant, il y a des considérations qui militent en faveur d'une dissolution
» immédiate, et, si la majorité le comprenait bien,
» elle se rallierait immédiatement à cette idée. Il y a,
» depuis le 6 juin (date de l'attentat de *Berezowski*),
» un courant d'opinion plus fort en faveur de l'Empire. Il faut savoir en profiter. Plus tard, on ne
» sait pas ce qui peut arriver. Les élections seraient
» faites par l'administration actuelle ; on conserverait
» les candidatures officielles ; la majorité reviendrait
» et une douzaine au moins de membres de l'opposition resteraient sur le carreau. »

Ce que mon interlocuteur n'apercevait pas, c'est que son raisonnement péchait par la base ; croire qu'on pouvait dissoudre la Chambre et conserver en même temps le ministère était une pure illusion. Quel motif donner à une dissolution, sinon que la majorité avait accueilli avec trop de tiédeur les réformes du 19 janvier ? Mais le ministère n'avait-il pas été l'objet des mêmes accusations ? N'était-ce pas lui qui avait invité la majorité à voter l'ajournement ? Il était solidaire de la majorité ; il tombait, si elle tombait. Les élections seraient faites par d'autres, si la majorité disparaissait.

Quel que fût le promoteur de cette nouvelle campagne, il en fut pour ses frais. La Chambre comprenait que le vote d'ajournement, dans les conditions où il avait eu lieu, constituait une sorte d'engagement moral, et que le gouvernement était le premier intéressé à ce qu'il fût tenu. Le bruit se répandit que c'était M. J. David qui avait fait auprès de l'Empereur une démarche en faveur de la dissolution. Les inquiétudes cessèrent immédiatement. On était certain que la démarche, si elle avait eu lieu, n'avait aucune chance d'aboutir.

On approchait du dénouement de la lutte qui s'était engagée depuis six mois entre le Tiers-Parti et M. Rouher. Des journaux avaient mis de nouveau en avant le nom de M. E. Ollivier pour le ministère d'Etat. On savait que l'Empereur n'aimait pas à s'abriter derrière une impopularité. Aussi faisait-on tous les efforts pour démontrer que l'opinion était hostile à M. Rouher. M. E. Ollivier était mis en demeure de s'expliquer sur la part très large qu'il avait prise aux réformes du 19 janvier.

Le 12 juillet, M. E. Ollivier, obéissant à ces suggestions, prononça à la tribune un véritable réquisitoire contre M. Rouher. Cette fois, c'était bien d'une rupture définitive qu'il s'agissait ; elle allait plus loin : à travers M. Rouher, M. E. Ollivier atteignait l'Empereur. On ne pouvait pas en douter, quand on entendit ces paroles significatives : « Pour définir
» le ministre d'Etat, on s'est servi successivement
» ou à la fois d'un grand nombre d'expressions. Les
» uns ont dit : c'est un premier ministre; d'autres :
» c'est un grand-vizir ; d'autres enfin : c'est un maire
» du palais... Comme il est impossible qu'un homme
» se consacre à ce rôle d'expliquer les lois qui
» n'ont pas été préparées par lui, ses attributions
» ont dû s'accroître. Il est devenu peu à peu le con-

» seil, le directeur de ses collègues, et, aujourd'hui,
» c'est un *vice-Empereur sans responsabilité.* »

La réponse au discours de M. Ollivier fut faite par l'Empereur lui-même. Napoléon III envoya à M. Rouher la grande croix de la Légion d'honneur en diamants, avec une lettre flatteuse qui se terminait ainsi : « Au
» milieu de vos nombreux travaux, au milieu des at-
» taques injustes dont vous êtes l'objet, une attention
» amicale de ma part vous fera oublier, je l'espère,
» les ennuis inséparables de votre position pour ne
» vous rappeler que vos succès et les services que,
» journellement, vous rendez au pays. »

Le lendemain soir, il y avait foule dans les salons du ministère d'Etat pour complimenter M. Rouher sur la distinction flatteuse dont il venait d'être l'objet. Le ministre était, comme d'habitude, appuyé contre une tablette, causant avec deux ou trois personnes, et distribuant aux arrivants des poignées de main distraites. Il ne portait pas la moindre décoration. Un visiteur lui en fit la remarque. Sur un signe, un valet de pied s'avança, et M. Rouher lui donna un ordre à voix basse. Quelques minutes après, le valet de pied remit au ministre un simple ruban qu'il plaça à sa boutonnière : « Vous voyez, dit-il à un de ses
» interlocuteurs, je triomphe modestement. »

Comme je descendais l'escalier, je sentis un bras se glisser sous le mien. C'était un conseiller d'Etat, qui avait pris part à la conspiration de Boulogne, et qui avait, à ce titre, ses petites entrées aux Tuileries : « Voyez-vous, me dit-il; M. Rouher se trompe
» sur la pensée de l'Empereur. C'est surtout son dis-
» cours sur le Mexique que l'Empereur a voulu ré-

» compenser. Au lendemain de la catastrophe de Que-
» retaro, la cause était difficile à plaider, et M. Rouher
» l'a fait, sinon d'une façon triomphante, de manière
» du moins à atténuer la portée de notre échec; mais,
» au fond, l'Empereur est mécontent de son ministre.
» M. Rouher a fait des promesses qui n'ont pas été
» tenues. Il n'est pas parvenu à décider la majorité à
» voter les trois grandes lois en temps utile. C'est
» une grosse faute, elle saute à l'œil. Il ne manque pas
» de gens autour de l'Empereur disposés à le lui rap-
» peler quand le moment sera venu. Prenez note de
» ce que je vous dis, M. Emile Ollivier reviendra. »

VIII

LA RÉSISTANCE AUX RÉFORMES

La session de 1867 avait été close le 27 juillet. D'après les déclarations de M. Rouher, la session de 1868 devait s'ouvrir dans le courant de novembre, afin que le Corps législatif pût discuter à loisir les lois sur la réorganisation de l'armée, sur la presse et sur le droit de réunion.

Pendant les quatre mois qui séparèrent les deux sessions, un grand effort se fit, dans l'entourage de l'Empereur, pour amener le souverain à revenir sur les réformes du 19 janvier. A la suite des élections départementales qui avaient donné des résultats favorables, on remit en avant l'idée de la dissolution immédiate. Le renouvellement du Corps législatif, disaient les partisans de cette mesure, permettrait au gouvernement impérial de tâter l'opinion sur l'opportunité des lois libérales et d'opérer un retour en arrière pour peu que les électeurs se montrassent hésitants.

La publication des papiers saisis aux Tuileries à la

suite du 4 septembre a fait connaître diverses notes écrites à ce sujet par M. Rouher. Elles prouvent que le projet de dissolution immédiate avait été l'objet de discussions sérieuses.

Dans une de ces notes, M. Rouher cite les propos d'un ami dévoué du gouvernement qui montrent le chemin qu'avaient fait les idées de résistance. « Le
» pays, disait l'interlocuteur du ministre d'Etat, ne
» veut ni de la liberté de la presse ni du droit de
» réunion : il redoute avec raison ces ferments révo-
» lutionnaires. Le moyen pour l'Empereur de se dé-
» barrasser, sans trop de compromission, d'un pro-
» gramme dont les mois qui viennent de s'écouler
» ont démontré les vices est très simple : il faut
» retirer la loi sur l'armée, publier un rapport finan-
» cier annonçant un dégrèvement d'impôts et dis-
» soudre la Chambre. En réélisant les mêmes députés,
» les collèges auront condamné les réformes ; ainsi
» la responsabilité appartiendra au pays qui, après
» tout, est le juge souverain. »

Après les engagements qu'il avait pris au nom du gouvernement, devant le Corps législatif, il était bien difficile à M. Rouher de conseiller une pareille ligne de conduite. Mais placé en face d'une opposition dont il ne connaissait ni l'origine ni la force, il ni se prononce dans ses notes à l'Empereur, ni dans un sens ni dans l'autre ; il emploie des circonlocutions pour déguiser sa pensée, et surtout il se garde bien de conclure. Il sait qu'il est placé sur un terrain semé de chausse-trappes, et il craint de donner dans un piège.

Ça été là le côté faible de ce grand homme d'affaires : tout ce qui n'était pas directement inspiré par lui lui semblait suspect. Il avait accueilli avec défiance les réformes du 19 janvier, parce que M. E. Ollivier et M. Walewski en avaient été les promoteurs. Il n'aurait pas demandé mieux que de s'associer à un programme de résistance, mais il soupçonnait que des adversaires, comme MM. de Persigny et Haussmann, en étaient les inspirateurs, et alors il s'arrêtait à des termes moyens, comme par exemple de renvoyer la dissolution au mois de mai 1868.

Veut-on un exemple des préoccupations mesquines qui faisaient osciller un esprit si ferme, quand les questions de personnes étaient en jeu? Le 10 septembre, l'*International*, de Londres, reproduisait une lettre écrite l'année précédente par M. E. Ollivier à un journal de province, l'*Impartial dauphinois*; dans ce document, on lisait la phrase suivante, si souvent reproduite depuis : « En politique, on est l'otage de
» ses idées. Aussi, aucun homme politique sérieux,
» ayant l'esprit de gouvernement, ne peut dire qu'il
» ne sera jamais dans la nécessité d'accepter le pou-
» voir. »

En ce moment des bruits couraient de prochains remaniements ministériels, et nous verrons tout à l'heure que ces bruits étaient fondés. Ces paroles si simples et si sages, bien qu'elles eussent une année de date, parurent sans doute une menace à M. Rouher. Il prit occasion de l'inauguration de la statue de M. Billault, à Nantes, pour donner une leçon à l'orateur qu'il considérait comme son compétiteur. Tout le monde fit à M. E. Ollivier l'application de ce passage du discours du ministre d'Etat :

« Le député d'Ancenis a franchi le seuil d'une
» assemblée parlementaire ; mais il se garde d'une
» orgueilleuse infatuation. Il est trop instruit pour ne
» pas mesurer toute l'étendue de ce qu'il ignore. Il a
» trop de pénétration et de tact pour ne pas savoir
» que l'influence politique ne se conquiert pas par
» escalade. Lui qui devait un jour exercer sur le Par-
» lement une irrésistible autorité, il sait que l'élo-
» quence ne suffit pas toujours à l'obtenir, et que pour
» la conserver, le temps, la dignité, et je ne sais
» quelles qualités natives que l'art ne donne pas sont
» d'indispensables conditions. Il avance avec modestie
» et habileté, il recherche les premiers éléments de
» sa force dans des discours d'affaires. »

C'était là assurément de bien pauvres querelles. Mais elles étaient le reflet de ce qu'on pensait dans les régions gouvernementales. Les hommes qui avaient contribué à fonder le régime impérial se divisaient et employaient leurs efforts à se supplanter les uns les autres. Comme on savait que l'Empereur recherchait volontiers les hommes nouveaux, c'était à qui tenterait de l'emporter sur ses adversaires en appuyant auprès de lui soit un orateur brillant, soit un écrivain de talent. Ce sont ces rivalités de palais qui ont fait de M. Clément Duvernois le journaliste favori de Napoléon III, en attendant qu'il devînt la cheville ouvrière des combinaisons ministérielles ; M. Ernest Pinard leur dut de devenir ministre, bien qu'il n'eût encore à son actif que deux ou trois discours plus remarquables par leur élégance que par leur esprit politique.

Dans les premiers jours d'octobre 1868, il était facile de voir que, malgré toutes les précautions prises, le cabinet perdait de plus en plus de son homogénéité. Les événements qui se déroulaient en Italie avaient amené un désaccord complet entre M. le marquis de La Valette et ses collègues. Le ministre de l'Intérieur condamnait la politique d'intervention que soutenait M. de Moustier, ministre des Affaires étrangères ; il était de plus hostile à toute pensée de rétrogradation. Il fallut songer à lui chercher un successeur.

C'est à ce propos que M. Rouher écrivit cette note si originale et si lestement troussée, où il a tracé de certaines personnalités de l'Empire des portraits si fins et si réussis. Dans cette note, M. Rouher mettait M. Pinard au nombre des hommes politiques « reconnus aptes à faire de bons ministres de l'Intérieur » ; mais dans l'énumération qu'il faisait des qualités du jeune conseiller d'État, il mettait tant de *car*, de *si* et de *mais* qu'on voyait bien que ce n'était pas là son candidat préféré. Ses éloges ressemblaient à une satire.

Les pourparlers durèrent longtemps. On avait espéré que M. le marquis de La Valette n'insisterait pas et qu'il consentirait à rester. Mais quand à la suite d'un grand conseil présidé par l'Empereur, il fut décidé que des troupes seraient envoyées à Rome pour défendre le territoire pontifical, l'ancien ambassadeur de France en Italie vit là un démenti donné à la politique qu'on l'avait autrefois chargé de soutenir, et pour demeurer d'accord avec lui-même, il donna définitivement sa démission.

La retraite de M. le marquis de La Valette était un grave embarras. Il était à craindre qu'elle n'entraînât la dislocation complète du ministère et que, malgré soi, on se trouvât lancé dans des combinaisons inconnues. « Avant tout, il faut éviter M. Pinard », disaient à qui voulait l'entendre les amis du ministre d'État, révélant ainsi la pensée secrète de leur chef de file.

Pour éviter M. Pinard, on mit en avant plusieurs noms, entre autres celui de M. Baroche, le « vieux Baroche » comme on l'appelait. Malheureusement, M. Baroche était mal vu par l'Empereur qui n'en voulait pas comme titulaire d'un ministère politique. On pensa un moment à confier à M. Rouher le ministère d'État et celui de l'Intérieur. Mais on avait reconnu l'inconvénient de mettre entre les mains du ministre qui avait l'œil sur toutes les affaires du gouvernement une administration qui exigeait une attention soutenue et spéciale. A cause de cela, on retirait à M. Rouher le portefeuille des finances pour le rendre à M. Magne.

Il fut aussi question de M. Haussmann. « Ministre, » me disait-il à quelque temps de là dans un moment » d'épanchement, je l'aurais été si je l'avais voulu ; » l'Empereur me pressait fort de prendre le ministère » de l'Intérieur à la place de M. de La Valette ; mais » je lui ai répondu : « Sire, je ne suis pas partisan des » lois sur la presse et sur le droit de réunion. Je ne » pourrais défendre ces lois que très mollement. »

Si les idées de résistance aux réformes avaient été en ce moment ce qu'elles avaient été quelques semaines auparavant, nul doute que M. Haussmann n'eût été l'homme de la situation. Mais il était en hostilité avec M. Rouher dont il contrecarrait toutes les mesures économiques et, en outre, on était résolu, pour le moment du moins, à rester fidèle au programme du 19 janvier. Il fallut bien se résigner à M. Pinard. On lui imposa des conditions : il dut conserver MM. de Saint-Paul et de Bosredon, qui avaient été placés par M. Rouher au ministère de l'Intérieur. La chose parut toute naturelle à M. Pinard, qui était étranger aux choses de l'administration, et qui, à ce titre, devait se trouver fort aise d'avoir auprès de lui deux hommes ayant la connaissance du personnel et l'expérience des affaires. Mais il ne tarda pas à s'apercevoir que la direction du ministère lui échappait et qu'il n'était qu'une sorte de ministre honoraire. Quand il essaya de reprendre la réalité du pouvoir, il était trop tard. Il était visible qu'à la première occasion, M. Pinard serait sacrifié.

La session s'ouvrit le 18 novembre. Dans le discours de l'Empereur, les réformes du 19 janvier étaient présentées sous une forme qui montrait plus de résignation que de confiance. « Le temps écoulé, disait
» le souverain, n'a pas changé mes convictions sur
» l'utilité de ces réformes. Sans doute l'exercice de
» ces libertés nouvelles expose les esprits à des ex-
» citations et à des entraînements dangereux ; mais je
» compte à la fois, pour les rendre impuissants, sur
» le bon sens du pays, le progrès des mœurs publi-
» ques, la fermeté de la répression, l'énergie et l'au-
» torité du pouvoir. Vous adopterez les lois qui vous
» sont soumises ; de mon côté, je maintiendrai haut
» et ferme le pouvoir qui m'a été confié ; car les obs-
» tacles et les résistances injustes n'ébranleront ni
» mon courage ni ma foi dans l'avenir. »

Il faut que l'énergie dans les mots exerce une

grande influence sur les esprits flottants ; car les paroles impériales produisirent une grande impression sur la majorité. A la salle des conférences, on se déclara satisfait du discours; on y trouvait une politique plus nette et plus fortement accentuée. Il est vrai qu'on avait concédé aux députés le retrait de la loi militaire et qu'on l'avait remplacée par de simples modifications à la loi de 1832.

Quand vinrent les élections pour le renouvellement du bureau, les Arcadiens essayèrent de faire passer leurs candidats ; ils n'y réussirent pas. M. Séverin Abbatucci et moi, nous sortions de charge. La majorité choisit pour nous remplacer MM. Bournat et Martel, qui étaient les candidats du Tiers-Parti.

Le Cercle de la rue de l'Arcade éprouva quelque difficulté à se reconstituer. Beaucoup de membres refusèrent d'acquitter leur cotisation, parce qu'ils ne voyaient, disaient-ils, ni le but ni l'utilité de cette réunion. « Elle n'a rien fait l'année dernière, disait » M. Mège, elle ne fera rien cette année. »

Quand on me présenta la quittance, je la rendis sans la payer. Sur quoi, un des membres les plus ardents de la Droite s'écria : « Comment! vous nous lâchez ! » — Pourquoi, répondis-je, ne convoquez-vous pas » une assemblée générale? » Il me donna une explication fort embarrassée et je n'insistai pas. Quelques minutes après, je rencontrai M. Welles de La Valette : « Y a-t-il, lui dis-je, utilité à faire partie du Cercle » de la rue de l'Arcade? » — « Pour vous, me dit- » il, il n'y a aucune utilité, et je ne vous engage pas » à vous y inscrire de nouveau. J'ai payé la cotisation, » parce que je tiens à y aller à l'occasion et à savoir

» ce qui s'y passe. S'il y avait une autre réunion, je
» m'en mettrais également et avec les mêmes inten-
» tions. Mais je reconnais que le Cercle de la rue de
» l'Arcade a des tendances fâcheuses ; il est devenu
» par trop réactionnaire. »

Je suivis ce conseil, et beaucoup de députés de la majorité firent comme moi. L'importance politique du Cercle de la rue de l'Arcade alla en déclinant de jour en jour. Il n'exerça plus sur les discussions qu'une influence intermittente. L'esprit de résistance s'était réfugié dans des sphères plus hautes ; c'est dans l'entourage même de l'Empereur qu'il trouvait ses plus utiles et ses plus solides auxiliaires.

La préoccupation constante des conseillers de Napoléon III, c'était d'empêcher que le régime impérial versât dans l'ornière parlementaire. Les théories récentes de M. de Persigny sur la responsabilité de l'Empereur avaient paru fort dangereuses, et bien que l'auteur protestât de la pureté et de la sincérité de sa foi constitutionnelle, on avait jugé que son prétendu commentaire de la Constitution de 1852 ressemblait fort à un abandon des vrais principes. Dans le discours de la Couronne, le souverain avait pris soin de faire remarquer que tous ses efforts avaient tendu à se maintenir au-dessus des controverses et des pensées « hostiles aux lois fondamentales que le suffrage
» populaire avait sanctionnées ». Mais les situations sont plus fortes que les volontés, et quinze jours après que ces paroles avaient été prononcées, on fut amené à les mettre en oubli.

C'était le 5 décembre, à propos des interpellations sur la seconde expédition de Rome. Il y avait deux interpellations, l'une déposée par la Droite, et l'autre par la gauche. M. J. David avait fait un véritable discours-ministre dans lequel il avait déclaré qu'il voterait en faveur de l'interpellation de la Droite demandant le maintien du pouvoir temporel. M. Rouher, que cette conclusion gênait visiblement, déclara qu'il ne prendrait la parole qu'après un orateur de l'opposition. On avait répandu le bruit que M. E. Ollivier devait appuyer l'interpellation de la gauche ; mais M. E. Ollivier, qui aurait désiré parler au début de la séance, était de mauvaise humeur et il ne bougea pas de sa place. M. Rouher s'élança alors à la tribune. Son discours dura deux heures et demie, et ce fut certainement un des plus faibles qu'il eût prononcés. Mais les déclarations qu'il fit dans un moment d'entraînement en faveur du maintien du pouvoir temporel du pape lui attirèrent les adhésions unanimes de la Droite et du Tiers-Parti.

Il y eut une suspension de séance, et l'hémicycle présenta bientôt un spectacle des plus curieux. M. Rouher était fort entouré. Une sorte de conciliabule s'était formé, et il en était le centre. MM. Thiers et Berryer demandaient que le ministre d'État accentuât davantage les engagements du gouvernement au sujet du pouvoir temporel. On vit tout à coup le groupe se disperser et M. Rouher reprendre le chemin de la tribune. En quelques mots nettement accentués, il donna une satisfaction complète à la Droite ; il lança le fameux mot *jamais !* qui lui a été si souvent reproché depuis. La Droite retira son interpellation, et la Chambre ne se trouva plus qu'en présence de celle de la Gauche. M. J. Favre essaya vainement de la défendre et de répondre à M. Rouher. L'attention de la majorité était ailleurs ; on voyait qu'elle avait hâte d'affirmer sa politique et de prendre acte de la victoire qu'elle venait de remporter. M. Berryer demanda un ordre du jour motivé. M. Rouher insista pour qu'on votât l'ordre du jour pur et simple en signe d'accord. L'ordre du jour fut adopté par 237 voix contre 17.

On rapporte qu'à la suite de la séance, M. Rouher s'était rendu auprès de l'Empereur et que celui-ci, après avoir écouté le récit qu'il lui avait fait des divers incidents de la discussion, lui avait dit : « Mais c'est » le régime parlementaire qui est rétabli ! » A quoi le ministre d'État aurait répondu : « Sire, il n'y a pas » eu moyen de faire autrement. » Vraie ou fausse, l'observation était fondée. C'était aux scrupules de la majorité que M. Rouher avait cédé ; il avait traduit à la tribune non plus seulement la pensée de l'Empereur, mais les tendances de la Droite. Il avait agi là comme un véritable ministre parlementaire ; il s'était fait le *leader* du groupe dont MM. Thiers et Berryer étaient les chefs. On a donc eu raison de dire que le vote du 5 décembre était un événement considérable.

Les amis de l'Empire se rendaient parfaitement compte du coup qu'il venait de recevoir. « L'Em- » pire semble crouler de toutes parts », écrivait l'un d'eux quelques jours après, et il ajoutait : « Entre ce » qui n'est plus l'Empire et ce qui n'est pas encore le » régime parlementaire, faut-il s'étonner du désarroi » public et du trouble des esprits ? »

M. E. Ollivier et moi, nous avions voté pour l'interpellation de la gauche. Ce vote, qui était d'accord avec la politique que les Cinq avaient constamment soutenue fut l'objet de beaucoup de commentaires. Un incident fort insignifiant en lui-même avait contribué à intriguer très fort le monde politique. Le 5 décembre, au moment où M. J. Favre descendait de la tribune, M. E. Ollivier s'était approché de l'orateur de la gauche, lui avait adressé quelques paroles de félicitation, et lui avait serré la main. On en concluait que nous ne tarderions pas à reprendre notre place sur les bancs de l'opposition systématique. Cela nous valut quelques injures de la part des journaux irréconciliables.

Les amis de M. E. Ollivier se chargèrent de redresser l'opinion sur les démarches qu'on lui attribuait. « Eh !
» bien, disait un membre de la majorité à M. Maurice
» Richard, l'évolution est faite. » — « La preuve qu'il
» n'en est rien, répondit celui-ci, c'est que le nouvel
» amendement sur la presse présenté par M. Ollivier
» porte mon nom et celui de M. de Janzé, et que ni
» M. de Janzé ni moi nous n'appartenons à la gauche ».

Ce n'était pas très péremptoire; mais M. E. Ollivier était plus net. Interrogé par un de nos amis communs, qui avait pour lui une grande affection, il lui déclara qu'il ne retournerait jamais à la gauche. « Ce serait
» un suicide, avait-il ajouté ; je resterai sur le terrain
» constitutionnel que j'ai choisi. Je ne me repens pas
» de ce que j'ai fait; seulement, je me propose de dire
» au gouvernement de dures vérités. Du reste, je pu-
» blierai prochainement ma *confession*, car je dois des
» explications à mes électeurs. »

Il y eut une réunion solennelle de la Gauche. M. E. Ollivier n'y fut point invité, et tous les bruits qui avaient été répandus se trouvèrent ainsi mis à néant.

Dans le *Livre bleu*, distribué aux Chambres, on affirmait l'intention où était le gouvernement d'abandonner, en matière de presse, les mesures répressives autorisées par le décret du 17 février 1852, et, cependant, on faisait à chaque instant usage du pouvoir discrétionnaire pour retirer la vente sur la voie publique aux journaux dont l'opposition paraissait trop vive. Les condamnations tombèrent comme grêle sur les journaux, dans les départements et à Paris ; il ne se passait pas de semaine que la 6ᵉ chambre, présidée par M. Delesvaux, ne vît traduire à sa barre rédacteurs, gérants et imprimeurs, pour s'entendre condamner à plusieurs mois de prison, accompagnés de fortes amendes.

Si l'on en juge par les notes effarouchées qui pleuvaient sur le bureau de l'Empereur, les journaux étaient ce qui donnait le plus de souci aux hommes chargés de surveiller les mouvements de l'opinion. Il est certain que la presse, longtemps comprimée, avait en quelque sorte fait explosion. On avait perdu le sentiment de la mesure, et on était allé tout de suite aux énormités. Cela ressemblait à « ces échappées » d'écoliers », dont parle le cardinal de Retz, à propos des libellistes de la Fronde. Le mieux eût été de laisser couler l'eau ; le torrent se fût bien vite changé en une rivière paisible et fertilisante.

Mais il est bien difficile, quand on a le pouvoir en main, de s'abstenir d'en faire usage. A la suite de la lettre du 19 janvier, on avait dû renoncer au régime des avertissements. On rechercha autour de M. Pinard comment on pourrait bien les remplacer ; le chef du bureau de la presse, qui était alors, si je ne me trompe, M. Fernand Giraudeau, lui suggéra l'idée d'adopter le système des *communiqués*. C'est un genre de mesure qui a sa valeur, quand on n'en abuse pas ; mais le nouveau ministre de l'intérieur, qui était peu au courant de ce qui concernait la presse, s'était figuré qu'il avait mis la main sur un moyen puissant de diriger l'opinion publique. Il avait donné pour instruction aux feuilles officieuses de ne pas laisser passer dans les journaux de l'opposition un fait erroné sans le rectifier. De son côté, la Direction de la presse envoyait des *communiqués*, quand les faits avancés par l'opposition paraissaient devoir égarer les esprits sur les actes de l'administration. Les *communiqués* se mirent à pleuvoir à torrents sur les journaux. En un seul jour, il y en eut dix-sept envoyés à treize d'entre eux. Le personnel de la Direction de la presse était sur les dents. M. Pinard dut reconnaître bien vite qu'il n'était pas aussi facile qu'il le croyait d'entretenir un dialogue permanent avec la presse.

Il fallut chercher autre chose. On s'avisa que, depuis quelque temps, les journaux se montraient bien téméraires dans leurs appréciations sur les débats de la Chambre. Ils ne se contentaient pas de dire leur opinion sur les questions mises en discussion, ils s'exprimaient souvent sur le compte des orateurs en termes irrévérencieux. C'était là ce que redoutaient surtout les députés sortis des candidatures officielles ; ils connaissaient la puissance de la raillerie en France, et ils redoutaient qu'à force de les tourner en ridicule, on ne finît par les discréditer aux yeux de leurs électeurs. Si on parvenait, se disait-on, à réprimer les licences des journaux sur ce point, on réconcilierait peut-être les députés de la majorité avec cette loi sur la presse qu'on avait tant de peine à leur faire accepter.

Tout à coup, et sans même qu'on leur eût crié gare, quinze journaux se virent l'objet de poursuites correctionnelles pour infidélité dans le compte-rendu des débats législatifs. M. Rouher prit à sa charge la responsabilité de la mesure ; car, interpellé par un député de la gauche, il répondit que le pouvoir judiciaire était saisi et qu'il n'avait pas d'explications à fournir.

La question du droit pour les journaux d'apprécier les débats législatifs était à l'ordre du jour depuis le 25 décembre 1852. Quand on avait discuté devant le Sénat l'article 13 du sénatus-consulte relatif au compte-rendu prescrit par l'article 42 de la Constitution, le président Bonjean avait présenté un amendement, qui reconnaissait le droit de libre discussion; mais M. Troplong avait écarté l'amendement, en déclarant que personne ne songeait à nier ce droit. Malgré cela, l'administration avait érigé en doctrine l'interdiction pour les journaux d'apprécier les discours prononcés au Corps législatif, et, toutes les fois que l'un d'eux s'était avisé de le faire, il avait été frappé de la peine de l'avertissement ou de la suspension.

J'avais essayé en 1863 de mettre d'accord le fait et le droit, et, à propos d'un avertissement donné au *Progrès de Lyon*, j'avais adressé au Sénat une pétition dans le but de provoquer soit des explications de la part du gouvernement, soit un sénatus-consulte interprétatif qui fixât les limites dans lesquelles on voulait que la presse se renfermât. Je n'eus pas plus de succès que M. Bonjean. M. de la Guéronnière fit

17.

sur ma pétition un rapport écrit dans ce style brillant qui lui était habituel; mais il conclut comme M. Troplong, à l'inutilité d'une déclaration ou d'un sénatus-consulte, le droit n'étant pas nié. Une seconde pétition envoyée par moi en 1864 n'avait pas eu plus de succès. Sur la première, on avait voté l'ordre du jour; sur la seconde, au rapport de M. de Casabianca, on vota la question préalable. Malgré l'affirmation du droit, on continua à frapper d'avertissement et de suspension les journaux qui se permettaient d'apprécier les discours des orateurs.

Cette fois, il y avait progrès. Ce n'était plus à la juridiction administrative qu'on s'adressait, c'était aux tribunaux. Cette discussion sur ce qu'on appelait les comptes-rendus *autres*, *parasites* et *parallèles* servit en quelque sorte de prélude aux débats sur la loi de la presse. On put voir, d'après l'esprit qu'y apporta M. Rouher, quelles étaient en ce moment ses préoccupations. Il parut évident qu'au lieu de montrer, dans la solution d'un problème difficile, cette largeur de vues qu'il manifestait dans les simples questions d'affaires, il était résolu à accepter les données les plus étroites et à faire la part la plus large aux hommes de résistance.

Quand M. E. Picard avait demandé des explications au gouvernement, M. Rouher lui avait opposé une fin de non-recevoir. Quand M. Bethmont déposa une interpellation, il la fit repousser par les bureaux. MM. Maurice Richard et de Janzé déposèrent un amendement à la loi de la presse dans le but d'affirmer le droit de discussion; j'en déposai un autre de mon côté; tous deux furent impitoyablement écartés par la commission, Je me tromp e; sur le mien, la commission se divisa; la Chambre se montrait disposée à l'accepter, mais M. Rouher intervint et l'amendement fut rejeté.

M. Buffet exprimant à M. Rouher son étonnement de le voir combattre avec acharnement, une disposition qui n'était après tout que la reconnaissance d'un droit indéniable, le ministre d'État lui répondit : « Laissons les tribunaux prononcer, et nous saisi-» rons, s'il y a lieu, le Sénat. » L'affaire vint devant les tribunaux; dix des journaux poursuivis furent condamnés; la Cour impériale se prononça dans le même sens. Mais M. Rouher oublia sa promesse. Aucun sénatus-consulte interprétatif ne fut présenté au Sénat.

Une autre idée qui avait été caressée par un certain nombre de membres de la Droite, c'était de déshonorer la presse, puisqu'on ne pouvait pas l'empêcher d'être libre. M. de Kervéguen vint lire à la tribune un ignoble pamphlet, dans lequel on prétendait que la plupart des grands journaux de Paris étaient, depuis plusieurs années, à la solde du gouvernement italien. Ce fut là un des plus tristes épisodes de notre histoire parlementaire. Le scandale du fameux dossier La Varenne, au moyen duquel on essaya de salir tout ce qui tenait en France une plume indépendante, doit retomber tout entier à la charge du parti de la résistance. A la Chambre, c'étaient ses hommes, dans les journaux, c'étaient ses écrivains qui menaient la campagne. Cette tentative d'inaugurer une nouvelle ère de liberté par une guerre de calomnies et d'injures, produisit sur le public son effet naturel; il y eut une véritable explosion de dégoût. Le pauvre M. de Kervéguen paya pour tous; on l'avait jeté en avant; quand on vit que la tactique n'avait pas réussi, on l'abandonna; il s'aperçut alors de la mauvaise action qu'on lui avait fait commettre; il en mourut de chagrin au bout de quelques mois.

M. de Persigny qui, de son propre aveu, n'avait pris aucune part aux réformes du 19 janvier et qui même leur était hostile, crut devoir dire son mot sur cette fameuse question de la liberté de la presse, qui agitait si fort le monde politique. Dans une lettre adressée aux journaux, il déclara que la loi de la presse était fort libérale, mais qu'elle tromperait les intentions de l'Empereur et qu'on serait forcé de la rapporter après quelques mois d'expérience. Il n'y avait, suivant lui, qu'un moyen de la rendre pratique et durable, c'était de donner au ministère public le droit de poursuivre d'office les attaques contre les personnes et contre les pouvoirs publics et, en général, toute révélation d'un acte de la vie privée, faite dans un but de malveillance.

C'était, dans une mesure un peu plus large, la même inspiration qui dicta plus tard à M. de Guilloutet son célèbre amendement. M. de Guilloutet ne fut, en cette circonstance, que l'interprète d'un groupe assez considérable de députés, parmi lesquels il y en avait un certain nombre appartenant à l'opinion libérale. Il était surtout fort encouragé par M. Thiers. Quelqu'un s'étonnait de voir M. Thiers se montrer si ardent pour un projet émané d'un membre de l'Extrême-Droite : « Oh! lui dit l'homme d'Etat de la place Saint-
» Georges, c'est que vous ignorez quel est le fond de
» mes idées en matière de journaux. Mon projet de

» loi sur la presse se réduirait à deux articles : le
» premier prononcerait la peine de la transportation
» contre les écrivains qui attaqueraient la Constitu-
» tion du pays ; le second frapperait de 10,000 francs
» d'amende tous ceux qui porteraient atteinte à l'in-
» violabilité de la vie privée. »

M. Thiers et M. de Persigny se ralliant à une idée dont un obscur député des Landes devait, à quelque temps de là, faire un article de loi, c'est là une surprise de l'histoire. Mais, au moment où M. de Persigny s'en rendit l'interprète, elle fit un *fiasco* complet. Telle qu'elle était formulée, elle soulevait du reste une objection fondamentale, c'est que l'intérêt public n'est point impliqué dans les affaires privées, et que l'intervention officielle du magistrat causerait souvent plus de dommage que l'attaque ou la calomnie. On concevait fort bien qu'on appelât la Justice à l'aide quand on se sentait frappé; mais que la Justice vînt à votre secours, quand on dédaignait de se plaindre, c'est ce qu'on ne pouvait admettre.

Il fallait pourtant bien se résigner à les voter ces lois sur la presse et sur le droit de réunion, qui inspiraient tant de terreur au personnel gouvernemental. On était arrivé au 19 janvier 1868; il y avait juste un an que l'Empereur avait écrit sa fameuse lettre, et la majorité hésitait encore. Les journaux de l'opposition n'avaient pas manqué de célébrer cet anniversaire à leur façon, c'est-à-dire par des moqueries et des épigrammes. L'un d'eux avait même paru encadré de noir. Il était évident que le moment de se décider était arrivé.

Le 22 janvier, au moment où la discussion sur la loi de la presse allait s'engager, un certain nombre de députés reçurent sous enveloppe un journal clandestin, intitulé la *République*, imprimé avec des caractères usés sur du papier-pelure. Le texte était d'accord avec le titre : c'était une série de menaces dirigées contre l'Empire.

On me remit ce placard au moment où je partais pour me rendre au ministère de l'Intérieur, où m'appelaient des affaires relatives à ma circonscription électorale. En passant, je m'arrêtai au Palais-Royal ; mais je ne trouvai pas le prince Napoléon, qui était allé voir en Bretagne sa cousine, la princesse Bacciochi ; son secrétaire, M. Hubaine, me dit que le prince avait reçu un exemplaire de la *République*. Au ministère de l'Intérieur, je mis la feuille clandestine sous les yeux de M. de Bosredon. Il ne la connaissait pas ; mais il ne parut ni étonné, ni effrayé. M. de Saint-Paul, que je vis ensuite, avait reçu communication du document; mais il se montra, comme M. de Bosredon, fort tranquille et fort rassuré.

Le soir, il y avait concert au ministère de la Marine, j'y rencontrai le ministre de l'Intérieur, M. Pinard ; je lui parlai de la *République*. — « Je sais, je
» sais, me dit-il; vous verrez quel effet produira cette
» publication. » — « Mais, lui dis-je, si c'est un effet
» qu'on veut produire, pourquoi ne mettez-vous pas ce
» placard insurrectionnel au *Moniteur?* » — « Non,
» me répondit-il, cela dépasserait le but; mais on
» pourrait peut-être le reproduire dans un autre
» journal. »

A la salle des conférences, on se demandait, comme moi, quelle était l'origine du placard ; ce qu'on ne s'expliquait pas, c'est que cette pièce avait été adressée surtout aux membres de la majorité et qu'on n'en avait gratifié que quelques députés de l'opposition. A l'attitude de certains députés de la Droite, on aurait pu croire qu'ils étaient dans le secret. Il y avait là, évidemment, une de ces manœuvres enfantines auxquelles se livrent les partis aux abois, quand ils ne savent plus quel moyen employer pour combattre des mesures devenues inévitables. A la veille de la discussion sur la loi de la presse, on voulait essayer d'intimider le Corps législatif et l'effrayer sur les conséquences de ses votes. On avait fait la remarque que l'auteur du placard n'avait pas dit un mot de la loi militaire. Cette circonstance avait paru suspecte. Au moment où la loi militaire causait la plus vive agitation dans le pays, on se demandait comment des conspirateurs avaient pu prendre le parti de la passer sous silence et se priver ainsi d'un puissant élément de trouble. Evidemment, la feuille clandestine était un moyen de diversion, et rien de plus.

Mais il arriva ce qu'on voit toujours quand la police vient se mêler à l'action politique. Des gens appartenant aux partis extrêmes revendiquèrent pour eux l'initiative de la feuille révolutionnaire. Je reçus la visite d'un de mes anciens collaborateurs de la *Presse*, qui était l'homme de confiance de Ledru-Rollin. Il me dit que le placard devait venir d'un groupe de conspirateurs. Il me raconta qu'on avait demandé de l'argent aux réfugiés de Londres pour faire imprimer des proclamations. On se proposait de semer l'agitation dans les ateliers de Paris. Ces projets avaient l'appui de certaines gens, à qui l'Empire avait fait gagner des millions. « J'ai été ardent bonapartiste, disait l'un

» d'eux, à qui on reprochait d'appuyer ces entreprises
» malsaines, je ne le suis plus. Que voulez-vous ? Na-
» poléon III n'a plus de chance ; il ne réussit plus à
» rien. »

La discussion de la loi de la presse était fixée au 29 janvier. A ce moment, ni les hommes du gouvernement, ni les membres de la majorité n'étaient disposés à adopter franchement le programme du 19 janvier. On n'outrage pas la mémoire de M. de Saint-Paul, en disant qu'il a été toute sa vie un homme de résistance. Quelques jours avant cette date, il m'avait déclaré franchement qu'il n'avait pas changé d'avis depuis un an, et qu'il continuait à considérer les réformes comme inopportunes et souverainement impolitiques. Dans une conversation avec un des commissaires chargés de soutenir la loi de la presse, un de mes collègues avait recueilli cet aveu : « Je la défends, parce que je suis
» chargé par devoir professionnel de la défendre ; mais
» je n'aurai aucun regret à la voir repousser. » L'hésitation des membres de la majorité était plus grande que jamais : « Je ne voterai les deux lois, me disait
» l'un d'eux, que si le gouvernement déclare nettement
» et tout haut qu'il le désire ; pour peu que je re-
» marque de l'hésitation, je voterai contre. » Les demandes d'autorisation avaient toutes été repoussées, et, fait à signaler, on avait, le 28 janvier 1868, refusé à M. de Rochefort l'autorisation de fonder un journal ayant pour titre : *la Lanterne*.

Enfin la discussion sur la loi de la presse s'ouvrit. Les deux premières séances ne furent que de légères escarmouches. Mais, à la troisième séance, il fut visible que la véritable bataille allait s'engager. M. Jules

Favre avait prononcé un long discours dans lequel il avait résumé les critiques que l'opposition adressait à la loi. Pendant ce temps, on avait vu M. Granier de Cassagnac arpenter à grands pas le couloir de droite, et l'on savait que cet exercice corporel était toujours le prélude d'un discours agressif. Le député du Gers avait, en effet, résumé toutes les attaques qu'on pouvait diriger contre la presse; il avait condensé, en peu de mots, tous les faits qui devaient éveiller les inquiétudes du gouvernement et de la majorité. « La loi, » s'était-il écrié, ne défendra, ne protégera rien. Des » écrivains impudents jetteront au vent de l'ingrati- » tude et de l'oubli les seize années de calme, de pros- » périté, de gloire et de grandeur dus à l'accord des » grands pouvoirs de l'Etat. »

Ce discours, prononcé avec véhémence, produisit un immense effet sur la majorité. Quoiqu'il ne fût que cinq heures, la Chambre, en proie à une grande émotion, leva immédiatement la séance.

Des groupes se formèrent dans les couloirs. Les ministres, et en particulier MM. Rouher et Baroche, étaient entourés de députés qui réclamaient le retrait de la loi. Un véritable rassemblement s'était formé autour de M. de Persigny qui, placé au milieu de la salle des conférences, adjurait les députés dévoués au régime impérial de repousser cette loi qu'il qualifiait de « malencontreuse ».

Le soir, il y eut une réunion au Cercle de la rue de l'Arcade. Il s'agissait de s'entendre sur une manifestation à propos de l'article 1er de la loi. Cet article 1er supprimait l'autorisation préalable. Une discussion confuse s'engagea. C'est là qu'on vit combien l'esprit de décision manquait aux membres de la majorité. Ils paraissaient convaincus que la loi était mauvaise et qu'elle amènerait de funestes résultats; mais, à part un petit nombre, personne n'osait conseiller de la rejeter. La plupart craignaient d'une part d'aller à l'encontre des volontés de l'Empereur, et d'autre part de mécontenter leurs électeurs et de fournir des armes à leurs concurrents. Tout ce qu'on paraissait espérer, c'était d'obtenir une quarantaine de voix contre l'article 1er et à peu près autant d'abstentions.

La réunion allait se séparer sans conclure, quand M. Mège formula un moyen terme : il proposa, non de rejeter l'article 1er, mais de le renvoyer à la commission pour examiner s'il n'y avait pas un moyen de donner satisfaction aux promesses impériales en maintenant le régime de l'autorisation préalable. Le grand point était de rester dans l'esprit de l'amendement Martel et en même temps de sauver de la loi du 17 février 1852 les dispositions fondamentales.

Le jour même où se réunissait le cercle de la rue de l'Arcade, une députation de la presse départementale avait été reçue par l'Empereur. On a donné diverses versions de cette entrevue. Voici, d'après le témoignage d'une personne qui était présente, ce qui s'était passé :

Les délégués avaient déclaré à l'Empereur que si la loi était votée, la presse gouvernementale des départements pouvait se considérer comme perdue. Chaque arrondissement compterait bientôt un journal d'opposition, et, malgré les annonces judiciaires, les journaux officieux auraient à subir une concurrence redoutable et se verraient à bref délai privés de leurs abonnés. L'Empereur avait, dit-on, paru frappé de ces observations et il avait répondu : « Je ne puis retirer » la loi; je la trouve bonne. Mais je puis me tromper. » Aussi je vous engage à voir les députés de vos dépar- » tements. » C'était évidemment une façon polie d'éconduire des gens qui avaient fait auprès du souverain une démarche quelque peu indiscrète.

La discussion fut reprise le 1er février. Le rapporteur, M. Nogent-Saint-Laurent, avait demandé la parole pour répondre tout à la fois à M. Jules Favre et à M. Granier de Cassagnac. Mais il n'avait pas tardé à s'apercevoir que la commission n'avait rien à dire et que, en présence des hésitations de la majorité, c'était au gouvernement à s'expliquer. Aussi ne fit-il qu'une courte apparition à la tribune; après lui, le garde des sceaux, M. Baroche, prit la parole, et, dans un discours très étudié, il s'attacha à laver le projet de loi des attaques passionnées dont il avait été l'objet de la part de la gauche. Il répondit aussi à M. de Cassagnac; mais cette partie de son discours était plus que molle; on voyait qu'il ne parlait pas avec conviction. Un moment même, on crut comprendre qu'il donnait à la majorité le conseil de voter comme elle l'entendrait et que si le projet était rejeté, le gouvernement n'en prendrait pas le deuil. Quel autre sens, en effet, attacher à ces paroles : « Examinez mûrement la loi; voyez si vous la » trouvez bonne, utile au pays, et ensuite décidez. » Quelle que soit votre décision, elle sera respectée de » tous. » M. E. Picard occupa le tapis pendant quelques minutes et la discussion générale fut close.

On allait aborder la discussion sur l'article 1er et, sur cet article, M. Émile Ollivier était inscrit pour développer un contre-projet. Il vint montrer à la tribune une figure toute balafrée et couverte de bandes de taffetas d'Angleterre. La veille, il avait été voir les peintures de l'église Saint-Germain-l'Auxerrois; il était tombé par mégarde dans une cave, et il s'était fait de cruelles blessures. Je lui avais offert de lire son discours, mais il avait refusé. La Chambre trouva l'occasion bonne d'ajourner la discussion. C'était un samedi; on renvoya la continuation des débats au lundi suivant. C'étaient près de quarante-huit heures de gagnées, et que ne pouvait-il se passer pendant ces quarante-huit heures?

Il n'était que quatre heures et demie, et les députés, en attendant l'heure du dîner, se livrèrent aux conversations les plus animées. On interrogeait surtout les députés qui étaient attachés à la maison de l'Empereur, parce qu'on supposait qu'ils étaient bien placés pour connaître la véritable pensée du souverain. L'un d'eux, M. le comte d'Ayguesvives disait à ceux qui l'interrogeaient qu'étant de service, il avait fait connaître à l'Empereur la répugnance que la majorité éprouvait à voter cette loi. Napoléon III avait fait à son chambellan la même réponse qu'aux délégués de la presse départementale; mais, d'après M. le comte d'Ayguesvives, il avait ajouté, ce qui était grave : « Je n'en » voudrais nullement à un député qui voterait contre » le projet de loi. »

M. Rouher était un de ceux qu'on excitait le plus à se prononcer et à indiquer quel parti il fallait prendre. Il se tirait, comme toujours, d'affaire par des quolibets ou des plaisanteries. Il répondit cependant à un député qui lui posait nettement la question :

« Je vous dirai comme Sganarelle ; mariez-vous, vous ferez bien ; ne vous mariez pas, vous ferez mieux encore. »

Malgré ce langage évasif, M. Rouher était peut-être moins hésitant qu'il ne voulait le faire croire. Il avait des amis, comme MM. Busson-Billault et Du Miral, qui faisaient en faveur du projet de loi une propagande ardente. Ils prétendaient que le rejet du projet cachait une intrigue pour renverser le ministère. Il s'agissait, suivant eux, de faire arriver à la présidence M. J. David et au ministère de l'Intérieur M. de Persigny.

Le fait est que M. J. David avait pris la tête du parti de la réaction dans la Chambre, et qu'on savait que celui qu'on appelait le *chef des Arcadiens* avait l'oreille de l'Empereur et que, dans l'entourage, il y avait beaucoup de gens qui partageaient ses idées. Le ministre d'État était placé dans cette alternative de se brouiller avec les ardents de la majorité, s'il soutenait le projet de loi, ou de paraître marcher à la suite de M. J. David, s'il l'abandonnait.

Toute la journée du dimanche se passa en allées et venues de gens qui cherchaient à exercer une pression sur l'Empereur. M. J. David le vit au sortir de la messe des Tuileries ; mais il n'en put rien obtenir. Napoléon III se renferma dans une réserve absolue ; il se borna à annoncer à M. David qu'il y aurait un grand conseil et que l'on y prendrait une résolution définitive.

Le conseil des ministres et le Conseil privé se réunirent en effet à neuf heures du soir. Mais aucune résolution ne fut prise. On put constater cependant les profondes dissidences qui séparaient les membres du conseil.

Il y eut une autre réunion le lendemain soir. Les choses en étaient arrivées à ce point, qu'on ne pouvait continuer à laisser la majorité sans direction. Elle se débandait littéralement. La discussion se prolongea jusqu'à une heure du matin. Elle fut très vive. L'Empereur se prononça pour le maintien du projet; il avait, disait-il, engagé sa parole devant le pays, et il ne pouvait revenir sur ses déclarations les plus solennelles. Plusieurs membres du Conseil privé insistèrent fortement pour le retrait de la loi. M. de Persigny se montra un des plus pressants. La majorité était d'avis que, sans abandonner le projet, on le défendît mollement en laissant entendre aux députés que le gouvernement se désintéressait du résultat et qu'il en verrait le rejet sans déplaisir. M. Rouher trouva cette ligne de conduite fausse et louche ; suivant lui, il ne fallait pas hésiter; les conservateurs se montraient effrayés des périls que créaient pour l'Empire les immunités qu'on voulaient accorder aux journaux; il était impolitique de ne pas tenir compte de leurs répugnances et de rejeter leurs avertissements.

Les raisons données par M. Rouher produisirent un grand effet dans le conseil. Mais l'Empereur renouvela la déclaration qu'il avait faite au début qu'il y avait pour lui une question d'honneur à maintenir le projet. Quand on passa au vote, la majorité se rangea à l'avis de l'Empereur. En présence de cette décision, M. Rouher déposa son portefeuille, et M. Vuitry suivit son exemple. Ces démissions données un peu *ab irato* ne furent pas acceptées.

Le lendemain matin, M. Rouher fut invité à se rendre aux Tuileries. Il y eut entre l'Empereur, l'Impératrice et le ministre une scène des plus attendrissantes. L'Impératrice, qui se voyait déjà aux mains des hommes du Tiers-Parti et forcée de se séparer de ses plus vieux amis, supplia en pleurant M. Rouher de ne pas les abandonner. L'Empereur joignit ses instances à celles de l'Impératrice. Le ministre d'État se laissa toucher. Il reprit son portefeuille et il consentit à parler en faveur de la loi.

M. Rouher, au lieu de rentrer au ministère d'Etat où son déjeuner l'attendait, se livra à une longue promenade à travers les quais, le boulevard des Invalides et les boulevards extérieurs. Les instances dont il venait d'être l'objet de la part de la famille impériale, l'avaient fortement impressionné. Il avait besoin de se remettre de la secousse qu'il venait de recevoir. C'est pendant cette promenade et dans sa voiture qu'il jeta les bases du discours qu'il devait prononcer. Il se rendit à la Chambre la tête pleine et l'estomac vide.

Les Arcadiens qui n'étaient pas dans la confidence de ce qui s'était passé dans l'entrevue du matin, avaient tracé leur plan de campagne. Ils ne devaient pas provoquer le rejet de l'article 1er du projet de loi; mais se borner à en demander le renvoi à la commission, dans le but d'y introduire le rétablissement de l'autorisation préalable. Ils ne réclameraient pas le scrutin; ils laisseraient agir la gauche. Ils avaient choisi pour ouvrir le feu un des hommes les plus respectés de la majorité, M. le baron de Benoist. Pour mieux assurer le succès, M. J. David devait s'abstenir de prendre la parole.

Malheureusement pour les Arcadiens, les sentiments de la majorité s'étaient modifiés. On rencontrait dans les couloirs un plus grand nombre de députés disposés à voter la loi. M. de Persigny, qui faisait les jours précédents une propagande acharnée dans le sens du rejet, n'avait plus reparu. Beaucoup de députés disaient tout haut : « Sans doute la loi est mauvaise ;
» mais nous n'aimons pas que le gouvernement
» fasse toujours de la popularité sur notre dos. S'il
» veut que la Chambre rejette la loi, qu'il s'explique;
» s'il s'obstine à garder le silence, nous voterons la
» loi. Nous ne sommes pas obligés de venir à son aide.
» Tant pis pour lui ! »

Le 19 janvier 1867 a été la grande crise politique du second Empire, et la séance du 4 février 1868, doit être considérée comme en étant le dénouement. Il s'agissait de savoir si le Corps législatif laisserait protester la signature de l'Empereur.

La discussion s'ouvrit sur l'article 1er. C'est là, comme on l'a vu, que devait se livrer la grande bataille. L'article 1er, c'était en effet toute la loi. Les Arcadiens suivirent à la lettre le plan qu'ils s'étaient tracé. C'est M. de Benoist qui ouvrit le feu. Quand il déclara qu'il parlait au nom de la majorité, de nombreuses réclamations se firent entendre. M. Segris se leva et formula de vives protestations, M. de Benoist ne fit que reproduire en les affaiblissant les arguments que M. Granier de Cassagnac avait exposés dans la séance du 1er février. Ce député, qu'on écoutait habituellement avec faveur, fut constamment interrompu; la gauche l'accablait d'invectives. Il était évident qu'on s'attendait à un grave incident. Tout ce qui pouvait le retarder impatientait la Chambre.

On vit tout à coup M. Rouher se lever de sa place et se diriger lentement vers la tribune. Il avait les traits fatigués et bouleversés. Il déclara que le gouvernement maintenait le projet de loi, malgré les périls que présentait son application. Il supplia la majorité d'accepter la solidarité de l'expérience qui allait être tentée. La péroraison du discours de M. Rouher fut une des plus belles dont ait retenti la tribune française : « Nous ne sommes plus au
» temps, s'écria-t-il avec une émotion visible, où les
» périls de la patrie créaient l'Empire. De nouvelles
» générations se sont élevées. Sur ces 8 millions et
» demi d'électeurs qui, d'un mouvement unanime,
» ont constitué l'Empire, 4 millions sont couchés
» aujourd'hui dans la tombe; 4 millions d'hommes
» nouveaux sont inscrits depuis 1852 sur les listes
» électorales. Ceux-là n'ont pas nos souvenirs et
» notre expérience ; ils arrivent avec une ardeur
» nouvelle ; ils demandent une liberté plus étendue. »

D'un seul mot, M. Rouher venait de caractériser la situation difficile où se trouvait le second Empire, placé entre une génération nouvelle et des hommes d'État vieillis qu'il ne pouvait pas se résoudre à mettre à l'écart.

Le succès de M. Rouher fut d'autant plus grand que les Arcadiens ne trouvaient à lui opposer qu'un député obscur, M. Creuzet, qui vint balbutier à la tribune quelques mots en faveur du renvoi de l'article 1er à la commission. On lui laissa débiter sa harangue au milieu du bruit des conversations. Puis on passa au vote. Le résultat du scrutin était très significatif : 215 voix se prononcèrent pour le maintien de l'article 1er ; il n'y eut que 7 voix contre. *Les sept sages de la Grèce !* s'écria M. Granier de Cassagnac. Le mot est devenu historique. Quant aux Arcadiens, ils s'étaient abstenus au nombre d'une cinquantaine.

Ce qui avait entraîné la majorité, c'est un incident dont les députés siégeant dans le voisinage du banc des ministres furent seuls témoins. Pendant que M. Creuzet était à la tribune, un ami de M. Rouher s'approcha de lui et lui dit : « Beaucoup de députés » croient que, dans votre déclaration, vous avez » embrassé tout le programme du 19 janvier. Cela » les gêne. Ils sont disposés à voter la loi de la » presse ; mais ils répugnent à admettre le droit de » réunion. » M. Rouher répondit : « Je ne crois pas » avoir rien dit qui engage la question ; je n'ai voulu » parler que de la loi de la presse ; cependant il est » possible que l'expression ait trahi ma pensée. Voyez » mon secrétaire ; dites-lui d'examiner avec soin mes » feuillets et de faire disparaître mes paroles, si « elles s'y trouvent. »

Le bruit se répandit immédiatement, dans toutes les parties de la salle des séances, que le gouvernement était disposé à abandonner le droit de réunion ; les hésitants se décidèrent alors à voter le maintien de l'article 1er de la loi sur la presse.

La discussion de cette loi s'acheva sans donner lieu à aucun incident notable. S'il y eut quelques tiraillements, ils durèrent peu. La majorité se sentait vaincue et elle acceptait sa défaite en silence. Elle espérait toujours qu'on lui concéderait, en récompense de sa résignation, le retrait de la loi sur le droit de réunion qui était pour elle un véritable épouvantail.

Quant aux Arcadiens, ils usèrent d'une nouvelle tactique, qui jeta pendant quelques jours le trouble dans le gouvernement. Ils répandirent d'abord le bruit que des changements ministériels se préparaient. Puis ils parlèrent mystérieusement d'un *progrès prochain* dont l'Empereur étudiait les éléments. Vers le milieu de février, ces bruits avaient pris une grande consistance. On s'en était ému à la Chambre, à tel point qu'un jour un grand nombre de députés avaient entouré M. Rouher et l'avaient prié de s'expliquer. M. Rouher avait répondu qu'il ne savait absolument rien. Mais des personnes attachées à son cabinet avaient été moins discrètes.

L'un de ces attachés, sans rien affirmer de positif, avait laissé entrevoir qu'on avait mis diverses questions à l'étude et notamment la responsabilité ministérielle. — « Il faudra bien y venir, » dit-il à un député qui se montrait incrédule.

En prenant pour programme le rétablissement de la responsabilité ministérielle, les Arcadiens poursuivaient un double but : ils voulaient d'abord mettre l'Empereur à l'abri des attaques des journaux et des orateurs des réunions publiques et dégager sa responsabilité des actes dus à l'initiative des ministres ; ils espéraient en outre former avec le Tiers-Parti une alliance qui embrasserait une grande portion de la majorité et qui leur permettrait de renverser M. Rouher. Ils s'étaient parfaitement rendu compte que

M. Rouher avait beaucoup perdu de son prestige, depuis qu'il avait en quelque sorte violenté la majorité.

En cette circonstance, les Arcadiens faisaient pour la première fois preuve d'un véritable esprit politique. Aussi le *progrès prochain* qu'ils annonçaient parut si vraisemblable à la gauche que M. J. Favre crut devoir y faire allusion dans un de ses discours. La réponse de M. Rouher ne fut pas très péremptoire. Il se contenta de dire que si, à la suite d'une interpellation, une question était renvoyée à l'examen du gouvernement, il serait bien difficile au ministre compétent de conserver son portefeuille et que, par conséquent, la responsabilité ministérielle était complète.

M. Rouher passait évidemment à côté de la question. La vérité, c'est qu'il n'était pas plus instruit que ceux qui l'interrogeaient. Il se nouait en ce moment autour de l'Empereur tant d'intrigues que le ministre d'État ignorait si un faiseur de projets n'avait pas pénétré jusqu'auprès du souverain et ne lui avait pas fait adopter l'idée de rétablir la responsabilité ministérielle. Voici une note que je trouve à la date du 18 février 1868 :

« On prétend que M. Rouher, fatigué des bruits qui
» circulent, aurait été trouver l'Empereur et lui aurait
» tenu ce langage : « Sire, le ministère désire savoir
» à quoi s'en tenir sur les projets de Votre Majesté.
» On parle de changements dans la Constitution
» et de modifications ministérielles. Si ces projets
» sont sérieux, il faut que les ministres le sachent;
» car leur position serait des plus fausses, s'ils
» restaient plus longtemps dans l'ignorance. » L'Em-
» pereur aurait répondu que tous les bruits qu'on

» faisait courir ne reposaient sur aucun fondement,
» qu'il ne projetait rien, et qu'il autorisait M. Rouher
» à le déclarer. »

Le lendemain, les démentis des journaux officieux avaient mis à néant le programme des Arcadiens. Ils ne se découragèrent pas et eurent recours à de nouvelles manœuvres.

Ce qui paraissait avoir le plus de chances de réussir, c'était de profiter des répugnances de la majorité pour faire rejeter la loi sur le droit de réunion. A une réception des Tuileries, je me trouvai par hasard mêlé à une conversation qui avait lieu entre l'Empereur et M. Mathieu (de la Corrèze), et je pus aussi me rendre compte de la pression qu'on cherchait à exercer sur le souverain. — L'Empereur, à bout d'arguments, dit à M. Mathieu qui l'avait vivement pressé de retirer le projet : « C'est une tentative qu'il faut faire ; si elle
» ne réussit pas, eh bien ! alors on rapporterait la loi.
» — Mieux vaut en ce cas ne pas essayer, répondit
» M. Mathieu. Le projet donne d'ailleurs au gouver-
» nement le vilain rôle, puisqu'il peut à tout moment
» empêcher une réunion. La position que lui fait la
» législation actuelle est bien meilleure: quand il au-
» torise une réunion, il fait acte de libéralisme, puisque
» les réunions ne sont pas permises ; quand elles seront
» permises, il fera acte d'arbitraire toutes les fois qu'il
» en empêchera une. » L'Empereur ne répondit rien, et passa à un autre groupe de députés.

M. Rouher sentait bien que l'intrigue continuait et qu'elle le visait plus particulièrement. Il fit cette fois appel à la presse. Il y comptait des amis très dévoués. La seule façon d'avoir raison des Arcadiens, c'était de prendre contre eux la défense énergique du programme libéral et de montrer à la majorité le danger qu'elle courait en persistant à s'associer aux hommes de résistance. Il y eut dans cette campagne, très brillamment menée par des hommes d'un incontestable talent, MM. Jules Richard et Granier, des morts et des blessés. La majorité, avant de céder, voulut manger du journaliste. Elle réclama des poursuites. Mais, devenue craintive et couarde, elle demanda le comité secret. Nous fîmes de vains efforts pour que la discussion eût lieu en séance publique, et subsidiairement pour que la demande fût repoussée. Les poursuites furent accordées, et l'on eut cet étrange spectacle de deux écrivains traînés devant le police correctionnelle et condamnés à la prison et à l'amende pour avoir défendu, contre le mauvais vouloir de la Chambre, le programme libéral de l'Empereur.

La majorité avait épuisé son énergie dans ce dernier effort. La loi sur le droit de réunion fut votée au bout de trois jours de discussion. Mais les Arcadiens démasquèrent une autre batterie ; ils réclamèrent la dissolution immédiate. Ils faisaient observer au gouvernement que, si les élections générales avaient lieu après la mise à exécution des lois sur la presse et sur le droit de réunion, la réélection d'un grand nombre de membres de la Droite pourrait se trouver compromise ; ils demandaient donc que les électeurs fussent convoqués avant que de nouveaux journaux pussent être créés dans les départements, et avant qu'ils eussent acquis, par la promulgation de la loi nouvelle, le droit de se réunir et de se concerter.

Cette fois, les partisans de la dissolution avaient un

prétexte à mettre en avant. On venait de publier une brochure: *Les Titres de la Dynastie napoléonienne* qu'on attribuait à une plume auguste. Cette brochure avait produit une grande sensation, et l'on prétendait qu'elle perdrait toute signification si elle ne servait pas de préface à un grand acte politique. La dissolution apparaissait comme étant la conclusion naturelle d'un écrit qui rappelait les marques d'attachement et de confiance que le peuple français n'avait cessé d'accorder aux Napoléons.

Il y eut à ce sujet un conseil extrardinaire des ministres et des membres du Conseil privé. La question fut envisagée sous toutes ses faces; mais aucune résolution définitive ne fut prise. Le gouvernement se réserva de l'examiner ultérieurement. La grande raison qui fut donnée en faveur d'un ajournement, c'est que le public ne comprendrait pas une dissolution survenant en plein accord entre le souverain et la Chambre. La Droite extrême n'eut pas de peine à montrer combien cet argument manquait de solidité; on savait en effet par quels moyens cet accord avait été obtenu. Aussi la question de dissolution resta-t-elle en suspens jusqu'à la fin de la session.

Les hommes de résistance avaient du reste une dernière ressource, c'était d'agir sur le Sénat. Ce n'était pas pour qu'il n'en fît pas usage qu'on avait accordé au Sénat le droit de renvoyer une loi à un nouvel examen du Corps législatif. On espérait que les sénateurs seraient plus soucieux de l'avenir de l'Empire que ne l'avaient été les députés, et qu'ils feraient une vive opposition aux lois sur la presse et sur le droit de réunion.

Cet espoir fut déçu. A la vérité, M. Devienne fit sur

la loi de la presse un rapport où l'on avait rassemblé tous les motifs en faveur d'un rejet. Pour mieux marquer leurs sentiments sur le droit de réunion, les sénateurs avaient nommé pour rapporteur M. de Maupas qu'on savait opposé aux réformes libérales. Mais cette belle ardeur s'était éteinte tout à coup. M. Devienne avait prétexté une indisposition pour ne pas prendre part aux débats sur la loi de la presse, et au bout de trois jours, M. de Maupas avait donné sa démission de rapporteur ; il avait cédé la place à M. Hubert-Delisle. Les deux lois réunirent contre elles au Sénat des minorités assez fortes, mais elles furent votées. Le promulgation ne tarda pas à suivre.

Restait la question de la dissolution, qui était toujours restée pendante. Dans la séance du 8 juin 1868, M. Rouher la trancha de sa propre autorité. Il lui avait échappé, en parlant du renouvellement de la Législature, de dire qu'il aurait lieu *dans un temps prochain*. Interrogé par M. Garnier-Pagès sur le sens qu'il fallait attacher à ses paroles, il répondit : « Un des membres
» de l'opposition paraissant interpréter cette expression
» comme l'annonce d'une dissolution, ce qui est absolument contraire à ma pensée, j'ai fait substituer
» dans la sténographie aux mots : *dans un temps prochain*, ceux-ci : *l'année prochaine*. »

Cependant, à quelques jours de là, à propos d'une discussion sur les candidatures officielles, M. Picard, ayant fait allusion au bruit d'une dissolution immédiate, M. Rouher fit un signe de tête négatif. M. Pelletan le mit en demeure de s'expliquer. Cette fois M. Rouher fit une réponse évasive ; il se borna à déclarer qu'il n'y avait pas de projet actuel de dissolution. — C'est toujours l'incertitude, s'écria un membre de la Gauche.

C'était l'incertitude en effet. Mais l'incertitude avait envahi le gouvernement. Après tous les efforts qui venaient d'être faits pour assurer le vote des lois libérales, on ne songeait qu'aux moyens d'assurer la répression. La loi de la presse était promulguée le 1er juillet et le 3 juillet le premier numéro du *Réveil* était l'objet d'une saisie ; le 14 juillet le rédacteur en chef était condamné à 3 mois de prison et 5,000 francs d'amendes. Le 8 juillet, MM. Jules Ferry et André Pasquet étaient condamnés chacun à 5,000 francs d'amende.

Ces procédés rigoureux causèrent naturellement un grand étonnement. Les partis, convaincus qu'on voulait les prendre par surprise, se tinrent prêts à toute aventure. Aussi la période électorale pouvait être considérée comme ouverte ; les candidatures se posaient partout. Le décret de dissolution, s'il avait paru, n'aurait surpris personne ; il aurait trouvé tout le monde préparé.

En droit, la période électorale n'a été ouverte que le 12 juin 1869. En fait, elle a existé à partir du mois de juillet 1868.

IX

LA MANIFESTATION BAUDIN

En 1865, pendant le voyage de l'Empereur en Algérie, l'Impératrice qui avait été investie de la Régence, se plaisait à réunir, dans des dîners intimes, les députés qui faisaient partie des commissions ; elle s'entretenait avec eux des projets de lois qui étaient en cours de discussion ; elle leur demandait leur avis sur les améliorations à introduire dans l'administration ou dans le gouvernement; elle cherchait à faire, en un mot, le mieux qu'elle pouvait, son apprentissage de souveraine. Un jour qu'elle avait invité un des membres de l'opposition elle lui posa à brûle-pourpoint la question suivante :

« Quelle est la réforme qui est en ce moment le » plus vivement réclamée par l'opinion publique ? »

La réponse fut aussi nette et aussi précise que la question :

« Madame, c'est la liberté de la presse ! »

L'Impératrice ne put dissimuler un mouvement de

surprise et presque de mauvaise humeur. Son interlocuteur reprit :

« Il faudra bien que vous y veniez. La France ne
» peut supporter plus longtemps d'être privée d'une
» liberté dont jouissent toutes les nations civilisées.
» Après avoir rendu la parole aux députés, il est im-
» possible d'interdire aux écrivains le droit d'exprimer
» librement leur opinion....

— « Mais, monsieur, y songez-vous ? dit l'Impéra-
» trice. Si on laisse aux journaux le droit de tout dire
» et si on supprime l'autorisation préalable, le gouver-
» nement sera en butte aux injures et aux calomnies.
» On remontera dans le passé. On reprochera tous les
» jours à l'Empereur le coup d'Etat du 2 décembre.

— » C'est très probable ; mais je ne vois qu'un moyen
» d'échapper à ces reproches, c'est de prouver qu'on
» veut sincèrement la liberté. Le coup d'État n'est de-
» venu un grief que parce qu'on l'a prolongé trop long-
» temps. Il dure encore ; les mesures exceptionnelles
» qui l'ont accompagné subsistent. Parmi elles, se trouve
» le décret du 17 février 1852 qui est la loi de sûreté
» générale appliqué à la presse. Qu'il disparaisse, et
» les attaques contre l'Empire à propos de son origine
» deviendront un non-sens. »

L'Impératrice réfléchit pendant quelques instants ;
puis elle jeta à la tête de son auditeur étonné ces paroles qui mirent fin à l'entretien : « C'est très logique,
» ce que vous dites là, mais ce n'est pas politique. Il
» faut que la presse soit contenue jusqu'à ce que le
» 2 décembre soit oublié. »

Cette conversation à laquelle j'avais assisté me revint en mémoire le jour où j'appris qu'à la suite de la

manifestation qui avait eu lieu sur la tombe du représentant Baudin, le gouvernement avait résolu de poursuivre les journaux qui avaient ouvert une souscription pour élever un monument à la mémoire de cette victime du coup d'État. « Evidemment, me dis-je, l'Impéra-
» trice doit, à l'heure qu'il est, s'applaudir d'avoir pré-
» vu ce qui arrive aujourd'hui, et si elle revoit jamais
» son interlocuteur de 1865, elle lui démontrera qu'elle
» a été plus perspicace que lui. »

L'Impératrice ne se trompait pas en disant que si on rendait la liberté à la presse, les journaux opposants ne manqueraient pas de parler du 2 Décembre. Mais l'Empire avait-il fait tout ce qu'il fallait pour repousser, dans l'ombre de l'histoire, cette date néfaste?

Jusqu'en 1860, l'Empire avait laissé subsister le régime de contrainte inauguré le lendemain du coup d'État ; d'une dictature qui ne devait avoir qu'un caractère temporaire il avait fait un système de gouvernement ; il l'avait encore aggravée en provoquant cette loi de sûreté générale qui était une sorte de continuation du 2 Décembre. A la vérité, dès 1859, il proclamait l'amnistie la plus large et la plus étendue qu'ait jamais donnée un gouvernement ; le 24 novembre suivant, l'Empereur appelait les députés et les sénateurs à prendre une part plus grande aux affaires du pays. Mais on ne relâchait aucun des liens qui enchaînaient les libertés publiques : la presse continuait à être soumise à l'autorité administrative ; les citoyens n'avaient pas le droit de se réunir ; les associations étaient interdites ; les électeurs avaient toujours à subir les candidatures officielles ; le droit d'Adresse accordé aux Chambres avait bien vite dégénéré en un simple tournoi de paroles brillantes sans portée et sans sanction.

Quand en 1867, sous le coup d'événements où notre influence à l'extérieur avait failli sombrer, l'Empire s'était décidé à entrer enfin dans la voie des réformes libérales, il avait montré tant d'hésitation dans sa conduite qu'on s'était demandé s'il ne se réservait pas de reprendre plus tard ce qu'il avait eu tant de peine à concéder. Les tiraillements qui avaient accompagné le vote des lois sur la presse et sur le droit de réunion avaient fait perdre au gouvernement le bénéfice de son initiative. On avait du reste entouré de tant de restrictions l'exercice des deux droits reconnus et proclamés que la législation nouvelle paraissait un piège. Elle n'offrait, dans tous les cas, aucune sécurité à ceux qui tenteraient d'en faire usage. C'était, sous un vernis libéral, la continuation de l'arbitraire. « Toutes » les concessions faites à l'opposition depuis le 19 jan- » vier ont eu plutôt pour effet de délier sa langue que » de détruire ses griefs, » disait, avec non moins d'esprit que de justesse, M. Prévost-Paradol. Le régime du 2 Décembre n'était point complètement abandonné.

C'est le livre bien plus que le journal qui a contribué à faire la légende du coup d'Etat. Il y a eu d'abord les apologistes, les Granier de Cassagnac, les Louis Véron, les Beaumont-Vassy, etc., qui, en révélant les faits dans leurs moindres détails, ont rapetissé les événements et les ont réduits aux proportions d'une conspiration d'intrigants et de déclassés.

Le pamphlet de Victor Hugo, *Napoléon le Petit,* avait du moins le mérite de laisser aux journées de Décembre leur valeur tragique. On y flétrissait l'appel à la force, mais les malédictions du poète relevaient le rôle des acteurs de ce grand drame historique. Ce livre de *Napoléon le Petit* eut d'abord, malgré tous les obstacles, un débit énorme. On le répandit à des milliers d'exemplaires sur toute la surface du territoire. On en copiait des chapitres qu'on lisait à la veillée dans les ateliers. Il suffit de quelques années tranquillité et de prospérité pour arrêter cet immense succès. Dès 1856, un libraire de Bruxelles me confessait qu'il en vendait à peine une centaine d'exemplaires par an.

Chose étrange ! ce fut l'amnistie du 16 août 1859 qui eut surtout pour effet de réveiller les colères contre le coup d'Etat. Dans le dispositif du décret, on avait commis une faute grave : on avait confondu deux ordres de mesures qui étaient cependant très distinctes : les condamnations et les simples mesures administratives. L'amnistie aurait dû s'appliquer uniquement aux premières ; quant aux secondes, il suffisait de les rapporter. Cette confusion dans les faits amena une série de protestations plus violentes les unes que les autres. Afin qu'elles produisissent plus d'effet, on eut soin de les échelonner sur un long espace de temps. « Nous ne pourrons jamais oublier le » 2 Décembre, » écrivait M. Schœlcher. — « Le » crime, disait M. F. Pyat au nom de la *Commune* » *révolutionnaire*, n'a pas le droit d'absoudre les vic- » times. Il n'a pas plus le droit de grâcier que le droit » de proscrire. »

On ne voit pas que ces protestations aient eu un grand retentissement dans la suite. Les préoccupations publiques étaient ailleurs, et quand, en 1865,

M. Eugène Ténot publia son étude historique, *La Province en décembre 1851*, de l'aveu de ses propres amis, ce livre fut accueilli avec indifférence.

Dans les discussions parlementaires, les orateurs de l'opposition s'étaient gardés de faire allusion au coup d'Etat. Cependant, au mois de mars 1865, un chambellan de l'Empereur, M. le marquis d'Havrincourt, ayant esquissé une apologie du 2 Décembre, M. E. Picard s'était écrié : « Ne parlez pas du 2 Décembre. » Puis, excité par le langage de M. Rouher, il avait laissé échappé ces mots : « *Le 2 Décembre est un crime!* » Mais le bruit avait étouffé sa voix, et, après des explications échangées entre le député de l'opposition et le Président, il avait été convenu que cette parole serait considérée comme ayant été retirée.

Pour retrouver un incident analogue, il faut aller jusqu'au 18 mars 1867. Ce jour-là, M. Rouher avait invoqué le souvenir des acclamations dont le 2 Décembre avait été suivi. M. J. Favre ne put se contenir : « Ne parlez pas du 2 Décembre, » s'écria-t-il à son tour. Et, M. Thiers, avec émotion : « Qu'on ne » parle pas du 2 Décembre devant ceux qu'il a pros- » crits. » Il s'ensuivit un tumulte indicible que le Président eut beaucoup de peine à calmer.

Ce sont là, à notre connaissance, les seuls incidents parlementaires auxquels donnèrent lieu les souvenirs du coup d'Etat.

Après la promulgation de la loi de la presse, c'est encore le livre qui appela l'attention publique sur les événements de Décembre 1851. Au commencement d'août 1868, parut un nouvel ouvrage de M. E. Ténot:

Paris en Décembre 1851. Ce livre, écrit sans passion et empruntant les faits aux récits apologétiques, donna le signal du mouvement qui allait se produire ; un adversaire du second Empire en a fait l'aveu : « Les » mitraillades du boulevard Montmartre, depuis si » longtemps oubliées, remplirent les cœurs de pitié, » de colère et de dégoût. On s'extasia sur l'héroïsme » du représentant Baudin, dont la mort glorieuse » et tragique avait si peu remué les esprits en son » temps. »

Les origines de l'Empire redevenaient ce qu'on appelle, en style de presse, une actualité. Aussi, vit-on sortir successivement des portefeuilles, où ils gisaient depuis longtemps, le *Voyage d'un transporté*, par Delescluze ; *Un Chapitre inédit du 2 Décembre*, par Jules Vallès ; les *Trois Passions*, par Auguste Barbier ; les *Mémoires d'exil*, par Mme Edgard Quinet. *Le Figaro* lui-même se crut obligé de sacrifier à l'opinion courante, en réveillant le souvenir de la lugubre légende de Martin Bidauré.

Cette fois, l'élan était donné. Il y avait longtemps que les exilés du 2 Décembre cherchaient une occasion de rentrer en scène. Ils saisirent celle qui leur était offerte avec une décision et une hardiesse qui entraînèrent à leur suite tous les partis d'opposition. Mais on comprendrait difficilement ce réveil subit de rancunes et de passions, qu'on aurait cru depuis longtemps éteintes, si l'on ne tenait pas compte des circonstances au milieu desquelles on se trouvait.

Depuis deux ans, l'Empire semblait manquer de direction, ou plutôt être livré à deux volontés contraires qui se paralysaient réciproquement, sans que l'une pût triompher de l'autre. A l'extérieur, on ne savait quel parti prendre en face de la Prusse triomphante; on proclamait la paix, et on se préparait à la guerre, mollement, il est vrai, et comme des gens qui répugnaient à la faire. A l'intérieur, on s'était résigné à donner les réformes libérales; mais, au pouvoir discrétionnaire qu'on avait abandonné, on avait substitué le pouvoir judiciaire. On avait confié aux magistrats le soin de protéger le gouvernement devenu impuissant à se protéger lui-même.

L'Empire flottait à l'aventure. Après avoir abusé de la force dans les premières années de son existence, il en était réduit à se mettre sur la défensive. C'est là, pour un gouvernement, la pire des situations, parce qu'elle donne confiance à ses adversaires et qu'elle les provoque à redoubler leurs attaques.

Il était arrivé, du reste, ce qui arrive toujours, quand le pouvoir s'affaiblit : la division s'était glissée dans les conseils. C'était un fait avéré que des rivalités existaient entre tels ou tels personnages. On signalait des divergences de vues complètement inconciliables. Comme ces révélations coïncidaient avec des actes qui trahissaient des hésitations et des incertitudes, on représentait le gouvernement comme livré à des tiraillements perpétuels. Les angoisses de l'opinion augmentaient, quand on voyait tel organe de la presse faire l'éloge d'un ministre et combattre celui qu'on regardait comme son rival. Il résultait de ces luttes, vraies ou supposées, une déconsidération qui atteignait tout le monde et qui enlevait aux hauts fonctionnaires de l'administration une grande partie de leur prestige et de leur autorité. Ce n'était un secret pour personne que tel écrivain était à la solde d'un ministre, qui se servait de sa plume pour battre en brèche tous les hommes politiques qui lui portaient ombrage.

Je pourrais citer des faits à l'appui de ce que j'avance; mais je craindrais de réveiller des passions qui ont depuis longtemps disparu. Je ne puis cependant résister au désir de rappeler une anecdote assez piquante.

Un ministre qui occupait dans le cabinet une situation prépondérante se présenta un jour dans le cabinet de son collègue de l'Intérieur : « J'aurais besoin, lui » dit-il, d'une douzaine de mille francs pris sur les » fonds secrets pour récompenser les services d'un » écrivain de talent que j'emploie à la défense de nos » institutions. » — « Vous allez les avoir tout de » suite, mon cher collègue, » dit le ministre de l'Intérieur, et il sonna pour faire venir le chef des fonds secrets. — « A quel nom, dit le scrupuleux employé, » faut-il mandater cette somme de douze mille francs ? » — Mais si je vous disais le nom, les fonds ne se- » raient plus secrets, dit le spirituel ministre; cepen- » dant si la règle l'exige, mandatez à mon nom. » Un quart d'heure après, le ministre de l'Intérieur déposait entre les mains de son collègue les douze billets de mille francs. Or, tout le monde savait une chose qu'on ignorait probablement au ministère de l'Intérieur, c'est que l'écrivain auquel ces fonds étaient destinés appartenait à l'opposition et qu'il avait pour rôle unique de défendre son patron contre tous ses adversaires, les ministres compris. L'administration de l'intérieur était l'objet principal, et je pourrais dire, l'objectif préféré de ses attaques. Le pauvre ministre avait payé lui-même les verges pour se faire fouetter.

M. Pinard était un des ministres dont la position était le plus difficile. Il était arrivé au pouvoir dans des conditions qui devaient inévitablement le mettre en conflit avec la plupart de ses collègues et en particulier avec M. Rouher. A ce moment, l'Empereur ne se repentait pas positivement des promesses contenues dans la lettre du 19 janvier ; mais on lui avait signalé les conséquences extrêmes auxquelles elles pouvaient conduire, et la pensée lui était venue de tenir strictement ce qu'il avait promis, sans aller au-delà, sans faire un pas de plus. Pour réaliser ce programme, il avait songé à confier le ministère de l'Intérieur à un nouveau venu, à un homme n'ayant point d'antécédents politiques, qui se renfermerait dans ce rôle étroit de dégager la parole de l'Empereur. M. Pinard, qui s'était distingué au Conseil d'État, lui avait paru propre à remplir ce rôle.

» J'avais assumé, me disait un jour M. Pinard, une
» tâche impossible. Mon ministère se résumait ainsi :
» *Des réformes libérales* faites par un *ministre autori-*
» *taire*. C'était là une illusion. Je devais mécontenter
» la Droite en sacrifiant les décrets de 1852, et je
» m'attirais les critiques de la Gauche, parce qu'à ses
» yeux, je ne tirais pas toutes les conséquences des
» promesses qui avaient été faites. »

L'opinion n'était pas moins dévoyée que le gouvernement. Dans la presse et dans les réunions publiques, on se livrait à une véritable débauche d'idées folles et d'opinions bouffonnes. On eût dit d'une échappée d'écoliers. On procédait à la démolition du régime de 1852, sans en avoir la conscience bien nette. On s'arrachait les numéros de la *Lanterne*. Rochefort avait acquis en quelques semaines une popularité immense. Les hautes classes, tenues jusque-là à l'écart, en raffolaient. « La grosse bourgeoisie, me disait un de mes » collègues de la majorité, boit à petites gorgées la » haine de l'Empire. » Les pamphlets sur le 2 Décembre donnèrent une direction à cette agitation confuse. M. A. Ranc a dit un mot très vrai sur le *Paris en décembre* 1851 de M. Ténot : « L'ouvrage de » M. Ténot est plus qu'un livre, c'est un acte poli- » tique, et c'est aussi pour le pays le point de départ » d'une situation nouvelle. Aux uns, il a rappelé le » passé ; aux autres, il l'a appris. »

A cette débandade générale du dedans venaient s'ajouter les excitations du dehors. On se souvient qu'à la fin de l'année précédente, un certain nombre de personnages avaient reçu sous enveloppe un manifeste républicain émanant d'une association qui s'intitulait : *Commune révolutionnaire de Paris*. Dans cette pièce qui avait été affichée un moment dans le faubourg Saint-Antoine, on provoquait à l'assassinat de l'Empereur et au renversement de l'Empire. Plus tard on avait appris que cette proclamation avait été lue par F. Pyat dans un meeting à Londres, et une correspondance, échangée entre cet écrivain révolutionnaire et le journal le *Nord*, avait démontré que, si F. Pyat n'était pas l'auteur du placard, il en était du moins le collaborateur pour la plus forte part.

Un second manifeste du même genre et paraissant avoir la même origine, fut publié vers la fin d'octobre

1868. Ces sortes de pièces servent trop bien les intérêts de la réaction pour que les hommes de résistance ne s'en fassent pas un argument contre les hommes de progrès. Le *Pays* publia celle-ci en entier comme il avait fait de la première. Le n° 2 était du reste du même type que le n° 1. F. Pyat prétendait encore une fois qu'il n'avait fait que mettre au net les idées d'une association ayant son siège à Paris.

Proudhon m'avait mis autrefois en rapport avec un ancien représentant à la Législative qui avait du chercher un refuge en Belgique, à la suite des affaires du 13 juin, et que les circonstances avaient rapproché de F. Pyat. Le lendemain du jour où le manifeste avait paru dans le *Pays*, je rencontrai mon ex-montagnard, sous les galeries de la rue de Rivoli. Il m'entraîna au *Café de la Régence*. A notre entrée dans la salle, quatre consommateurs qui se trouvaient à une table à côté de la porte d'entrée se mirent à causer avec une certaine animation. Ils nous désignaient presque du doigt et se tournaient à chaque instant de notre côté. Évidemment notre présence les préoccupait, et nous étions l'objet principal de leur conversation. J'en fis l'observation à mon compagnon :
« Ces gens-là vous connaissent bien, me dit-il, et ils
» sont surpris de me voir en votre société. L'un
» d'eux est un M. Landeck, d'origine polonaise ou
» hongroise, je n'en suis pas bien sûr, ancien président et orateur d'une loge maçonnique. Ce Landeck est l'ami et le correspondant de F. Pyat ;
» c'est lui qui est l'auteur du manifeste publié au
» nom de la *Commune révolutionnaire* ; il imite dans la
» perfection le style de Pyat qui du reste ne laisse

» rien passer sans l'avoir revu et corrigé. » — « C'est
» donc vrai, dis-je à l'ancien représentant; il y a à
» Paris une association dont Pyat révise les mani-
» festes? » — « Sans doute, me répondit-il, et vous
» l'avez tout entière devant vous. Elle se compose de
» Landeck et des trois avaleurs de chopes qui sont
» attablés avec lui. » On sait que ce Landeck est devenu un des membres les plus actifs de la Commune
de 1871.

J'eus dès lors le sentiment clair et net de la situation périlleuse où se trouvait l'Empire, attaqué avec
audace par des hommes dont la proscription du
2 Décembre avait fait des ennemis implacables, et,
d'un autre côté, mal défendu par des conservateurs
hésitants et divisés. Aussi quand, en réponse à la
note d'une feuille officieuse qui avait cru devoir
annoncer que le 2 novembre les cimetières seraient
fermés par ordre de l'autorité, je lus dans le *Réveil*
l'annonce suivante qui ressemblait à une invitation, je
vis tout de suite que le gouvernement allait se
trouver en présence d'un énorme embarras : « On ne
» peut, disait le journal de M. Delescluze, empêcher
» un peuple de s'honorer lui-même en honorant la
» mémoire de ceux qui, comme Godefroi Cavaignac,
» ont usé leur vie aux luttes de la liberté, de ceux
» qui, comme Baudin, sont tombés martyrs en défen-
» dant la loi. »

Je ne retracerai pas ici le tableau des scènes qui se
passèrent le 2 novembre 1868 au cimetière Montmartre
sur la tombe retrouvée du représentant Baudin.
Malgré les discours et la mise en scène, cette visite
solennelle à une tombe délaissée depuis dix-sept ans

fut un pur enfantillage. Ce qui lui donna un caractère tout particulier de gravité, ce fut la souscription ouverte par les journaux pour l'érection d'un monument commémoratif. Il ne s'agissait plus d'un simple acte d'opposition, c'était une véritable insurrection morale qu'on cherchait à organiser contre l'Empire. L'entraînement fut rapide. Entamée par les journaux radicaux, la souscription fut bien vite poursuivie par les journaux qui affichaient un libéralisme modéré. Aucun journal indépendant de Paris ou des départements ne crut pouvoir se dispenser d'ouvrir ses colonnes aux listes de souscripteurs.

Il serait assez intéressant de parcourir aujourd'hui ces listes sur lesquelles s'inscrivirent à l'envie tous ceux qui trouvaient que l'Empire ne faisait pas une part assez large aux idées libérales, et qui, cinq ans plus tard, débordés par le mouvement qu'ils avaient eux-mêmes provoqué, poussèrent la réaction beaucoup plus loin que l'Empire n'aurait osé le faire. « Nous avons été bien coupables, me disait un
» jour un écrivain d'un grand talent et d'un grand bon
» sens qui avait poussé plus que les autres à la sous-
» cription Baudin. Les concessions que l'Empire
» nous avait faites étaient énormes. Le parti que les
» Cinq ont su tirer du décret du 24 novembre aurait
» dû nous éclairer. Mais nous autres, les jeunes, qui
» ne connaissions le 2 Décembre que par les récits
» qu'on nous en faisait, nous nous étions mis à la
» remorque d'hommes qui avaient des rancunes à sa-
» tisfaire. Leur grande réputation nous entraînait
» vers eux, et, sans que nous eussions jamais reçu
» d'offense, ils trouvèrent le moyen de nous asso-

» cier à leurs vengeances. Quand nous nous sommes
» aperçus du sot rôle qu'on nous faisait jouer, il était
» trop tard ; le mal était fait. »

Tous les députés de la gauche s'inscrivirent sur les listes. Berryer mourant envoya sa souscription avec une lettre qui produisit un grand effet sur l'opinion ; c'était une sorte de malédiction que l'illustre vieillard adressait à l'Empire, une parole suprême de revendication en faveur du droit. Les journaux firent la remarque que, seuls de tous les députés de Paris, Ollivier et moi, nous nous étions abstenus de souscrire. Pour mon compte, je n'avais pas voulu m'associer à une manifestation dont on ne déguisait plus le sens révolutionnaire, et cependant j'avais souffert des événements de Décembre. Appelé le 30 novembre 1851 à Aix pour un procès de presse où j'avais failli laisser ma liberté, j'avais été traqué par la police pendant trois semaines et, pour rentrer à Paris, il avait fallu me cacher sous la bâche d'une diligence. Pendant plusieurs années, mes amis et moi, nous avions vainement sollicité l'autorisation de publier un journal. Nos livres et nos brochures étaient impitoyablement refusés par les libraires. Un éditeur me demanda un volume sur l'*Histoire de France au dix-neuvième siècle* ; il y avait naturellement un chapitre sur la République de 1848 et sur le coup d'Etat ; ce chapitre fut trouvé dangereux ; on le supprima et on le remplaça par une chronologie toute sèche des événements ; le volume parut, mais sans mon nom, bien que ce nom fût alors bien obscur : on le jugeait trop compromettant. J'aurais été obligé de renoncer à une carrière pour laquelle j'avais, jusque-là, fait de grands sacrifices, si je n'avais pas rencontré sur ma route M. de Girardin, qui m'ouvrit généreusement les colonnes de la *Presse* et qui me permit de reprendre mon rang dans le nombre, alors bien réduit, des journalistes militants.

M. Thiers refusa, lui aussi, de s'associer à une manifestation qu'il considérait comme stérile. « A quoi
» bon, disait-il, tout ce tapage ? Est-ce que vous
» espérez récolter sept millions de signatures ? Vous
» voulez montrer qu'il y a des mécontents ? Le gouver-
» nement le sait bien. Il se rassurera et s'entêtera
» dans le *statu quo*, quand il verra à quel petit nombre
» ces mécontents se réduisent. »

La souscription Baudin surprenait le cabinet en pleine crise. Les éléments qui le composaient se désagrégeaient de plus en plus, et un événement aussi gros de tempêtes n'était pas fait pour lui rendre de la cohésion et de la solidité. Quand il s'agit de savoir quel parti il y avait à prendre, les divisions recommencèrent. Les uns étaient d'avis qu'il fallait laisser faire ; ceux-là étaient des hommes de résistance ; ils espéraient que les choses prendraient une tournure telle que les classes élevées s'effraieraient et qu'elles réclameraient elles-mêmes le retour à un régime de compression. Les autres voulaient qu'on fît usage des armes que la législation mettait entre les mains du gouvernement, et qu'on exerçât des poursuites contre les journaux qui avaient pris l'initiative de la souscription ; la grande difficulté était de trouver un texte qui permît d'ouvrir une action judiciaire ; on découvrit, dans la loi de sûreté générale, un article qui punissait les manœuvres à l'intérieur, et on proposa d'en faire l'application. Mais cet expédient parut au premier abord tellement périlleux qu'on hésita longtemps avant de l'employer.

Au ministère de l'Intérieur, on était complètement affolé. Chaque jour amenait des découvertes qui produisaient un véritable effet d'ahurissement. Un jour on apprenait que les écoles étaient très travaillées ; le lendemain, on venait annoncer que l'agitation gagnait les ateliers. On commençait à se douter que les réfugiés rentrés en France étaient à la tête du mouvement. Mais aucun de ces gens-là ne savait quelles mesures prendre ni à quelle politique ils devaient s'arrêter. Tous apercevaient le danger qui allait en grandissant, et ils répétaient sans cesse : « Que faire ? mon Dieu ! » Que faire ? »

Cependant la crise ministérielle allait son train. On a nié son existence. Elle était bien réelle cependant. Il s'était formé une véritable union gouvernementale pour battre en brèche M. Rouher. Dans le conseil des ministres, elle comptait plusieurs adeptes, parmi lesquels le maréchal Niel et M. Magne. Je n'ai jamais bien su si M. Pinard en faisait partie. Mais il y avait d'autres ministres qui n'attendaient qu'une occasion pour se déclarer. La ligue comprenait plusieurs personnages qui occupait des positions importantes dans l'entourage de l'Empereur.

On avait mis en avant le nom de M. Drouyn de Luys. Comme il s'agissait de remplacer M. de Moustier, qui avait donné des preuves nombreuses d'insuffisance, il était tout naturel que le nom de M. Drouyn de Luys fût prononcé. Mais je ne crois pas qu'il ait été jamais sérieusement question de sa rentrée au ministère des affaires étrangères. La seule chose certaine, c'est qu'il eut avec l'Empereur un entretien où les façons d'agir de M. Rouher vis-à-vis de ses collègues ne furent pas ménagées. M. Drouyn de Luys déclara que, pour son compte, il n'aurait jamais souffert que ses actes fussent démentis par le ministre d'État, le jour où il aurait plu à celui-ci d'obtenir par ce désaveu un succès de tribune. L'Empereur défendit M. Rouher avec beaucoup de chaleur ; il mit en avant son profond dévouement à l'Empire et il laissa entrevoir qu'il n'abandonnerait l'homme, qui lui avait rendu de si grands services, qu'à la dernière extrémité.

C'est au milieu de tous ces misérables tiraillements que fut prise enfin une résolution sur les poursuites à intenter contre les auteurs de la souscription Baudin. MM. Rouher et Baroche s'y étaient opposés de toutes leurs forces ; mais ils durent s'incliner devant la volonté formelle de l'Empereur.

On faisait commettre là à l'Empereur une grosse faute. Je ne sais qui a dit : « Le gouvernement avait » bien mieux à faire que de poursuivre la souscrip- » tion ; il pouvait lui imprimer un grand caractère de » conciliation et d'apaisement en s'y associant. » C'était demander trop ; ce n'est pas par des sentiments chevaleresques que se laissent guider les chefs d'État. L'attaque était trop directe pour que l'Empereur n'en éprouvât pas quelque impatience. Il y avait là du reste une profonde injustice des partis. Non seulement la nation avait paru absoudre le coup d'Etat ; mais Napoléon III avait cherché à le faire oublier en donnant à la France une grandeur et une prospérité sans exemple. Cette protestation, s'élevant au lendemain de concessions libérales, était un anachronisme outrageant. Mais précisément parce que l'attaque s'adressait à la personne de l'Empereur, on aurait dû se borner à y répondre par le mépris.

On s'était contenté de déférer aux tribunaux le *Réveil*, l'*Avenir national* et la *Tribune*; mais il était facile de voir que les autres journaux se piqueraient d'honneur, qu'ils ouvriraient les uns après les autres leurs colonnes à la souscription, et qu'on serait amené à procéder contre toute la presse opposante. L'application de la loi de sûreté générale qu'on considérait comme tombée en désuétude, produisit un déplorable effet sur l'opinion publique. Le caractère exceptionnel de la loi rejaillissait sur les poursuites qui furent dès lors considérées comme inspirées par la raison d'Etat, et non par le désir de maintenir la paix publique.

Le procès intenté aux journaux eut un résultat, ce fut de mettre en lumière un jeune avocat qui, jusque-là, n'était connu que dans un petit cercle d'hommes politiques et de donner un chef à ce qu'on a appelé depuis *le parti des irréconciliables*. Le 12 novembre, personne ne connaissait M. Gambetta; le 14 au soir, ce nom était dans toutes les bouches. La plaidoirie qu'il avait prononcée en faveur de Delescluze devint le manifeste du nouveau parti, manifeste ardent, passionné, qui ne fut pas lu seulement dans les ateliers et dans les mansardes, mais qui fut accueilli et commenté dans les salons où l'on trouvait de bon goût d'encourager toutes les entreprises contre le gouvernement impérial.

Quand on relit aujourd'hui cette plaidoirie on est étonné d'y trouver si peu d'arguments. Ce n'est qu'une bellé pièce de rhétorique. Le Gambetta vide, creux et redondant est là déjà tout entier. La phrase est encore nette et claire, probablement parce que le discours avait été très travaillé et que l'orateur avait eu du temps pour se préparer. Mais le raisonnement est tout aussi empâté que dans les harangues de 1880 et 1881. On avait beaucoup admiré cette apostrophe :

« Ah ! cinq millions de suffrages ne vous suffisent
» pas ! Au bout de dix-sept ans de règne, vous vous
» apercevez qu'il serait bon d'interdire la discussion
» sur les faits à l'aide d'une rectification posthume
» émanée d'un tribunal correctionnel ! Non, il n'en
» sera pas ainsi ; non, vous ne donnerez pas, vous
» ne pouvez pas donner cette satisfaction ; car pour
» ce procès, il n'existe pas de tribunal en dernier
» ressort ; il a été jugé hier ; il le sera demain,
» après-demain, toujours, sans trêve ni relâche
» jusqu'à ce que la justice ait reçu la suprême satis-
» faction. Ce procès du 2 Décembre demeurera, quoi
» qu'on fasse, survivant et ineffaçable, à Paris, à Lon-
» dres, à Berlin, à New-York, dans le monde entier,
» et partout la conscience universelle portera le même
» verdict. »

Un journal qui passait pour recevoir des communications officieuses, le *Gaulois*, s'avisa de publier une note conçue en termes voilés où l'on dénonçait une conspiration étendue employant tous les moyens pour combattre l'Empire. « Il ne s'agirait plus seulement,
» disait cette note, d'une souscription publique, pré-
» texte et mot d'ordre, mais d'un véritable complot
» dont les principaux chefs seraient connus, les com-

» plices dévoilés, les manœuvres mises à jour. La loi
» de sûreté générale ne tarderait pas à être appliquée
» dans toute sa rigueur ».

On avait, en effet, discuté en conseil des ministres, les moyens d'en finir avec une agitation qui menaçait de prendre des proportions inquiétantes. Mais l'indiscret qui avait écouté aux portes avait pris pour des réalités de simples appréciations individuelles, et par ses révélations intempestives, il gênait bien plus qu'il servait le gouvernement. Le *Gaulois* fut obligé d'atténuer ce que sa note renfermait d'imprudent, et comme l'émotion produite ne s'apaisait pas, la *Gazette des Tribunaux* annonça qu'une instruction avait été requise contre ce journal, sous l'inculpation de fausses nouvelles de nature à troubler la paix publique, et le *Moniteur*, quelques jours après, confirma les poursuites. Elles n'ont jamais eu de résultat.

Il n'y avait pas de complot, mais il y avait un parti pris de pousser à bout le gouvernement et de l'amener à prendre des mesures qui lui feraient perdre le bénéfice de ses concessions libérales. Les listes de souscription avaient été fermées à Paris; mais tous les organes indépendants de la province en avaient ouvert de nouvelles. De là des procès qui se terminaient par des condamnations plus ou moins sévères. Un seul journal, l'*Indépendant du Centre*, fut acquitté par le tribunal de Clermont-Ferrand. Cet acquittement causa un étonnement voisin de la stupéfaction. Il y avait à craindre, en effet, que la débandade se mît dans la magistrature de province, si timide et si tremblante devant les coteries locales.

Le jugement du tribunal de Clermont-Ferrand était

très fortement motivé et les considérants très propres à donner à réfléchir à des magistrats irrésolus. On établissait en termes très nets que le fait d'avoir publié une liste de souscription pour le monument Baudin ne constituait pas la manœuvre à l'intérieur. On invoquait à l'appui un arrêt de la Cour de cassation du 11 décembre 1858 qui avait décidé que la manœuvre à l'intérieur supposait un ensemble de faits et d'actes spécifiés par le but coupable auquel ils tendent. Si cette doctrine était admise par les tribunaux, le jugement du tribunal correctionnel de Paris qui avait prononcé dans un sens contraire se trouvait infirmé. Que deviendraient dès lors les poursuites en présence de juges concluant à l'acquittement et de la Cour de cassation mise en demeure d'avoir à appliquer ses propres arrêts ? Heureusement, la cour de Riom vint au secours du gouvernement en détresse ; le jugement du tribunal de Clermont-Ferrand ne fut pas confirmé ; l'*Indépendant du Centre* fut, comme tous ses confrères, condamné à une forte amende.

Néanmoins la crainte de voir la magistrature leur échapper avait porté au comble l'affollement de certains membres du cabinet. On ne parlait rien moins que de toucher aux lois sur la presse et sur le droit de réunion. La question fut portée devant le conseil des ministres, où elle donna lieu à des discussions très vives. M. Rouher s'opposa à toute modification ; il était impolitique, suivant lui, de revenir sur des lois qui avaient à peine six mois d'existence. C'est à grand'peine que le ministre d'Etat obtint l'ajournement des mesures qui étaient proposées.

La vraie tactique à suivre, suivant certains hommes

politiques, c'était de laisser aller les choses jusqu'au point où, le danger devenant visible, les classes conservatrices s'apercevraient qu'il n'y avait de salut que dans le gouvernement impérial. C'était un faux calcul. Les conservateurs s'étaient depuis longtemps détachés de l'Empire. « Cherchez donc, s'écriait avec désespoir un
» défenseur acharné de la politique de résistance, les
» jeunes gens ambitieux qui se lancent dans la voie
» conservatrice, et nommez-les nous ! Vous n'en trou-
» verez pas ! L'opposition prend tout, ramasse tout,
» réunit tout ! » Rien de plus vrai. Il suffisait de parcourir les listes de souscription au monument Baudin pour être éclairé sur les vrais sentiments de cette Bourgeoisie qu'on comptait reconquérir. C'était la fleur de sa jeunesse qui figurait en tête de ces listes; c'étaient ses journaux qui les propageaient; c'étaient ses écrivains qui encourageaient les souscriptions.

Il y eut certainement à cette date une véritable défaillance du pouvoir. Tout le monde le sentait. Ceux qui approchaient le plus des membres du cabinet en gémissaient. Le 24 novembre, je fis la rencontre, au foyer de l'Opéra, d'un ancien préfet qui était depuis longtemps en disponibilité, mais qui avait encore accès dans le cabinet de certains ministres. Il était littéralement consterné. « Je suis frappé, me dit-il,
» de la rapidité avec laquelle les populations marchent
» vers la désaffection. Pour moi, je ne crois plus ni
» à la durée ni à la solidité de l'Empire. »

Le lendemain, j'étais allé au ministère d'État entretenir M. Rouher de l'importante question des usiniers de l'ancienne banlieue. Le ministre étant occupé, je pénétrai dans le bureau de M. Sailard, le futur

héros du Bourget, qui était attaché au cabinet en qualité de représentant des affaires étrangères. Je trouvai M. Saillard encore plus effrayé que mon préfet de la veille et tenant à peu près le même langage :
« J'ai rarement été témoin, me dit-il, d'une situation
» aussi détestable. L'opposition systématique gagne
» du terrain tous les jours. L'Empire est très sérieu-
» sement menacé, et non seulement il ne fait rien
» pour se défendre; mais on lui fait entasser mala-
» dresses sur maladresses. Les ministres vivent dans
» une quiétude dangereuse. On leur fait croire que
» l'agitation n'est qu'à la surface, mais que le fond
» du pays est resté bon. Ceux qui voient les choses
» telles qu'elles sont n'osent pas avertir l'Empereur,
» de peur de l'effrayer. Cependant les symptômes de
» désaffection se multiplient tous les jours. L'exis-
» tence de l'Empire est à la merci du moindre in-
» cident. L'Empereur semble s'être complètement
» désintéressé des affaires publiques; il est malade,
» et d'ailleurs il est arrivé à un âge où l'on se
» fatigue de lutter; il laisse la direction du gou-
» vernement à ses ministres. Au lieu de réunir leurs
» efforts pour la défense de l'Empire, les ministres
» se chamaillent entre eux. Ils ne voient plus les
» événements au point de vue de l'intérêt général ;
» ils sont absorbés par leurs intérêts personnels. »

C'est sans doute au décousu qui régnait dans les régions gouvernementales qu'il faut attribuer le luxe de précautions militaires qui furent prises le 3 décembre contre une démonstration que tous les journaux radicaux avaient décommandée la veille. L'envoi de troupes aux environs du cimetière Montmartre fut une provocation inutile. On ne renouvelle pas à un mois de distance des manifestations comme celle qui avait eu lieu le 3 novembre sur la tombe de Baudin. Si le gouvernement s'était bien rendu compte de l'état de l'opinion, il se serait aperçu qu'une sorte de réaction se manifestait, même parmi les radicaux, contre les démonstrations extra-légales. M. Peyrat avait dit dans l'*Avenir National* : « Tous, amis et adversaires, » nous avons un rendez-vous commun ; il n'est pas » pour le mois de décembre, mais pour le mois de » mai ou de juin 1869 ; il n'est pas au cimetière, il » est aux élections ! » M. Jules Favre, dans un discours prononcé à Troyes, disait de son côté : « Oublions » nos haines et nos rancunes ; poursuivons pacifique- » ment par le suffrage universel la réalisation du » meilleur gouvernement. » Et M. de Girardin, toujours à l'affût des courants de l'opinion, s'était empressé de dénoncer l'existence d'un parti nouveau, qu'il appelait le *parti des suffragistes*.

La *manifestation des argousins* (c'est le nom qu'on donna aux mesures préventives prises le 3 décembre) eut uniquement pour résultat de déconsidérer le pouvoir qu'on accusa d'avoir fait de la provocation en pure perte. Quand, après la mort de Berryer, on apprit que les électeurs de Marseille avaient offert la candidature à Gambetta et que celui-ci avait accepté, il fut démontré que, depuis un mois, on suivait une ligne politique absurde. On avait eu affaire jusque-là à l'opposition systématique ; on allait se trouver en présence des *irréconciliables*. On avait, de gaieté de cœur, compromis d'avance le succès des élections de 1869.

Le moment était venu où la crise qui était en permanence devait se dénouer. On ne pouvait sortir d'embarras qu'en éliminant les éléments de dissolution que renfermait le ministère et en lui donnant l'homogénéité qui lui manquait. Justement M. Pinard avait demandé à être relevé de ses fonctions. Les tiraillements qui n'avaient cessé d'exister entre lui et M. Rouher s'étaient transformés en une véritable lutte d'influence. M. Pinard, qui avait fait toute sa carrière au parquet, apportait dans les affaires cette raideur qui est parfois une qualité chez un magistrat, mais qui devient un défaut chez un administrateur obligé souvent de céder devant certaines exigences. C'était un esprit charmant dans un salon; mais, dans son cabinet ministériel, il laissait trop percer l'oreille de l'ancien procureur-général; il était toujours disposé à lancer des réquisitoires.

M. Pinard sentait bien que, depuis longtemps, on avait conjuré sa perte ; mais il ne savait trop comment s'y prendre pour se retirer. Il paraît que la publication par les journaux de la lettre de Berryer au comte de Chambord lui fournit le prétexte qu'il cherchait depuis longtemps. M. Rouher voulait qu'on poursuivît les journaux qui avaient publié cette lettre, et l'Empereur avait donné son assentiment à cette mesure. M. Baroche résistait. Tout cela se passait à l'insu de M. Pinard ; il se considéra comme amoindri par ces démarches et il alla porter sa démission à l'Empereur. Elle ne fut acceptée qu'au bout de quelques jours.

En annonçant à M. Pinard qu'il avait accepté sa démission, l'Empereur lui écrivit qu'il le nommait sénateur. M. Pinard refusa la dignité qui lui était offerte. Il fit savoir à l'Empereur qu'il préférait un siège de député, et qu'il se présenterait aux prochaines élections législatives. En attendant, il se fit inscrire au barreau comme simple avocat. Il y avait dans cette résolution la preuve d'un grand sens politique. M. Pinard avait compris qu'on ne s'improvise pas homme d'Etat, et que pour le devenir, il faut se frotter longtemps aux hommes et aux choses, et, de plus, entrer en contact direct avec les masses électorales.

M. Forcade La Roquette remplaça M. Pinard au ministère de l'intérieur. On profita de l'occasion pour se débarrasser de M. de Moustier que son état de santé éloignait de plus en plus des affaires et qui avait fait preuve d'insuffisance dans le conflit gréco-turc. La question d'Orient se trouvait de nouveau soulevée et pouvait amener une conflagration générale. M. de Moustier n'avait aucune idée sur les mesures qu'il y avait à prendre pour l'écarter. C'était un esprit timide et peureux qui se figurait qu'on parvient à résoudre les difficultés au moyen de bonnes circulaires diplomatiques. On le remplaça par M. le marquis de La Valette. Le choix était bon. M. de La Valette avait été employé dans des missions difficiles dont il s'était tiré à son avantage. Ce n'était pas peut-être un homme d'Etat supérieur ; c'était du moins un homme de ressources. Il était de l'école de M. de Morny, c'est-à-dire qu'il n'apportait dans les affaires ni idées préconçues ni parti pris. Il avait une tâche difficile à remplir : il s'agissait de faire face aux questions courantes sans en soulever de nouvelles, à vivre en quelques sorte sur les faits accomplis, à en développer les conséquences heureuses, à en écarter et à en restreindre les résultats défavorables. Il s'employa à résoudre ce problème, et il y parvint : « Les instructions, me » disait-il, que j'ai données à mes agents se résument » en cette seule phrase : Ne me faites pas d'affaires. » Si tous les fonctionnaires se pénétraient de cette » maxime, le rôle du gouvernement se trouverait singulièrement simplifié. »

M. Forcade la Roquette fut remplacé au ministère des travaux publics par M. Gressier, député de la Somme. Cette nomination était des plus imprévues, et on s'est souvent demandé les motifs qui avaient inspiré le choix de l'Empereur. Voici ce qui s'était passé :

M. Gressier avait été le rapporteur de la loi militaire, et à ce titre, il avait partagé l'impopularité qui s'était attaché à cette loi. Il avait, dans sa circonscription, des concurrents redoutables qui faisaient contre lui une propagande active, et qui répandaient dans les moindres hameaux la brochure : *Il n'y a plus de bons numéros*. M. Gressier s'était peu à peu habitué à se considérer comme s'étant sacrifié à une besogne ingrate, et il se répandait en plaintes amères sur l'ingratitude du gouvernement qui ne faisait rien pour lui, et qui ne lui donnait aucune compensation pour sa situation compromise. Au moment où la crise ministérielle était arrivée à son point culminant, il désespérait de voir le gouvernement faire quelque chose en sa faveur. Il ne portait pas ses visées bien haut ; il se serait contenté d'un siège au Conseil d'Etat. En rentrant chez lui le 17 décembre, il fut arrêté au passage par son concierge qui lui remit un pli ministériel qu'un planton avait apporté, il y avait une heure à peine : c'était sa nomination au ministère de l'Agriculture, du Commerce et des Travaux publics. M. Gressier, esprit vif et ouvert, bien qu'un peu paradoxal, était aussi propre qu'un autre à remplir cette place. C'était d'ailleurs le chemin qui conduisait au Sénat. Il y avait là de quoi guérir les blessures de l'amour-propre le plus susceptible.

Les remaniements dont le ministère venait d'être l'objet mirent fin à la crise qui durait depuis trop longtemps ; ils produisirent une sorte de détente dans l'opinion. Du reste, au point où étaient venues les choses, il était impossible que la situation se prolongeât ; on était, sans s'en douter, en route pour une révolution. Pour un temps, l'homogénéité existait de nouveau dans le gouvernement. Mais l'ébranlement causé par les mesures intempestives prises contre la manifestation Baudin avait produit son effet. On en vit les conséquences quand, quelques mois plus tard, s'ouvrit la période électorale. Les hommes politiques qui en 1857 et en 1863 étaient parvenus à faire triompher l'idée essentiellement libérale et conservatrice d'une opposition légale et constitutionnelle n'étaient même plus compris du public. Pour réussir auprès des électeurs, l'opposition systématique était à peine un titre suffisant. Il n'y avait plus de place que pour les victimes et les persécutés du 2 décembre.

X

L'INTERPELLATION DES 116

On prétend qu'en voyant le résultat des élections du 14 mai et du 7 juin 1869, M. Rouher aurait laissé échapper ces paroles : « C'est mauvais ; il faut amuser l'Empereur. »

Il est peu probable que M. Rouher ait tenu un langage aussi impolitique ; mais il se conduisit absolument comme s'il l'avait tenu. En engageant la politique de l'Empereur dans la voie des hésitations et des atermoiements, il précipita le mouvement qu'il voulait enrayer, et il mit l'Empire à deux doigts d'une formidable révolution parlementaire.

Il était impossible de se méprendre sur les véritables sentiments du pays. La déroute de l'opposition constitutionnelle à Paris et le triomphe électoral des *irréconciliables* prouvaient que la désaffection avait entamé les masses. Le groupe du Tiers-Parti avait fait de nombreuses recrues nouvelles. Beaucoup de membres de l'ancienne majorité n'avaient pu se faire réé-

lire qu'en déclinant tout appui officiel. « Surtout,
» n'intervenez pas, disait l'un d'eux à son préfet, dont
» il connaissait le zèle intempérant, vous me feriez
» battre par mon adversaire. » Parmi ceux qui avaient
accepté la candidature officielle, il y en avait un certain nombre qui avaient fait des professions de foi très
libérales, parce qu'ils avaient reconnu que le régime
du gouvernement personnel avait fait son temps.

Une pareille situation n'avait pu échapper à l'œil
perspicace de M. Rouher. En n'envisageant les choses
qu'au point de vue de son maintien au pouvoir, il est
certain que les élections étaient mauvaises ; car elles
étaient la condamnation du système politique que le
ministre d'État s'était constamment efforcé de faire
prévaloir. Tout le monde le sentait, et lui-même, sans
doute, plus qu'un autre. Mais il espérait que certains
incidents de la lutte électorale constitueraient un prétexte suffisant pour ajourner les réformes que le pays
réclamait. Il y avait eu, à Paris et sur certains points
du territoire, des émeutes qui ressemblaient fort à des
tentatives d'insurrection. M. Rouher se figurait que
ces troubles avaient singulièrement refroidi l'ardeur
libérale des populations, et que ce qu'elles avaient
voulu le jour de l'élection, elles étaient disposées à
l'abandonner le lendemain.

Si M. Rouher, au lieu de vivre isolé dans son cabinet et de ne se mettre en rapport avec le monde extérieur que par l'intermédiaire de ses chefs de service,
s'était un peu mêlé aux foules, il aurait bientôt reconnu
le peu de justesse de ses appréciations. L'indifférence
de la population en face de l'émeute était un grave
indice. Cela prouvait que c'était bien en connaissance

de cause que Paris, le 24 mai et le 7 juin, avait voté pour des candidats irréconciliables. « Paris, me disait
» un homme politique, n'est pas encore prêt pour une
» révolution; mais il est complètement désillusionné.
» Ce n'est pas une leçon qu'il a voulu donner au gou-
» vernement, c'est un soufflet. »

Ce qui contribuait à accroître les illusions de M. Rouher, c'est que les nouveaux élus semblaient ne pouvoir se réunir sur un programme commun. Il y avait le programme-Ollivier, le programme-Duvernois, le programme-Girardin, le programme-Persigny, et même le programme-Granier de Cassagnac, sans compter les petits programmes que leurs auteurs tenaient en poche, attendant l'occasion de les mettre au jour. Il régnait dans les cercles politiques une certaine incertitude sur la ligne de conduite à suivre, qui pouvait faire croire à un défaut d'entente. On espérait, dans le monde officiel, que cet éparpillement irait en s'augmentant, et que l'effervescence des premiers jours tomberait bientôt.

Gagner du temps, tel est le plan qui fut adopté par M. Rouher et ses collègues du cabinet.

Dans l'exécution, ce plan amena un résultat tout opposé; il assura le triomphe des partisans de la politique libérale.

Le gouvernement avait six mois devant lui pour réunir le Corps législatif. On avait toujours mis entre les élections et la vérification des pouvoirs le délai admis par la Constitution. Le cabinet crut qu'on créerait une diversion utile, si on convoquait le Corps législatif immédiatement en session extraordinaire, afin de procéder à la validation des opérations électorales. L'ouverture de la nouvelle législature était fixée au 28 juin.

C'était là une mesure impolitique au premier chef; elle avait rencontré une certaine opposition dans le sein du cabinet. Les partisans de ce qu'on appelait *la petite session* avaient beau faire valoir l'avantage qu'il y aurait à détourner les esprits des grandes discussions politiques en reportant leur attention sur les élections contestées, tous les ministres n'étaient pas convaincus que l'opposition consentirait à se renfermer dans cette espèce d'ordre du jour obligatoire.

—«La petite session, dit l'un d'eux, n'est pas seule-
» ment inutile, elle est nuisible. Elle ne servira à rien
» qu'à agiter et à montrer que le gouvernement n'est
» préparé à aucune solution. Il arrivera un moment, où,
» le nombre des élections vérifiées étant suffisant, le
» Corps législatif demandera à se constituer, et alors
» comment vous y prendrez-vous pour l'empêcher de
» dépasser le programme que vous lui aurez tracé et
» de se livrer à des discussions politiques? Avez-vous
» donc oublié que le Corps législatif est en possession
» du droit d'interpellation?»

Ces sages conseils n'avaient pu prévaloir. Le ministre de l'Intérieur, M. Forcade La Roquette, qui était un esprit libéral, avait hâte de sortir de la fausse situation que les élections lui avaient faite, et, sans partager les espérances de M. Rouher, il avait appuyé fortement la convocation du Corps législatif à bref délai.

M. Rouher se trompait, quand il pensait que les choses se passeraient comme au 19 janvier et qu'il pourrait encore remplir le rôle de modérateur du mou-

vement. Il n'inspirait plus confiance à personne, et il barrait le chemin à tout le monde. « Il est mort, » disaient brutalement les irréconciliables. Dans les régions officielles, on ne se gênait pas pour proclamer tout haut qu'il était fini. Vers le 12 juin, je rencontrai deux conseillers d'État, MM. Genteur et Migneret ; ils étaient d'habitude fort réservés, mais cette fois, ils ne purent s'empêcher d'exprimer leur étonnement de voir M. Rouher s'obstiner à rester au pouvoir : « Les élec-
» tions lui ont donné tort, me disaient-ils, et on ne
» comprend pas comment il n'a pas déposé son por-
» tefeuille après un échec aussi évident. »

Dès le lendemain des élections, un certain nombre d'hommes politiques étaient entrés en rapport les uns avec les autres, afin de s'entendre sur les mesures à prendre. M. Émile Ollivier avait écrit à M. de Persigny pour savoir de lui s'il était vrai que, depuis les élections, il s'était prononcé en faveur d'une politique de réaction. M. de Persigny avait répondu par une lettre qui avait été rendue publique et qui ne laissait aucun doute sur ses sentiments : « L'Empereur, y
» disait-il, n'a qu'à persévérer résolument dans les
» voies libérales qu'il a ouvertes, mais en appelant à
» lui toute une nouvelle génération jeune, forte, in-
» telligente et surtout courageuse et convaincue. »

Il y avait ailleurs des conciliabules où l'on discutait des plans sérieux de réformes et où les questions de personnes tenaient une grande place. Il ne s'agissait rien moins que de supprimer le ministère d'État avant l'ouverture de la petite session, et de remplacer MM. Rouher, Baroche et La Valette par des hommes d'une nuance intermédiaire et à tendances libérales.

Puis on attendrait, pour formuler un programme complet, l'ouverture et les débats de la grande session. Mais au moment où l'on croyait pouvoir aboutir, un haut personnage qui était mêlé à ces pourparlers vint dire à ses amis « qu'il était battu et qu'il n'y avait rien » à espérer pour le présent. » Il ajoutait cependant qu'il croyait l'Empereur « décidé à faire quelque » chose. » Les entrevues continuèrent néanmoins.

J'eus occasion de rendre visite vers ce temps-là à M. de La Valette, ministre des affaires étrangères. Je lui fis part des bruits qui couraient et je lui dis qu'à mon sens, M. Rouher avait cette fois affaire à trop forte partie pour qu'il pût résister bien longtemps. Le marquis m'avoua qu'on avait tenté des démarches auprès de lui pour le détacher de M. Rouher ; mais qu'il avait repoussé les offres qui lui étaient faites. « Je suis, » me dit-il, déterminé à m'en aller si M. Rouher s'en » va. A sa place je n'hésiterais pas à mettre le marché » à la main de l'Empereur. » Peu à peu il s'était monté la tête. Tout à coup il se jeta sur un cordon de sonnette : « Ma voiture ! » dit-il à l'huissier qui se présentait ; puis continuant : « Je vais voir l'Empereur ; » je vais aller lui dire que les choses ne peuvent pas » marcher de cette façon. Nous ne pouvons pas vivre » dans l'incertitude, en proie à des attaques continuelles. »

M. de La Valette entra alors dans des confidences qu'il est difficile de répéter. Les misères des hommes haut placés m'apparurent dans toute leur réalité. Aucun des ministres n'était sûr du lendemain. Tous se considéraient comme étant à la merci d'un caprice. Les subalternes étaient ceux qu'ils redoutaient le plus, et surtout les subalternes qu'ils supposaient avoir l'oreille du maître. Ainsi on craignait beaucoup M. Conti, chef du cabinet de l'Empereur, parce que les devoirs de sa charge lui permettaient de pénétrer à chaque instant dans les appartements privés du souverain, et qu'il lui était loisible d'introduire auprès de celui-ci tel personnage dont l'influence pouvait nuire.

Je ne sais si M. de La Valette alla réellement voir l'Empereur ; j'en doute. Je crois qu'il ne vit que l'Impératrice ; car à quelques jours de là, il me dit qu'il l'avait trouvée comme toujours fort aimable, ce qui l'avait complètement rassuré. Cependant certains faits me donnèrent lieu de penser que le ministère avait organisé une sorte de plan de défense. Les journaux annoncèrent le départ précipité du prince Napoléon pour Prangins. M. de Persigny fut blâmé pour avoir donné de la publicité à sa lettre à M. Emile Ollivier, et il envoya humblement de Chamarande une dépêche où il exprimait ses regrets de cette publicité qui avait eu lieu, disait-il, contrairement à ses intentions. Mais la grosse pièce d'artillerie qui fut démasquée, ce fut la lettre de l'Empereur à M. le baron de Mackau.

M. le baron de Mackau était alors un député fort obscur, que rien n'avait recommandé jusque-là à l'attention publique. On fut fort étonné de voir l'Empereur le choisir, dans des circonstances aussi graves, pour le confident de ses plus secrètes pensées. Dans cette lettre, Napoléon III semblait donner raison à ceux qui renvoyaient les réformes à l'époque éloignée où se serait produit l'apaisement des esprits. Le *Peuple français* qui avait eu la primeur de cette pièce avait omis la date ; mais à son contexte, il était facile de voir qu'elle remontait à trois semaines au moins. Comme il était impossible qu'elle eût été publiée sans autorisation, on en concluait qu'il y avait là un indice que les partisans du *statu quo* l'emportaient.

Tous les commentaires auxquels donna lieu la publication de la lettre à M. de Mackau seraient tombés immédiatement, si on avait su que l'épître impériale était arrivée aux mains du directeur du *Peuple français* par suite d'une indiscrétion. C'était M. Conti qui avait fait cette communication à M. Clément Duvernois, et celui-ci n'avait pu résister au désir de profiter de l'occasion pour récolter des lecteurs à son journal. L'Empereur fut, dit-on, très mécontent de cette publicité donnée à une lettre où il avait cru mettre plus de politesse que de politique.

Il y eut aussi des tentatives pour enlever à M. Schneider le fauteuil de la présidence du Corps législatif. M. Schneider, fidèle aux traditions de M. de Morny et de M. Walewski, poursuivait l'accroissement des prérogatives de la Chambre; il était l'allié naturel des députés libéraux. A cause de cela, il était suspect. On craignait en outre qu'il se montrât trop doux et trop parlementaire en présence de M. Bancel et de M. Gambetta. On croyait qu'il était nécessaire qu'il y eût un président *à poigne*. M. J. David était désigné comme l'homme le plus propre à tenir tête aux irréconciliables. L'entreprise échoua. L'ancien bureau fut maintenu, avec M. Schneider à sa tête. M. J. David resta simple vice-président; mais, comme fiche de consolation, on lui donna la plaque de grand officier de la Légion d'Honneur.

C'était, à le bien prendre, un échec pour M. Rouher. Mais, dans le camp des libéraux, on n'en jugea pas ainsi. La plaque de grand-officier donnée à M. J. David parut une approbation de la politique qu'il était censé représenter. M. de Girardin, qui avait des relations fort intimes avec la famille de M. Schneider, se rendit l'interprète de ces sentiments, dans un entrefilet retentissant, qui eut pour résultat d'éveiller les susceptibilités du président du Corps législatif. M. Schneider écrivit à l'Empereur « qu'il » considérait comme un devoir de ne pas affaiblir en » ses mains l'autorité morale si nécessaire au pré- » sident d'un grand corps » et que la nomination de M. David lui paraissait avoir ce résultat. Il terminait en donnant sa démission.

L'Empereur, dans sa réponse à M. Schneider, descendit jusqu'aux plus humbles explications. Il protesta du reste contre l'interprétation que le président de la Chambre avait paru craindre : « Je ne » saurais, dit-il, admettre que cette nomination ait, » dans l'opinion publique, la signification que vous » paraissez redouter. La politique de mon gouver- » nement se montre assez clairement pour éviter » toute équivoque. Après comme avant les élections, » il continuera l'œuvre qu'il a entreprise : la conci- » liation d'un pouvoir fort avec des institutions sin- » cèrement libérales. »

Cette correspondance entre le souverain et le président d'un des grands corps de l'Etat produisit une impression pénible. On voulut bien admettre les protestations de l'Empereur; mais on apercevait, comme dans un miroir, les hésitations auxquelles il était en proie et les tiraillements que lui faisait subir son entourage.

« La diversité des vœux, des oppositions de toutes couleurs, voilà le danger de la situation, me disait M. de Parieu, vice-président du conseil d'État, quelques jours avant l'ouverture de la petite session. On a si mal manœuvré qu'on a mis tout le monde contre soi. Tous les partis sont mécontents, les bonapartistes peut-être plus que les républicains et les socialistes ; tous les intérêts sont hostiles, les conservateurs bien plus encore que les niveleurs. Aussi se fait-il de singulières alliances. On se divise sur le but, mais on se rencontre sur le moyen, et ce moyen, c'est le retour au gouvernement du pays par le pays, c'est-à-dire la fin de l'Empire de 1852. Les bonapartistes arrivent eux-mêmes à cette conclusion : « Puisque l'Empereur, disent-ils, ne sait plus ou ne veut plus gouverner, qu'il laisse faire la majorité ; elle sauvera la dynastie. » Raisonnement faux ; car la dynastie, c'est le plébiscite de 1852, et si, après des élections aussi orageuses, on est forcé de faire un appel au peuple pour modifier ce plébiscite dans ses bases principales, qui sait ce que deviendra la dynastie ? »

C'était là des conclusions poussées à l'extrême ; mais elles étaient le reflet des préoccupations des hommes qui touchaient de près au gouvernement. En présence de ces indécisions et de ces incertitudes, on ne pouvait s'empêcher de répéter un mot récent de M. Guizot : « Le gouvernement n'a rien à craindre de la minorité ; il a tout à redouter de la sénilité. »

Mot cruel, en ce qu'il faisait reposer l'avenir de l'Empire sur la force cérébrale de l'Empereur.

Les députés, arrivés de leurs départements, commençaient à se grouper et à prendre position. La gauche se trouvait fortifiée de quelques personnalités brillantes; il y avait là des éléments jeunes et ardents avec lesquels il faudrait compter, les Bancel, les J. Ferry, les Gambetta. Le groupe qui paraissait devoir être le plus compact était le centre gauche; il avait absorbé l'ancien Tiers-Parti; il s'était assimilé un certain nombre de membres appartenant à la précédente majorité; les élections lui avaient apporté de nouveaux renforts; mais, ce qui était important pour lui, c'est qu'il avait l'appui secret de M. Thiers, et que celui-ci paraissait disposé à lui obtenir, dans les grandes occasions, le concours de ses amis. Quant à la Droite, elle n'avait plus, pour ainsi dire, qu'une existence nominale; laissée sans direction par le gouvernement, elle attendait qu'on voulût bien lui indiquer la voie à suivre et lui désigner ceux qu'elle devait adopter pour ses chefs.

Jusqu'à la veille de l'ouverture de la petite session, il n'y avait eu que des pourparlers très sommaires entre certains hommes appartenant au centre gauche. Mais il leur avait suffi de quelques entrevues pour se mettre d'accord sur le programme des revendications à réclamer. Quant à la ligne de conduite à suivre, elle était subordonnée à l'attitude que prendrait le ministère. S'il se prononçait pour des réformes nettement définies, on en prendrait acte et on le mettrait en demeure de les réaliser à bref délai; s'il restait dans le vague et s'il renvoyait les réformes à une date éloignée, on le placerait dans la nécessité d'agir immédiatement, et, pour peu qu'il montrât de l'hésitation, on le mettrait en minorité et on le forcerait de se retirer.

La déclaration, lue par M. Rouher le 28 juin, ne manquait pas d'une certaine habileté. Il ne repoussait pas les réformes, il déclarait seulement « qu'à la
» session ordinaire, le gouvernement soumettrait, à
» la haute appréciation des pouvoirs publics, les réso-
» lutions qui lui auraient paru le plus propres à réa-
» liser les vœux du pays. »

Quant à la session extraordinaire, « elle n'avait pas
» d'autre objet que de procéder à la vérification des
» pouvoirs et de faire cesser ainsi toute incertitude
» sur la validité des opérations électorales. »

Mais ce discours ne répondait en rien aux préoccupations du moment; ce qu'il s'agissait de savoir, ce n'était pas s'il y aurait des réformes, mais quelles seraient ces réformes, et, sur ce point capital, M. Rouher restait dans un vague absolu. On trouvait, en outre, humiliant pour la Chambre de recevoir du gouvernement un ordre du jour étroit, dont on l'invitait, en quelque sorte, à ne pas s'écarter.

Cette déclaration, où il n'y avait rien de ce qu'on s'attendait à y trouver, acheva de jeter le désarroi dans les rangs de la Droite; car les élections avaient produit ce résultat de persuader à tout le monde, même aux mamelucks, que le maintien du *statu quo* constituait un péril politique et social, et qu'il fallait en sortir au plus vite.

C'est alors qu'il fut donné au public d'assister à un spectacle des plus curieux, celui de la formation, en quelque sorte spontanée, d'un parti nouveau qui prit, en quelques jours, une attitude des plus menaçantes.

Il y eut, le jour même de l'ouverture de la petite session, une réunion, rue Tronchet, n° 25-27, dans les salons de M. Jules Brame, député du Nord. Ce local avait été choisi à dessein. M. Jules Brame était un député indépendant, mais il n'appartenait pas à l'opposition proprement dite ; en toutes circonstances, il protestait de son attachement à la dynastie, tout en affichant des opinions franchement libérales. Il avait une grande fortune, et, par ses relations, il appartenait au parti conservateur. Quand M. Émile Ollivier et moi, nous nous étions séparés de la gauche, M. Jules Brame s'était rapproché de nous. Il se plaisait à appeler M. Émile Ollivier son « général en chef », et à s'appliquer à lui-même le titre de « chef d'état-major ». Le nom de M. Jules Brame était une garantie qu'on resterait dans des limites strictement constitutionnelles.

Dans cette première réunion, il se trouva trente-quatre députés, parmi lesquels MM. Buffet, Plichon, d'Andelarre, etc. On se donna d'abord un nom ; on résolut de s'appeler le *parti libéral constitutionnel*. Pour justifier cette dénomination, on devait non seulement combattre le *statu quo* et les partisans de la réaction, mais encore repousser les revendications illimitées de la gauche. Comme moyen d'action immédiate, on s'arrêta à un projet d'interpellation, ayant pour but de forcer le gouvernement à sortir de la réserve dans laquelle il semblait vouloir se renfermer et à formuler un programme net et précis de réformes.

Une seconde réunion eut lieu le lendemain dans le même local. Elle était non seulement plus nombreuse, mais elle comprenait des membres ayant appartenu à la majorité de l'ancienne législature. Le parti libéral constitutionnel faisait tache d'huile dans la Chambre. M. Émile Ollivier était présent et exerça une grande influence sur les décisions qui furent prises. Un membre avait proposé un projet d'interpellation, ayant pour objet d'obtenir certaines modifications au régime du Corps législatif. Cette proposition parut d'un caractère trop restreint dans la forme. M. Émile Ollivier fit observer qu'il était nécessaire de prendre une base plus large pour des interpellations jugées d'ailleurs indispensables par tous. Il fut décidé spontanément et à l'unanimité moins six voix, qu'une commission de sept membres serait chargée de rédiger le texte d'une interpellation, aux termes de laquelle le gouvernement serait invité à donner satisfaction aux vœux du pays et aux droits de ses représentants *sans porter atteinte à la Constitution.*

C'est M. Segris qui tint la plume pour la rédaction du texte définitif de l'interpellation. M. Segris était un libéral convaincu, mais d'une nuance un peu terne. Il n'arrivait pas toujours à formuler sa pensée en termes d'une grande précision. La rédaction qu'il présenta à ses collègues, dans la troisième réunion tenue rue Tronchet, était très vague ; mais, à cause de cela, elle était très propre à rallier les esprits encore indécis. Elle fut adoptée et, séance tenante, elle fut couverte de signatures.

Ce premier texte était ainsi conçu : « Nous deman-
» dons à interpeller le gouvernement sur la nécessité

» de donner satisfaction au sentiment du pays, en l'as-
» sociant, d'une façon plus efficace et plus complète, à
» la direction des affaires. »

Le but qu'on poursuivait d'obtenir le plus grand nombre possible d'adhésions fut atteint au-delà de toute espérance. De trente-quatre qu'ils étaient au début, les membres du parti libéral constitutionnel atteignirent en deux jours le chiffre de quatre-vingts. Il était facile de prévoir que les adhérents iraient en se multipliant.

On avait remarqué le silence de la gauche en présence de cette formation d'un parti libéral constitutionnel. M. Thiers avait obtenu d'elle qu'elle s'abstiendrait de gêner, par une intervention intempestive, une manifestation dont on attendait les résultats les plus décisifs. Son rôle devait se borner à attaquer, à propos de la vérification des pouvoirs, l'action abusive du pouvoir central, et à faire de l'examen des opérations électorales une sorte d'acte d'accusation du gouvernement personnel. La gauche s'était résignée à ce rôle, qui, dans l'état de l'opinion, permettait à ses orateurs l'occasion d'acquérir une popularité facile.

Un des vice-présidents de la Chambre, M. du Miral, eut une idée des plus malheureuses ; ce fut d'opposer interpellation à interpellation. Je le rencontrai le 1er juillet; il avait, disait-il, causé avec M. Rouher, qui l'avait encouragé et qui l'avait invité à rédiger un texte. Il était à la recherche de ce texte, qu'il trouvait d'autant moins facilement, qu'au lieu de se renfermer dans des termes vagues, il voulait donner à son interpellation un caractère déterminé, en indiquant les réformes à introduire dans la Constitution.

M. de La Valette, que je vis une heure après cette rencontre, était d'avis que la Droite ferait une sottise si elle opposait interpellation à interpellation. Il y avait déjà une quarantaine de membres de l'ancienne Droite qui avaient apposé leurs signatures au bas de l'interpellation du parti libéral constitutionnel. Le projet de M. du Miral devait amener une scission de la majorité, ou du moins faire croire que la Droite était résolue à jeter par-dessus le bord ceux de ses membres qui venaient de faire un pas vers le centre-gauche. La tactique la plus simple, suivant le ministre des Affaires étrangères, c'était de faire signer l'interpellation du parti libéral constitutionnel par le plus grand nombre possible de députés de la majorité ; elle perdrait ainsi sa signification d'œuvre de parti, et elle tomberait, pour ainsi dire, d'elle-même.

M. de La Valette est le seul qui, dans cette crise, ait envisagé froidement la situation, et qui ait ouvert les avis les plus sages. Malheureusement, il était fort découragé, et, au fond, il ne voyait qu'un moyen pour le gouvernement de se tirer d'embarras, c'était la retraite du ministère. « Je suis, me disait-il, en ce
» qui me concerne, décidé à me retirer ; mais
» M. Rouher se cramponne au pouvoir. Il faudra l'en
» arracher. Quels services pouvons-nous rendre? Le
» gouvernement flotte plus que jamais à l'aventure.
» L'Empereur ne dit pas ce qu'il veut, parce qu'il ne
» sait pas ce qu'il veut. On n'est sûr ni du jour, ni du
» lendemain. On repousse le régime parlementaire,

» et on fait tout ce qu'il faut pour le faire germer et
» fructifier. »

J'ignore si M. de La Valette avait indiqué aux amis qu'il pouvait avoir dans la Chambre la tactique à suivre pour atténuer la portée de l'interpellation de la rue Tronchet. Mais il est certain que les adhésions se mirent à pleuvoir comme grêle, et qu'à force d'être acceptée par les premiers venus, l'interpellation était menacée de n'avoir plus de sens. Aussi l'éveil fut-il donné, et on chercha à élever une barrière contre le flot des signatures compromettantes. On décida qu'on repousserait toute signature nouvelle, et on résolut de préciser davantage la signification et la portée de l'interpellation.

Ce que les membres de la réunion Tronchet avaient voulu éviter par dessus tout, c'était de paraître s'en prendre aux bases fondamentales de la Constitution. M. du Miral vint les mettre à l'aise sur ce point; il avait enfin trouvé son texte et il s'était empressé d'en donner communication aux journaux. Or, ce texte était, au moins dans un de ses paragraphes, essentiellement inconstitutionnel. Du moment qu'un député de la Droite, ami particulier de M. Rouher, se lançait dans cette voie, le parti libéral constitutionnel se considérait comme dégagé de tous ses scrupules.

Une réunion eut lieu, le 3 juillet, dans la salle de la commission du budget. Elle était présidée par M. Chevandier de Valdrôme, et elle ne dura pas moins de trois heures, de neuf heures à minuit. On comptait plus de quatre-vingts membres présents.

Deux courants s'étaient établis au sein de l'assemblée. Les uns proposaient de faire un programme complet des aspirations et des volontés du pays et d'examiner en détail toutes les réformes nécessaires. Cette opinion fut soutenue par MM. de Civrac, Keller et Estancelin.

Les autres pensaient, au contraire, qu'il fallait se borner à dégager ce qu'il y avait de culminant dans la situation, à concentrer ses efforts au lieu de les éparpiller, et qu'il était préférable de se conformer à la méthode anglaise, qui consiste à ne traiter qu'une question à la fois. Or, la question capitale, à l'heure présente, le point culminant de la situation, c'était la responsabilité des ministres, c'était l'autonomie complète du Corps législatif, comme moyen d'arriver au gouvernement du pays par le pays. Cette seconde opinion fut exprimée par MM. de Talhouët, Buffet, Segris, Paulmier, Daru, Lefebvre-Pontalis et surtout par M. Émile Ollivier.

A la suite d'une longue discussion, ce fut la seconde opinion qui prévalut, et, comme la première fois, une commission fut nommée pour arrêter une rédaction définitive. Elle était composée de MM. Chevandier de Valdrôme, Daru, Segris, Buffet, Lefebvre-Pontalis et Émile Ollivier.

La réunion qui eut lieu, le dimanche 4, pour discuter le texte arrêté par la commission, était moins nombreuse que celle de la veille. Elle fut marquée par un incident qui faillit tout remettre en question. Un membre de l'ancienne majorité, M. Mège, demanda qu'on laissât à l'interpellation son caractère un peu vague et qu'on n'y ajoutât aucun commentaire. Cette prétention souleva un véritable orage. M. Émile Ollivier s'exprima avec une extrême véhémence : « Je

» n'hésite pas à dire, s'écria-t-il, que si nous accep-
» tions cette proposition, nous ne serions plus des
» politiques, mais des grotesques. Aujourd'hui, comme
» à l'époque où nous avons voté l'amendement des
» quarante-deux, nous n'avons pas rédigé une inter-
» pellation sans avoir déterminé, d'une manière caté-
» goriquement, ce que nous entendons y mettre. Si nous
» croyons devoir préciser nos vues et nos intentions,
» c'est qu'il vient de surgir une nouvelle demande
» d'interpellation et aussi à cause du nombre imprévu
» d'adhésions qui nous arrivent. Il ne faut pas qu'il y
» ait d'équivoque. Que ceux qui n'admettent pas
» notre commentaire se retirent. Mais nous ne sau-
» rions accepter qu'on mette en discussion ce qui a été
» décidé hier à l'unanimité, à savoir la nécessité d'un
» ministère responsable et le droit, pour la Chambre,
» d'être maîtresse de son règlement. »

Après une longue discussion, on s'arrêta à un moyen terme. Il fut décidé que l'interpellation rectifiée et expliquée serait de nouveau soumise à la signature des interpellants. A mesure que l'un des signataires primitifs aurait mis son nom sur la rédaction nouvelle, il serait effacé sur l'ancienne, et quand l'opération serait terminée, on rendrait aux dissidents le premier texte de l'interpellation.

Il fut bien entendu entre tous les signataires que, quelle que fût l'opinion des interpellants sur la responsabilité de l'Empereur, elle resterait en dehors de l'interpellation. La raison principale de cette décision était de marquer qu'on ne s'associait pas à la fameuse maxime : « *Le roi règne et ne gouverne pas.* »

M. Maurice Richard, que je vis au sortir de la séance,

me donna le motif de cette réserve : « Avant tout, nous
» voulons ménager la susceptibilité de l'Empereur et
» faire prévaloir cette idée que les deux responsabili-
» tés peuvent et doivent fonctionner chacune dans
» leur sphère propre. D'ailleurs, quand nous deman-
» dons un ministère responsable, nous réclamons bien
» moins une modification à la Constitution qu'un
» changement dans la façon de l'interpréter ; les cho-
» ses s'établiront d'elles-mêmes sans qu'il soit néces-
» saire de recourir à un sénatus-consulte ou à un plé-
» biscite. Ce que nous poursuivons, c'est surtout une
» révolution parlementaire pour échapper à une révo-
» lution dans la rue. »

La rédaction nouvelle de l'interpellation était conçue en ces termes : « Nous demandons à interpeller le
» gouvernement sur la nécessité de donner satisfac-
» tion au sentiment du pays, en l'associant, d'une ma-
» nière plus efficace, à la direction de ses affaires. —
» La constitution d'un ministère responsable, le droit
» pour le Corps législatif de régler les conditions orga-
» niques de ses travaux et de ses communications avec
» le gouvernement seraient, à nos yeux, des mesures
» essentielles pour atteindre ce but. »

Les inspirateurs de l'interpellation Du Miral, en se voyant ainsi dépassés, se mirent dans l'esprit que, s'ils ramenaient le fameux texte à des termes vagues et indéterminés, ils feraient des prosélytes parmi les députés que la nouvelle rédaction du parti libéral constitutionnel semblait rendre hésitants. M. Du Miral, à la prière de quelques-uns de ses amis, effaça de son interpellation tout ce qui pouvait exciter les répugnances. Le texte revu et corrigé n'eut pas plus de succès que le texte primitif. Au bout de deux jours, les signatures faisant complètement défaut, M. Du Miral se vit obligé de le remettre en poche.

D'autres tentatives furent faites par les membres de la Droite pour arrêter les termes d'une nouvelle demande d'interpellation ; elles échouèrent toutes ; les promoteurs ne purent pas s'entendre et ils se séparèrent sans avoir même pu se mettre d'accord sur un nouveau rendez-vous.

Au contraire, l'interpellation du parti libéral constitutionnel recueillit rapidement de nombreuses adhésions. Le 6 juillet, il y avait déjà 101 signatures. Parmi elles, on remarquait celles du duc de Mouchy et de M. de Mackau. L'Empereur avait récemment passé une journée au château de M. de Mouchy et on en concluait que le souverain avait donné son approbation à cette démarche. On se trompait; en apposant son nom au bas de la demande d'interpellation, le jeune député s'était nettement expliqué : « Les Noailles, avait-il dit, » depuis 1789, se sont toujours rangés du côté de la » liberté ; je saisis avec empressement cette occasion » de montrer que je reste fidèle aux traditions de ma » famille. » Après sa lettre à l'Empereur, qui avait fait tant de tapage, on ne s'expliquait pas l'adhésion de M. de Mackau, et, dans le fait, elle est restée inexplicable.

Le 7 juillet, les signataires de l'interpellation s'élevaient à 113, et le lendemain à 116, chiffre auquel on crut devoir s'arrêter, afin d'écarter certaines adhésions suspectes. En se réunissant à la gauche et aux membres flottants du Corps législatif, les 116 constituaient une majorité importante. Des adhésions comme celle de M. de Mouchy leur donnaient du reste une force

morale considérable. « Avec M. de Mouchy et M. de
» Mackau, disait un membre de la Droite, c'est comme
» si l'Empereur avait signé. » Le centre de l'action
gouvernementale s'était évidemment déplacé.

On peut donc dire qu'à partir du 7 juillet, la crise,
de ministérielle qu'elle avait été jusque-là, avait pris
un caractère gouvernemental bien tranché. Sans le
savoir et sans le vouloir, les 116 allaient droit à une
sorte de coup d'Etat parlementaire. En ne tenant aucun
compte du sénatus-consulte de 1866 qui interdisait à
tout autre corps que le Sénat la discussion de la Constitution, ils provoquaient la Chambre à entrer dans
la voie des usurpations de pouvoir. Si cette interpellation suivait son cours, on pouvait dire, en retournant
le mot de M. Thiers : Il n'y a plus d'Empire ; le
régime parlementaire est fait. Dans tous les cas, ce
n'étaient plus les ministres qui pouvaient couvrir l'Empereur ; son initiative était en jeu ; c'était à lui à décider si, oui ou non, il devait provoquer de nouvelles
réformes et à fixer les limites dans lesquelles il voulait
se renfermer.

Il n'y avait plus moyen d'atermoyer davantage. Le
Corps législatif avait validé près de 220 élections sur
296, et la Gauche réclamait avec insistance qu'il se
déclarât constitué. Le président, M. Schneider, faisait
de vains efforts pour ajourner cette constitution de la
Chambre ; il était facile de voir qu'il serait bientôt
obligé de céder. Or, une fois que la Chambre serait
en possession de ses pouvoirs réguliers, toutes les
initiatives devenaient légitimes, et l'interpellation des
116 pouvait être déposée et discutée. C'est en vain que
M. Rouher essaya de protester contre l'intention qu'on

attribuait au ministère de vouloir retarder les discussions qui intéressaient le pays. Son intervention ne parvint qu'à aiguiser les impatiences. M. Schneider ne parvint à les contenir qu'en déclarant qu'à une séance prochaine, on mettrait à l'ordre du jour la nomination des secrétaires, formalité qui donnait à la Chambre son existence légale et constitutionnelle.

L'Empereur avait été moins hésitant que ses ministres. Aux premières tentatives du parti libéral constitutionnel, il avait tendu l'oreille, et il avait reconnu tout de suite qu'il y avait là une action puissante qui empruntait sa force à l'opinion du pays. Quand le programme Du Miral lui avait été présenté, il en avait reconnu le vide et le danger, et il l'avait écarté comme insuffisant. L'interpellation des 116 ne l'effrayait point; la seule chose qu'il ne pouvait concéder, c'était cette responsabilité ministérielle qui changeait les bases du plébiscite de 1852 et qui modifiait le mandat qu'il avait reçu du peuple.

Les réceptions qui eurent lieu à Saint-Cloud dans les premiers jours de juillet, permirent à l'Empereur de se renseigner sur les intentions des principaux membres du parti libéral constitutionnel. Il eut, avec plusieurs d'entre eux et notamment avec M. Buffet, des conversations qui lui permirent de faire connaître ses sentiments. A tous, il déclara qu'on ne verrait pas son gouvernement s'obstiner dans le *statu quo* ; mais qu'il lui était difficile de suivre jusqu'aux dernières limites l'initiative des auteurs de l'interpellation.

On prétend que, dans un de ces entretiens, il lui était échappé de dire : « J'ai le ferme espoir que si
» j'avais jamais à consulter la nation, j'aurais toujours

» pour moi six millions de suffrages. » Le mot a été fort commenté depuis. Il voulait dire tout simplement que si, pour rendre les réformes plus complètes, il fallait aller jusqu'au plébiscite, l'Empereur ne reculerait pas devant cette nécessité, certain qu'il était de se voir suivi par la nation.

L'Impératrice paraissait encore plus décidée que l'Empereur. On lui attribuait ce mot, qui est sans aucun doute apocryphe : « Membre du Corps législatif, » peut-être aurais-je été parmi les signataires de la » demande d'interpellation. »

Le 10 juillet, les ministres et les membres du Conseil privé furent convoqués à Saint-Cloud pour discuter sur les résolutions à prendre. M. Rouher avait ouvert l'avis d'adresser à la Chambre un message concédant, dans une large mesure, les réformes libérales qui étaient réclamées. Il faut rendre cette justice à M. Rouher qu'il employa tous ses efforts pour triompher des derniers scrupules de l'Empereur. Après avoir retracé à larges traits la situation générale, il adjura, avec une véritable émotion, l'Empereur d'apposer sa signature au bas du message : « Je ne suis pas » suspect de partialité, dit-il, en faveur des mesures » que Votre Majesté va prendre ; je n'en suis pas l'ins» pirateur ; mais je crois l'heure venue de les adop» ter. » Après quelques observations peu importantes, l'Empereur signa. Il était dix heures du soir. Le Conseil se sépara, sans avoir abordé la question de personnes.

Le lundi 12 juillet, M. Rouher vint donner lecture à la Chambre du message qui avait été arrêté en conseil. On avait masqué, autant qu'on l'avait pu, la contradiction qui existait entre la nouvelle déclaration et celle qui avait été faite à l'ouverture de la session extraordinaire. Le message énumérait les réformes qui allaient être soumises au Sénat. On promettait : 1° l'attribution au Corps législatif du droit de faire son règlement intérieur et d'élire son bureau ; 2° la simplification du mode de présentation et d'examen des amendements ; 3° l'obligation pour le gouvernement de soumettre à l'approbation législative les modifications de tarifs qui seraient dans l'avenir stipulées par des traités internationaux ; 4° le vote du budget par chapitres, afin de rendre plus complet le contrôle du Corps législatif ; 5° la suppression de l'incompatibilité qui existait entre le mandat de député et certaines fonctions publiques et notamment celles de ministre ; 6° l'extension du droit d'interpellation ; 7° enfin des modifications dans les attributions du Sénat.

Ce message détendait singulièrement la situation. Mais il restait bien des questions subsidiaires à résoudre. Il y avait d'abord la question de personnes. Elle avait surgi tout de suite, et des observations avaient été faites, dès le dimanche 11 juillet, à l'Empereur, sur les difficultés graves en présence desquelles se trouverait le gouvernement, si le soin d'appuyer les nouvelles mesures était remis au ministre d'Etat. On laissa néanmoins à M. Rouher cette satisfaction de faire connaître au Corps législatif les intentions libérales du souverain. Mais, à la suite d'un conseil qui fut tenu à Saint-Cloud, après la lecture du message, les ministres durent remettre leurs démissions entre les mains de l'Empereur. La question de personnes se trouva ainsi résolue.

M. Schneider avait soulevé une autre question bien plus scabreuse : il s'agissait de savoir si on laisserait le Corps législatif poursuivre la vérification des pouvoirs. L'insistance que la Gauche avait mise à réclamer la constitution de la Chambre avait effrayé le Président ; il se figurait que les irréconciliables n'attendaient qu'une occasion pour afficher leur radicalisme, et il craignait qu'une manifestation intempestive ne vînt refroidir le zèle des députés qui s'étaient déclarés en faveur des réformes libérales. Il croyait donc qu'il y avait utilité à clore la petite session, et à ne convoquer de nouveau la Chambre que lorsque le Sénat aurait terminé son travail de révision constitutionnelle. Le Conseil se rangea à l'avis de M. Schneider ; mais avec ce correctif qu'on fixerait une date très rapprochée pour la convocation de la Chambre.

Quand le Président se trouva seul avec l'Empereur, il lui exposa les inconvénients qu'il voyait à la fixation d'une date : il était nécessaire, suivant lui, qu'après la secousse qu'elle venait de recevoir, la Chambre pût se recueillir et s'organiser de façon à résister aux passions révolutionnaires, au cas où elles viendraient à se produire ; or, une convocation prématurée empêcherait la formation d'une majorité compacte, d'autant plus nécessaire que les conditions du gouvernement allaient être profondément modifiées. L'Empereur se rendit à ces considérations et écrivit à M. Rouher que M. Schneider lui avait donné « de si bons motifs pour » proroger le Corps législatif sans date déterminée » qu'il y avait souscrit. » Le décret, qui parut au *Journal officiel* le 13 au matin, portait en effet « que

» le jour de la nouvelle réunion du Corps législatif
» serait ultérieurement déterminé. »

Le message donnait aux 116 une complète satisfaction. Ils se réunirent sous la présidence de M. Chevandier de Valdrôme, et décidèrent que leur interpellation ne serait pas déposée. On ne la retirait pas ; les choses restaient en l'état, et l'interpellation était laissée en suspens jusqu'à l'application des réformes promises, jusqu'à la réalisation du programme.

La Gauche et les députés non validés étaient, au contraire, fort mécontents des mesures qui avaient été prises. Ils n'admettaient pas cette prorogation précipitée d'une Chambre en pleine vérification des pouvoirs et à la veille du jour où le gouvernement avait reconnu son droit de se constituer. Il restait cinquante-cinq élections à examiner, et les députés qu'on ajournait ainsi aux calendes grecques faisaient entendre les plaintes les plus vives. Ils avaient désigné M. du Miral pour être auprès de l'Empereur l'interprète de leurs doléances. On leur fit espérer, pendant plusieurs jours, que la prorogation ne serait qu'un ajournement de très courte durée. Mais, après avoir longtemps insisté en faveur de ses collègues, M. du Miral reçut enfin une lettre de l'Empereur qui lui annonçait qu'il était impossible de revenir « sur la
» décision prise. » L'Empereur chargeait en même temps M. du Miral de dire à ses collègues « combien
» il lui coûtait, dans cette circonstance, de n'avoir pas
» pu prendre une mesure à laquelle ils semblaient tenir;
» mais il était convaincu que la position des députés
» dont les élections n'avaient pas été validées ne
» serait pas compromise par un plus long retard. »

Cette réponse ne satisfit personne. Les députés non validés continuèrent à jeter les hauts cris, et l'opposition radicale fit chorus. Ce tapage devint si fort que l'Empereur fut forcé d'avouer que décidément M. Schneider lui avait donné un détestable conseil. Mais le mal était fait; il n'y avait pas moyen de le réparer.

La formation d'un ministère, dans les circonstances où l'on se trouvait, était hérissée d'obstacles et de difficultés. Il eût été tout naturel que l'Empereur s'adressât aux 116, puisque c'était leur groupe qui provoquait le changement de régime. Mais aux premières ouvertures qui leur avaient été faites, ils s'étaient dérobés. Ils donnaient pour motif de leur refus que, tant que les réformes n'auraient pas été consacrées par un sénatus-consulte, leur devoir était de se tenir sur la défensive et de rester dans la plus grande réserve. Mais la vraie raison, c'est que s'ils acceptaient des portefeuilles, ils perdraient leurs sièges de députés, et qu'ils n'étaient pas sûrs de leur réélection. L'article 44 de la Constitution, qui disait que les ministres ne pouvaient être membres du Corps législatif, n'était point encore effacé, et jusque-là ils jugeaient qu'il était prudent de s'abstenir.

Le ministère ne pouvait être qu'un cabinet de transition. Où en trouver les éléments? La nécessité d'avoir quelqu'un qui prît la défense des cinquante-cinq élections non validées imposait le maintien de M. Forcade La Roquette au ministère de l'intérieur; il avait présidé aux élections générales; sa retraite aurait entraîné la dissolution, et c'était là une extrémité à laquelle il fallait échapper à tout prix. Mais se rencontrerait-il des hommes qui auraient assez d'abnégation pour accepter une situation qui serait purement provisoire et qui ne procurerait ni honneur ni profit? Il était indispensable d'ailleurs que les nouveaux ministres eussent des tendances libérales assez accentuées pour offrir des gages au groupe des 116.

Après bien des essais et des tentatives, on s'arrêta à la combinaison suivante : le ministère d'État était supprimé ; il n'avait, en effet, plus de raison d'être dans le système qui venait d'être adopté; tout espoir de retour était enlevé à M. Rouher, ce qui donnait satisfaction au parti libéral constitutionnel. On conservait quatre ministres : MM. Forcade La Roquette, Magne, Niel, Rigault de Genouilly et Gressier. On en nommait cinq nouveaux : MM. Duvergier, de La Tour d'Auvergne, Alfred le Roux, Bourbeau et Chasseloup-Laubat.

La question importante était de savoir quel accueil les 116 feraient au nouveau cabinet. Quoiqu'ils eussent approuvé la prorogation indéfinie du Corps législatif, ils s'attendaient à voir le nouveau ministère revenir sur cette mesure ; d'après le bruit qui avait couru, ils croyaient que la Chambre serait réunie pour le 22 juillet. Aussi avaient-ils été convoqués pour discuter sur la conduite à tenir. Le 21, le ministère avait été d'avis de maintenir la prorogation. Mais il était trop tard pour décommander la réunion ; elle eut lieu, comme les précédentes, dans un des bureaux de la Chambre. Il n'y avait de présents que quarante-neuf signataires de l'interpellation

M. de Talhouët, qui présidait, exprima l'idée que les membres de la réunion devaient constater, avant de se

séparer, qu'ils restaient d'accord pour poursuivre la réalisation des libertés et des réformes qu'ils avaient réclamées. MM. Haentjens, Vendre et Latour-Dumoulin essayèrent d'engager la discussion sur des questions spéciales. Mais M. Émile Ollivier fit observer qu'on n'était pas réuni pour aborder de pareils sujets :
« Nous ne sommes pas, dit-il en substance, une
» assemblée régulière ayant des votes à exprimer et
» des résolutions à prendre. Nous ne sommes que
» des amis qui, avant de se séparer, ont voulu se
» revoir et se serrer la main en s'assurant qu'ils sont
» toujours d'accord. Quant au nouveau cabinet, la
» seule conduite à suivre, c'est de ne pas le contrarier.
» Il est impossible de se prononcer sur sa valeur et
» sur son mérite, puisqu'il n'a encore rien fait. On le
» jugera à l'œuvre; mais, en attendant, il ne faut lui
» susciter aucun embarras. »

Ce langage obtint l'approbation générale. Néanmoins on jugea utile de ne pas se séparer sans avoir pris une résolution. On adopta l'ordre du jour suivant qui avait été rédigé par M. Segris : « Les auteurs de
» l'interpellation déclarent qu'ils persistent dans les
» principes qui leur ont inspiré cet acte, et qu'ils con-
» tinueront à les soutenir en toute occasion. »

La Gauche, elle aussi, tint une réunion. Il s'agissait de statuer sur les trois propositions suivantes : 1° Fallait-il persister dans le silence qu'on avait gardé jusque-là ? 2° ou bien émettre un programme accentué ; 3° ou enfin protester « contre les actes du gouverne-
» ment personnel congédiant le Corps législatif d'une
» façon aussi brusque qu'insolite » ? M. Thiers s'arrangea de façon à ce qu'aucune résolution ne fût prise.

Il donna lecture d'un long projet de manifeste qui n'obtint l'assentiment de personne ; il s'opposa à la rédaction d'une note collective et impersonnelle proposée par M. Grévy, et jeta un tel trouble dans la discussion que la Gauche se sépara sans avoir rien conclu. Il servait en cela les intérêts des 116 dont les efforts avaient toutes ses sympathies.

Qu'allait faire M. Rouher ? C'était là une question qui agitait ses amis encore plus que ses adversaires. M. Rouher avait tenu depuis six ans une si grande place dans l'État que sa disparition laissait un vide immense. On se demandait s'il se condamnerait à la retraite et s'il considérerait son rôle terminé.

Des personnages politiques qui lui étaient dévoués lui conseillaient de se faire nommer député, et de se mettre à la tête du parti conservateur. « Dans le
» régime nouveau qui va être inauguré, disaient-ils,
» vous n'avez pas d'autre choix ; toute la vie politique
» va être concentrée dans la Chambre ; la majorité a
» besoin d'un chef ; vous seul pouvez l'être ; vous seul
» avez qualité, talent et pouvoir, pour faire pré-
» valoir le principe d'autorité dont vous avez été le
» constant défenseur et rallier les forces qui tendent à
» s'éparpiller ; vous serez dans la Chambre un obsta-
» cle aux folles entreprises ; vous nous défendrez
» contre les excès et les abus de la liberté. »

Ce rôle de chef de la Droite souriait au fond à M. Rouher, et, s'il n'avait écouté que ses désirs, il aurait suivi les conseils de ses amis. Mais il se vit obligé de céder à des convenances domestiques, et, au lieu d'aller s'asseoir sur les bancs de la Chambre, il accepta le fauteuil de la présidence du Sénat.

Les adversaires de l'ancien ministre d'État se livrèrent à des quolibets sur ce qu'ils appelaient « un » enterrement de première classe »; de leur côté, ses amis politiques se montrèrent consternés, et j'entendis l'un de ces derniers s'oublier jusqu'à dire à Mme Welles de La Valette, la charmante fille de M. Rouher : « Votre père a commis là une faute irréparable. Il » fallait aviser au plus pressé ; c'était de prendre la » direction de la Droite qui se débande et qui marche » à l'aventure. Quand il n'y aura plus de majorité, » il n'y aura plus de gouvernement. Nous aurons tous » le cou coupé, et ce sera bien fait. »

Pendant que le Sénat, réuni depuis le 2 août, se livrait à l'examen du projet de sénatus-consulte destiné à donner aux réformes leur consécration constitutionnelle, il se passait un événement de la plus haute gravité. L'Empereur était tombé malade et, pendant plusieurs semaines, il se trouva dans l'impossibilité absolue de se livrer à aucune espèce de travail. Il restait confiné dans sa chambre, ne recevant personne, et n'entrant pas même en rapport avec les officiers attachés à son service.

On essaya vainement de faire prendre au public le change sur l'importance et sur le caractère de la maladie du souverain. Personne ne voulut jamais croire que de simples douleurs rhumatismales nécessitassent la présence de quatre médecins. Chaque jour en effet, les docteurs Nélaton, Fauvel et Corvisart auxquels avait dû se joindre le docteur Ricord, se réunissaient autour du lit de l'auguste malade. Il y eut une longue crise pendant laquelle les visites se multiplièrent. Une fois même le docteur Fauvel fut obligé de passer la nuit au Château. Il fut question un moment d'appeler le docteur Chelins, médecin spécialiste allemand.

Le docteur Caudmont, l'élève favori du célèbre Civiale, avait fait offrir ses services; mais on les avait déclinés, parce qu'on les jugeait en ce moment inutiles et aussi parce qu'on attribuait à cet habile praticien des opinions républicaines. Le docteur Caudmont, qui était mon ancien condisciple, m'avait dit en confidence que les récits des journaux officieux étaient purement fantaisistes. Tous les symptômes qui accompagnaient la maladie de l'Empereur indiquaient, suivant lui, des accidents graves du côté de la vessie; il n'osait affirmer qu'il y avait un calcul, mais il déclarait qu'il n'en serait pas étonné. Un médecin de Lyon, dans une dissertation rendue publique, arrivait à des conclusions analogues; il croyait que la maladie de l'Empereur était un catharre vésical.

La présence du docteur Ricord indiquait d'ailleurs quel était le siège de la maladie. On n'appélait, en effet, l'éminent praticien que lorsqu'il y avait des sondages délicats à opérer. La nouvelle de ces opérations souvent répétées s'était répandue dans le public, et, malgré les affirmations du *Journal officiel*, et les menaces d'enquête dirigées contre les auteurs de prétendus faux bruits, les douleurs rhumatismales étaient passées à l'état de fables.

Les accidents subsistant et même allant en s'aggravant chaque jour, une consultation eut lieu, comme on sait, le 1er juillet 1870, c'est-à-dire peu de jours avant la déclaration de guerre. Le texte de cette consultation qui fut tenu secret par des raisons que nous aurons à examiner un jour et qui fut révélé seulement après la mort de Napoléon III, a prouvé qu'en 1869 le public ne s'était pas trompé dans ses conjectures. Cette consultation est devenue un véritable document historique, servant à expliquer les défaillances cérébrales de l'Empereur dans les cinq dernières années de son règne.

Les lignes suivantes ne laissent place à aucun doute :
« Depuis le mois d'août 1869, où il y a eu des accidents
» aigus et graves dans les organes urinaires, les urines
» ont constamment contenu une certaine quantité de
» pus, évalué au minimum à 1/40, et pendant la pé-
» riode aiguë, à 1/4 et à 1/3 de la totalité des urines.
» Très souvent aussi, il y a eu de la dysurie, de la
» lenteur très marquée pour uriner le matin, d'autres
» fois des interruptions du jet du liquide, et par mo-
» ments, il y a eu des difficultés telles qu'il a fallu
» recourir à la sonde ; c'est ce qui est arrivé à Vichy,
» il y a trois ans, et au mois d'août 1869. »

La consultation de 1870 donna raison du reste aux médecins qui, comme le docteur Caudmont, avaient pronostiqué la présence d'un *pyélocystite calculaire*. Il est impossible, d'après le développement qu'avait déjà pris cette pierre au mois de juillet 1870, qu'elle ait échappé aux investigations de la sonde en 1869. Le silence, gardé, dès 1869, sur la cause véritable de la maladie de l'Empereur, est resté inexplicable.

Sans être aussi grave qu'au moment de la déclaration de guerre, la situation exigeait qu'une main ferme prît la direction des affaires publiques. Dans cette transformation que subissait l'Empire, il fallait un esprit résolu pour adapter les réformes aux véritables besoins du pays. En ces sortes de matières, il n'est pas bon d'être obligé de s'y reprendre à deux fois, et de refaire, à quelques mois d'intervalle, le travail toujours périlleux d'une révision constitutionnelle. L'affection douloureuse, à laquelle il était en proie, empêcha l'Empereur de suivre avec attention les débats auxquels donnait lieu le nouveau sénatus-consulte. S'il avait été en complète possession de sa lucidité d'esprit, il se fût aperçu qu'au fur et à mesure que la discussion avançait, les incohérences des nouvelles réformes éclataient à tous les regards, et qu'avant même d'être votées, les modifications constitutionnelles ne répondaient déjà plus aux vœux de l'opinion publique. La maladie de l'Empereur l'a empêché de faire, dès le mois de septembre 1869, ce que la force des choses l'a amené à faire en mai 1870.

Et je n'avance pas là une chose en l'air. A la fin de juillet, Napoléon III avait assisté en conseil à la discussion du projet de sénatus-consulte, et toutes les fois qu'il s'agissait de dispositions diminuant ses prérogatives, non seulement il donnait son acquiescement, mais il se montrait disposé à aller plus loin que ses ministres. Sous ce rapport, le sénatus-consulte allait bien au-delà du message; pour ne citer qu'un exemple, il accordait au Corps législatif l'initiative des lois concurremment avec l'Empereur.

Mais livrés en quelque sorte à eux-mêmes, pendant que l'Empereur gisait sur son lit de douleur, les conseillers de la couronne se plurent à rapetisser un débat qu'il fallait au contraire élargir.

D'abord il y eut de grandes compétitions pour savoir à qui serait confié le rapport.

D'après une tradition constante, ce travail aurait dû incomber à M. Rouher en sa qualité de président du Sénat; jamais, en effet, on n'avait disputé cette brillante besogne à M. Troplong. Mais ç'aurait été faire à M. Rouher une situation fausse que de le forcer à devenir devant le Sénat l'interprète du parti libéral constitutionnel qui venait de le renverser.

L'ex-ministre d'Etat l'avait compris et il avait songé à passer la plume à M. le procureur général Delangle. Il avait eu avec cet éminent magistrat de longs entretiens sur la matière. Le bruit avait couru que M. Delangle ne s'était point contenté de simples conversations, mais qu'il avait pris des notes sous la dictée de M. Rouher, avant même que le Sénat eût été saisi régulièrement du sénatus-consulte et à plus forte raison avant qu'il eût élu une commission pour l'examiner. Ces démarches prématurées de M. Delangle furent considérées comme des causes de suspicion légitime. Quand la commission du Sénat l'eût désigné comme rapporteur, il s'éleva un tel *tolle*, que l'honorable procureur général se vit obligé de donner sa démission. Il fut remplacé par M. le premier président Devienne.

On ne peut pas dire que le Sénat eût accueilli les nouvelles réformes avec un grand enthousiasme. Le motif de sa mauvaise humeur ne venait pas de ce que ces nouvelles réformes avaient un caractère libéral, mais bien de ce qu'elles étaient présentées par l'Empereur. M. le baron Haussmann s'était rendu l'écho des sentiments secrets de ses collègues, quand il avait dit dans son bureau : « Je souhaite que l'ère » des sénatus-consulte se ferme au plus vite, et sur-

» tout des sénatus-consulte fournis d'avance par des
» messages impériaux. »

La discussion publique ne fut néanmoins marquée par aucun incident grave. Le prince Napoléon y fit un des plus brillants et des plus solides discours qu'il ait jamais prononcés. Il se déclara hautement pour la transformation de l'Empire autoritaire en Empire libéral, et, tout en acceptant le sénatus-consulte, il formula des réserves sur les lacunes nombreuses qu'il croyait y remarquer. Les réformes lui paraissaient appeler un complément nécessaire, et ce complément, il espérait qu'on l'obtiendrait avant peu.

Le prince Napoléon, depuis le désaveu brutal dont avait été l'objet, en août 1865, son discours d'Ajaccio, se tenait complètement à l'écart. On avait voulu mêler son nom aux démarches qui avaient été faites auprès de l'Empereur pour le convertir aux réformes ; on avait même signalé sa présence dans les conseils. Il avait fait envoyer aux journaux par M. Hubaine, son secrétaire, une note pour déclarer que ces faits étaient erronés et que, « depuis quatre ans, le prince
» n'avait plus eu à prendre aucune part aux délibé-
» rations des conseils du gouvernement. » (22 juillet 1869.)

Cette rentrée éclatante, après une pareille déclaration, déconcerta le monde politique. Les adversaires du prince Napoléon en prirent texte pour calomnier ses intentions. Comme la maladie de l'Empereur avait pris un caractère de gravité qu'il était difficile de dissimuler, on faisait courir par dessous mains le bruit que le prince visait à la Régence, et même à quelque chose de plus. La conduite du prince Napoléon était cependant toute naturelle : il avait trouvé que le sénatus-consulte était la mise en pratique des idées qu'il avait émises dans son discours d'Ajaccio ; il jugeait que, du moment qu'on lui donnait satisfaction sur tous les points, il n'avait plus de raison de rester dans sa retraite, et il avait profité de l'occasion pour se mêler de nouveau à la politique active.

Quand il s'agit de procéder au vote sur le sénatus-consulte, il ne se trouva dans le Sénat que 3 voix opposantes et 9 abstentions. Comme je me réjouissais de ce résultat devant M. Leverrier : « N'allez pas
» croire, me dit l'illustre savant, à la conversion de
» mes collègues aux idées libérales. L'Empereur,
» s'apercevant qu'il fait fausse route, viendrait leur
» demander de revenir à la constitution de 1852 et à
» la politique du lendemain du coup d'Etat, qu'il les
» trouverait tout aussi zélés et peut-être même da-
» vantage. » On ne pouvait pas exprimer en termes plus cruels l'insuffisance de ce rouage constitutionnel. C'était donner raison aux sénateurs qui, comme mon ami, M. Bonjean, avaient réclamé la transformation complète du Sénat.

Deux ou trois jours après le vote du sénatus-consulte, j'allai voir M. le marquis de La Valette dans un petit hôtel de la rue d'Astorg, où il avait pris domicile en attendant que l'hôtel de l'ambassade à Londres fût prêt pour le recevoir. J'aimais à causer avec cet homme d'État qui avait pour principe d'apporter de la bonne humeur dans la politique, et qui n'avait jamais de parti pris sur rien. Il était le seul qui, dans la crise, eût montré, comme je l'ai dit, du bon sens et de la décision. Je trouvai le marquis dans son cabinet, fumant son éternel cigare, enveloppé dans sa robe de chambre mordorée; il était en compagnie de M. Censier, directeur du personnel au ministère de l'Intérieur.

Quand j'arrivai, ces deux messieurs paraissaient d'accord sur un point, c'est que la crise, loin d'avoir cessé, était plus aiguë que jamais. Suivant eux, il était évident que le ministère n'était pas né viable, que le sénatus-consulte avait perdu toute autorité avant même d'être promulgué, et que la maladie de l'Empereur avait donné beau jeu à ceux qui mettaient en doute la solidité de la dynastie. « Il y a, disait M. de La Valette, » trois crises qui se superposent en quelque sorte » l'une sur l'autre : crise ministérielle, crise consti- » tutionnelle, crise dynastique. »

J'ouvris timidement l'avis que le mal provenait de deux causes : la première, c'est qu'on n'était pas entré assez franchement dans la voie des réformes. « On a biaisé, disais-je, avec la Constitution. On a voulu éviter le plébiscite, et, pour cela, on a rapetissé tant qu'on a pu, l'évolution qui s'est faite. Il fallait, à mon sens, se mettre carrément en face de la situation, refaire la Constitution sur de nouvelles bases et soumettre le tout à l'approbation du peuple. On pouvait retoucher par la même occasion la loi de Régence et la faire entrer dans le plébiscite. La seconde cause du malaise dont nous souffrons, c'est qu'on a ressuscité, par des voies détournées, la responsabilité ministérielle, et que malheureusement, il n'y a pas de ministres. »

— « Notre ami met le doigt sur la plaie, dit le marquis. Le régime parlementaire a ses exigences. Pour constituer un ministère, il faut un chef; pour grouper une majorité, il faut ce qu'on appelle un *leader*. C'est ainsi que les choses se passent en Angleterre et ailleurs. Qui tiendra tête à l'opposition? Qui aura une autorité suffisante pour réduire à néant les attaques? Il n'y avait qu'un homme qui pût remplir ce rôle; il ne l'a pas compris; il est allé s'enterrer au Sénat. M. Rouher était seul capable de former une majorité en un tout compacte. Il est à craindre que les membres de l'ancienne majorité, n'ayant personne pour les rallier, ne finissent par se diviser et par aller presque tous au centre droit. »

— « On aurait, dit M. Censier, encore une belle partie à jouer; ce serait de changer la base des circonscriptions électorales. Si on attribuait un député à chaque arrondissement, on donnerait satisfaction à l'opinion publique, et on aurait la chance d'avoir une Chambre composée uniquement d'hommes de la Droite et d'un petit nombre d'hommes de la gauche; le Tiers-Parti se trouverait écrasé. »

— « Je ne partage pas, dis-je à M. Censier, vos idées sur le résultat, et je ne le désire pas. Mais enfin, il y a là en effet une chance à courir. Seulement, pour faire disparaître toutes les équivoques, il conviendrait de faire précéder les élections d'un plébiscite, proposant la restauration complète du régime parlementaire. La crise dynastique se trouverait ainsi conjurée.

— « Coïncidence singulière! s'écria M. de La Valette, j'ai eu les mêmes idées, et je les ai soumises à l'Empereur, il y a vingt mois, quand j'ai quitté le ministère de l'Intérieur. »

M. de La Valette alla à son secrétaire, l'ouvrit, et en tira un long mémoire dont il nous donna lecture.

Cette pièce fut pour moi une révélation; elle me présentait l'ex-ministre sous un jour tout nouveau; j'y reconnus tout de suite l'ami de M. de Morny, l'ancien parlementaire. Pour l'honneur du marquis, ses héritiers devraient livrer son mémoire à la publicité. Je ne puis ici en donner qu'une analyse incomplète.

M. de La Valette posait en thèse générale que les réformes introduites dans les rapports entre l'Empereur et la Chambre avaient dépassé les bases de la Constitution; qu'il ne restait rien ou presque rien du plébiscite de 1851, qu'on marchait à grands pas vers la restauration du régime parlementaire, et que, puisqu'il en était ainsi, mieux valait y aller avec netteté et franchise que de s'y laisser traîner à travers les ambiguités de toutes sortes. La Constitution de 1852 formait un tout complet, dont toutes les parties concordaient entre elles. On y a fait tant de brèches que ce n'est plus qu'un édifice à moitié ruiné et qui ne se soutient plus que par des moyens factices. Il faut en ramasser les morceaux épars et en faire une construction nouvelle. Que l'Empereur rédige un nouveau plébiscite; qu'il le soumette à l'acceptation du peuple, et le nouveau pacte contracté avec la nation assurera la stabilité et la durée de la dynastie. »

Le marquis me raconta qu'il avait lu lui-même son mémoire à l'Empereur, afin d'être bien sûr qu'il ne serait pas mis au panier. Après cette lecture, Napoléon III le lui avait pris des mains, mais il n'avait jamais pu savoir ce que l'Empereur en pensait.

Cette communication me rendit tout pensif. Je venais de m'expliquer pourquoi M. de La Valette s'était trouvé si souvent en dissidence avec M. Rouher;

j'avais compris également comment il se faisait que certains journaux, placés sous l'influence du marquis, avaient demandé qu'on allât jusqu'au bout et qu'on admît la responsabilité ministérielle.

Le mémoire de l'ancien ministre de l'Intérieur avait paru faire une profonde impression sur M. Censier. Il considérait que les mesures qui étaient proposées n'avaient rien perdu de leur opportunité et qu'à ce moment encore, c'était, suivant une expression qui décidément lui était familière, « une partie à jouer. » Seulement il apportait dans son approbation des idées qui faisaient sourire le marquis ; il se figurait que le plébiscite nouveau pouvait avoir un caractère réactionnaire. Après les élections qui venaient d'avoir lieu et l'imposante manifestation des 116, il n'y avait pourtant pas à s'y tromper ; il était évident qu'on ne pouvait pas rétrograder.

Dans toute cette conversation, je vis chez M. de La Valette une préoccupation constante, celle de savoir quel serait le personnel gouvernemental, qui remplacerait le ministère mort-né du 18 juillet. M. Censier lui dit qu'on parlait de sa rentrée aux affaires ; il s'en défendit, mais faiblement, et comme un homme qui ne serait pas fâché qu'on le fourrât dans quelque combinaison. En lisant le mémoire qu'il avait communiqué à l'Empereur, il s'interrompait, à chaque instant, pour dire : « Et voilà l'homme qu'on » proclame réactionnaire ! »

Rien ne peint plus fidèlement l'état des esprits, dans les hautes régions gouvernementales, que ces aveux d'un homme d'État qui avait, dans les dernières années, exercé une grande influence et qui avait pris une part directe aux principaux événements de son temps.

L'interpellation des 116 avait contribué à mettre à nu une situation ; mais elle avait posé un problème qui n'avait reçu qu'une solution incomplète. Un pas restait à faire, et ce pas, c'était celui que M. de La Valette indiquait à la fin de 1867 dans son mémoire à l'Empereur. Ce pas ne sera franchi qu'au 8 mai 1870.

XI

LE MINISTÈRE DU 2 JANVIER 1870

Du 17 juillet 1869, date de l'avènement du ministère Forcade de La Roquette, jusqu'au 2 janvier 1870, date de la formation du ministère Ollivier, la crise ministérielle a été en quelque sorte en permanence. Il ne s'agissait pas d'une de ces crises ordinaires qui se dénouent habituellement par de simples déplacements de personnes. L'Empire subissait une transformation complète. Il devenait un gouvernement constitutionnel. Il est tout naturel que de grandes résistances se soient manifestées. A tout prendre, elles n'ont eu de retentissement que dans les hautes régions du pouvoir, et si, par en bas, des agitations se sont produites, elles ont eu peu d'écho dans les masses profondes du suffrage universel; la crise s'est terminée sans trouble. C'est à peine si l'on s'est aperçu que l'Empire libéral venait de remplacer l'Empire autoritaire.

Le cabinet, nommé au lendemain de la chute de

M. Rouher, avait un double rôle à remplir : il devait d'abord préparer le sénatus-consulte destiné à réaliser les promesses libérales inscrites dans le message du 12 juillet ; il avait ensuite à présider à la vérification des élections laissées en souffrance par suite de l'interruption inattendue de la session extraordinaire. Mais il est bien difficile à un ministère d'accepter la mission étroite d'être un cabinet de circonstance. Les collègues de M. Forcade la Roquette s'étaient habitués, au bout de très peu de temps, à se considérer comme des ministres définitifs. C'est ce dont je pus me convaincre, dans une conversation que j'eus avec l'un d'eux, très peu de jours après le vote du sénatus-consulte du 8 septembre :

— « Nous avons, me dit-il, donné l'amnistie ; nous
» avons rédigé le sénatus-consulte ; nous avons succédé
» à M. Rouher ; n'avons-nous pas dès lors toutes les
» qualités requises pour nous présenter avec honneur
» devant la Chambre ?

— « La Chambre, répondis-je à mon interlocuteur,
» a été prorogée la veille de votre nomination ; vous
» avez confirmé et maintenu cette prorogation ; vous
» allongez la courroie le plus que vous pouvez. Pour-
» quoi ? Parce que vous sentez que vous n'êtes pas
» l'expression de la majorité nouvelle. Si vous avez
» rédigé le sénatus-consulte, ce n'est pas vous qui
» l'avez provoqué ; si vous avez accordé l'amnistie,
» ce n'est pas vous qui l'avez demandée ; si vous avez
» succédé à M. Rouher, ce n'est pas vous qui l'avez
» renversé. D'ailleurs, vous êtes entaché d'un vice
» radical ; à votre tête, figure le ministre qui a fait
» les élections de 1869, et qui, lors de la vérification

» des pouvoirs, a défendu les candidatures officielles.
» Vous voyez bien que vous n'êtes et ne pouvez être
» qu'un ministère de transition.

— » Mais ce que vous dites est contraire à toutes
» les traditions constitutionnelles. Du moment que les
» ministres sont responsables, il dépend de la Chambre
» seule de se prononcer sur la question de savoir si
» un cabinet est ou n'est pas l'expression de ses idées
» et de ses tendances. La Chambre n'a rien dit.
» Comment peut-on savoir que nous ne la représen-
» tons pas ?

— » Sans doute, d'après les usages parlementaires,
» un ministère doit être le représentant de l'opinion
» prédominante de la Chambre. Mais c'est cela même
» qui vous condamne. Le sénatus-consulte est l'œuvre
» d'un groupe de députés qui siègent au centre gau-
» che; ce sont eux qui ont amené l'Empereur à leurs
» idées; c'est parmi eux que les ministres devraient
» être choisis. Sinon, le système est faussé, avant
» même d'avoir été mis en œuvre ».

Le pauvre ministre, sentant le terrain échapper sous ses pieds, se rabattait sur la nécessité de laisser au ministère qui avait fait les élections le soin de les défendre. C'était abandonner la question; car du moment qu'il ne s'agissait plus que d'accomplir une besogne du moment, les jours du ministère étaient comptés d'avance.

Il y avait chez M. Forcade de La Roquette l'étoffe d'un grand orateur; mais il était dépourvu d'une qualité indispensable à un homme d'Etat: il manquait de sang-froid. La moindre contrariété le mettait hors de lui-même, et il lui arrivait alors de laisser voir des sentiments qu'un homme politique, ayant conscience de son rôle, doit dissimuler avec le plus grand soin. Il cédait trop facilement à la colère. Le fait suivant dont j'ai été témoin est caractéristique.

Du jour où l'Empereur était entré dans la voie des réformes libérales, M. Jérôme David avait été préoccupé de savoir si les candidatures officielles seraient conservées. A la veille des élections de 1869, cette préoccupation avait passé chez lui à l'état d'obsession. Il redoutait, dans la Gironde, la concurrence des Pereire, et il cherchait une occasion de leur jeter à la tête les faits de corruption qui avaient signalé les élections de 1863. Il n'avait trouvé rien de mieux que de déposer une interpellation sur la corruption électorale, tandis que la gauche en déposait une autre de son côté.

L'interpellation de M. J. David fit grand bruit à la Chambre. Beaucoup de députés la jugeaient inopportune. Mais M. J. David prétendait que sa démarche avait reçu l'approbation de M. Rouher, et qu'avant d'agir, il avait consulté l'Empereur. Après avoir pris à partie en pleine séance M. J. David qui ne sut que répondre, M. Forcade de La Roquette sortit de la salle dans un état d'emportement voisin de la fureur. Il aborda un groupe de députés dans la salle des Quatre-Statues : « Il n'y a, s'écria-t-il, ni ordre ni discipline
» dans la majorité. Cette interpellation produira des
» effets désastreux. Elle va paralyser l'action des
» fonctionnaires publics qui n'oseront plus remuer de
» peur d'encourir des poursuites. Le gouvernement, à
» l'approche des élections, use largement des promes-
» ses de toutes sortes. Il va être obligé de se montrer

» plus circonspect'. C'est un appui de moins pour les
» candidatures officielles. Je ne resterai pas au minis-
» tère de l'Intérieur dans de pareilles conditions. On
» abuse du nom de l'Empereur. Je poserai nette-
» ment la question de portefeuille ».

Cette sortie, faite en présence de députés n'appartenant pas tous à la majorité et dans une salle ouverte à toutes les indiscrétions, montre combien peu M. Forcade de La Roquette savait résister à son premier mouvement. Sans doute, l'interpellation de M. J. David était un embarras pour l'administration ; mais ce n'était pas au ministre de l'Intérieur à étaler devant tout le monde les misères du gouvernement dont il faisait partie.

C'est à cette impressionnabilité maladive qu'il faut attribuer la passion avec laquelle M. Forcade de La Roquette avait combattu au Sénat, pendant la discussion du sénatus-consulte, les critiques et les théories du prince Napoléon. Il lui était échappé un mot des plus malheureux : « Je ne serai jamais, s'était-il écrié, le
» ministre de cette politique. » C'était ce qu'on appelle brûler ses vaisseaux. Il suffisait de regarder autour de soi pour voir que la politique du prince Napoléon était la politique de tous les esprits libéraux. En se déclarant contre elle, M. Forcade de La Roquette cassait le cou à sa fortune ; car il se disait publiquement que l'Empereur avait donné son approbation la plus complète aux doctrines de son cousin.

L'Empereur tenait beaucoup à conserver M. Forcade de La Roquette. Aussi passait-il volontiers condamnation sur ses défauts dont il se rendait parfaitement compte. Le ministre de l'Intérieur avait une qualité que Napoléon III prisait beaucoup, il partageait toutes les idées libérales du souverain en matière économique. Le traité de commerce avec l'Angleterre, clef de voûte du système inauguré en 1860, allait arriver à expiration; déjà une campagne protectionniste était engagée pour en empêcher le renouvellement : les grands centres industriels s'agitaient; les nominations au Conseil supérieur du commerce, de l'agriculture et de l'industrie devenaient de véritables questions politiques. L'Empereur se souvenait de la façon brillante avec laquelle M. Forcade de La Roquette avait défendu les traités de commerce contre les attaques passionnées des protectionnistes du Corps législatif. Au moment où la lutte était la plus vive, Napoléon III tenait à conserver un ministre qui entrait si bien dans ses vues et qui traduisait si exactement ses idées. Aussi n'abandonna-t-il le ministre de l'Intérieur que lorsqu'il lui fut démontré que son maintien dans le cabinet rendait toute combinaison nouvelle impossible.

Il y eut une sorte d'accalmie pendant la maladie de l'Empereur. Devant le péril que courait le chef de l'Etat, on ne songeait guère à se disputer les portefeuilles. Mais aussitôt qu'un mieux se fut manifesté, la crise recommença, et le ministère du 17 juillet qui se croyait de plus en plus définitif, vit chaque jour remettre en question son existence.

Le premier nom qui fut mis en avant pour la formation d'un nouveau cabinet fut celui de M. Magne. On opposait au langage imprudent, tenu par M. Forcade de La Roquette à la tribune du Sénat, le discours si sage et si mesuré, prononcé le lendemain par le ministre des finances. Dans la discussion du sénatus-consulte, M. Forcade de La Roquette s'était posé un ministre de combat. Or, c'était surtout d'un cabinet d'apaisement qu'on avait besoin. L'interruption subite de la session extraordinaire avait fourni aux partis hostiles un prétexte pour commencer une campagne d'agitation. M. de Kératry avait lancé son fameux appel à une manifestation pour le 26 octobre ; suivant lui, la convocation des Chambres ne devait pas dépasser cette date ; si on la renvoyait à une époque plus éloignée, la Constitution était violée, et les députés avaient le droit de protester, en venant prendre possession de leurs sièges sans attendre une invitation officielle. C'était une thèse insoutenable, et ceux qui y avaient adhéré d'abord l'ont reconnu depuis. Mais on prenait au sérieux la manifestation du 26 octobre. Une convocation des Chambres à bref délai semblait le moyen de l'écarter. Comme M. Magne s'était prononcé en ce sens, en diverses circonstances, on trouvait tout naturel qu'il fût appelé pour constituer le premier ministère constitutionnel.

M. Forcade de La Roquette déjoua la combinaison en faisant fixer la convocation des Chambres pour le 29 novembre. Il avait remarqué que ce qui causait le plus d'irritation, c'était la prorogation indéfinie inscrite dans le décret du 12 juillet. En indiquant une date ni trop rapprochée ni trop éloignée, le gouvernement enlevait aux partis hostiles une partie de leurs griefs, en même temps qu'il écartait le reproche d'avoir cédé à leurs injonctions. La tactique réussit ; car les députés de la gauche protestèrent publiquement les uns après les autres contre l'idée d'une manifestation pour le 26 octobre. M. de Kératry lui-même fut obligé de faire comme ses collègues et de mettre bas les armes. Il resta bien quelques traînards, comme Bancel, Gambetta et le vieux Raspail ; mais ils ne tardèrent pas à avoir honte de leur isolement et à décommander à leur tour la manifestation.

Entre temps, il avait été un moment question du retour de M. Rouher au ministère. L'ex-ministre d'État avait blâmé ouvertement le choix de la date du 29 novembre pour la convocation des Chambres ; il déclarait hautement que, s'il avait été appelé à formuler un avis, il aurait conseillé la date du 8 novembre, qui avait, suivant lui, le double avantage de sauvegarder la dignité du gouvernement vis-à-vis des députés trop impatients et de rendre impossible toute manifestation par suite de la proximité de cette date avec celle du 26 octobre.

C'étaient là de misérables arguties. C'est pourtant sur cette pointe d'aiguille que, pendant quinze jours, on se mit à construire un édifice ministériel qui devait reposer sur les vastes épaules de M. Rouher. Il y avait eu quelques troubles à Belleville à la suite d'une réunion publique. La Gauche, tout en abandonnant la manifestation du 26 octobre, paraissait décidée à prendre vivement à partie le gouvernement pour le retard apporté à la convocation des Chambres ; elle ne parlait rien moins que d'une mise en accusation. Il devait y avoir, dans le courant de novembre, des élections à Paris, et les irréconciliables semblaient devoir être dépassés. Les hommes de résistance en concluaient qu'il était nécessaire de constituer un ministère énergique, très dévoué aux réformes, mais en même temps très décidé à réprimer toutes les tentatives de désordre.

On accusait M. de La Valette, revenu de Londres depuis quelques jours, de s'être fait l'âme de la combinaison Rouher. M. de La Valette, malgré toutes les protestations contraires, n'avait quitté le pouvoir qu'à contre-cœur. Il était, comme M. de Morny, un parlementaire déguisé en autoritaire, et il regrettait, au moment où le régime constitutionnel reprenait faveur et lui permettait de déployer ses qualités d'homme d'État, d'être relégué dans une ambassade, brillante sans doute, mais où il n'y avait absolument rien à faire, l'Angleterre s'étant, depuis de longues années, complètement désintéressée des questions continentales.

Quoi qu'il en soit, le *Public* lança tout à coup dans la circulation, sous le titre de *Papiers perdus*, un programme de réformes. Le journal prétendait que c'était des notes au crayon trouvées dans un wagon de chemin de fer et il posait mystérieusement cette question : De quel portefeuille sont tombées ces notes ? Le procédé était enfantin ; tout le monde savait que le rédacteur en chef du *Public,* M. Dréolle, était en rapport constant avec M. Rouher. On voulait évidemment faire croire que M. Rouher était l'auteur de ce programme où des réformes puériles étaient accolées à des projets d'un radicalisme exagéré. Mais la mèche fut éventée tout de suite, et le pétard allumé par M. Dréolle fit long feu.

En même temps qu'on publiait ce pseudo-manifeste, on convoquait les membres de la majorité à la bibliothèque du Corps législatif. Il s'agissait de constituer un groupe assez puissant pour appuyer la formation d'un ministère de Droite. La convocation était faite, au nom de M. Mathieu, député de la Corrèze. Depuis six ans qu'il était à la Chambre, malgré l'appui ostensible que lui prêtait M. Rouher, M. Mathieu n'avait pu réussir à s'y faire une situation. On lui reconnaissait de l'esprit et du savoir, mais on lui déniait les qualités qui constituent l'homme politique. On trouvait qu'il avait trop d'esprit d'intrigue et pas assez d'idées pour devenir un chef de parti; il était resté, malgré d'honorables efforts, un homme de coterie. Comme il était facile de le prévoir, la réunion qu'il avait provoquée échoua complétement. Quinze membres au plus avaient répondu à l'appel, et, après une heure de discussion, on s'était séparé sans rien conclure.

Les amis de M. Rouher n'avaient donc pas réussi à faire prendre leur combinaison au sérieux. Ils attribuaient leur déconvenue à M. Schneider qui se plaisait, disaient-ils, à détruire dans l'esprit de l'Empereur ce qui restait de l'ancienne influence de l'ex-ministre d'État, et ils avaient résolu de prendre une revanche éclatante, en empêchant M. Schneider d'être nommé président de la Chambre. Il s'agissait de trouver un nom assez retentissant pour rallier la majorité et la détacher du député du Creuzot. Je reçus un matin la visite d'un de mes anciens collègues qui m'apprit qu'on songeait à faire de M. Ollivier un candidat à la présidence et qui venait me prier de le tâter sur cette éventualité. M. de La Valette m'avait parlé à diverses reprises, de l'utilité qu'il y aurait à opérer un rapprochement entre M. Rouher et M. Ollivier. Dans ces derniers temps, il avait insisté davantage et il croyait le moment favorable. Je ne partageais par la confiance du marquis sur l'issue d'une démarche faite en ce sens. Aussi, avant de m'adresser à M. Ollivier, j'allai voir un de nos amis communs, qui était fort au courant de ses projets et de ses tendances. Aux premiers mots, je vis tout de suite que je faisais fausse route : la proposition était bien tentante; être nommé par la Chambre, ce n'était pas la même chose qu'être nommé par le gouvernement, mais M. Ollivier avait un bien autre rôle à remplir que de diriger les débats du Corps législatif. Je me le tins pour dit, et je n'allai pas plus avant. Bien m'en prit, car, j'appris plus tard que M. Ollivier était le plus chaud partisan de la réélection, de M. Schneider à la Présidence.

C'est au commencement du mois d'octobre que remontent les premiers pourparlers pour la formation d'un cabinet dans lequel M. Ollivier occuperait la première place. Afin de faciliter la transition, on avait nommé M. Ollivier président du conseil général du Var, et en cette qualité, il avait reçu l'Impératrice se rendant en Corse pour le centenaire de Napoléon 1er. Dans une excursion à Vittel, dans les Vosges, il avait prononcé un discours dans lequel il indiquait nettement quelle serait à l'avenir sa ligne de conduite; il y avait fait l'éloge de M. Buffet, ce qui prouvait qu'il chercherait surtout son point d'appui dans le centre gauche. On a publié, dans le recueil des *Pièces saisies aux Tuileries*, un certain nombre de lettres échangées entre M. Duvernois et M. Ollivier qui indiquent dans quel sens les pourparlers étaient engagés. Dès sa première lettre, M. Ollivier explique à quelles conditions il peut accepter le pouvoir. Il repousse toute union avec M. Rouher dans un même ministère : « Ce serait, » dit-il un désastre pour tous les deux. » Il ne veut pas davantage d'une annexion au ministère Forcade : « Il semblerait, observe-t-il, que je trahis mes amis » et que j'adhère à l'origine extra-parlementaire du » ministère. » Puis il ajoute : « Si l'Empereur croit » devoir m'employer, qu'il le fasse en tirant de moi » le plus de profit possible; qu'il me charge par une » note au *Moniteur* de former un ministère. Voilà qui » frappera les esprits et sera efficace. Il faudrait que » je fusse autorisé à dissoudre la Chambre, si elle ne » me suivait pas. »

M. Ollivier ne paraissait pas du reste aussi pressé que les officieux qui s'entremettaient auprès de lui pour arriver à une solution : « Le mieux, disait-il dans une » lettre du 5 octobre, serait de laisser le ministère » tel qu'il est jusqu'à la réunion de la Chambre; je » lui viendrai en aide contre les irréconciliables; les » groupes et les partis s'organiseront; en ce qui me » concerne, je serai amené à rompre avec la partie » pointue du Tiers-Parti, ce qui me donnera plus de » liberté dans mes allures. Alors naturellement une » multitude de combinaisons s'offriront, et je me prê- » terai très volontiers à faciliter celle qui aura le » plus de chances. »

Dans ces passages de sa correspondance, M. Ollivier a tracé nettement le plan de conduite que nous allons lui voir suivre. Les pourparlers continuèrent ; mais, comme on l'a dit plus tard, il s'agissait bien moins en ce moment de constituer un ministère que de se livrer à une étude approfondie de la question ministérielle. Toutes ces allées et venues qui eurent lieu pendant les mois d'octobre et de novembre et auxquelles M. Ollivier prit une part très active, n'eurent pas d'autre objectif. L'Empereur paraissait buté à une idée qui était de tout point inacceptable ; il voulait, suivant une expression très juste, amener M. Ollivier aux anciens ministres, au lieu de prendre des anciens ministres dans un ministère que celui-ci serait chargé de former. « Ce serait, disait M. Ollivier, une preuve » de faiblesse ou de basse ambition. » De son côté, M. Ollivier insistait sur la nécessité de n'entrer au pouvoir qu'après l'ouverture des Chambres, et, par conséquent, après la formation d'une majorité.

Toutes les lettres qui remplissent le neuvième fascicule des *Papiers et correspondance de la famille impériale* sont instructives, en ce qu'elles montrent à quelles misérables questions de personnes se ramènent les grands événements qui marquent dans la vie d'un peuple. Un moment M. Ollivier fut sur le point de céder et de devancer l'heure qu'il s'était fixée à lui-même. Il se rendit bientôt compte qu'il était en présence d'hésitations dont les événements seuls pouvaient avoir raison. Les négociations furent suspendues.

Il y avait du reste entre M. Ollivier et M. Cl. Duvernois un malentendu qui n'avait fait que s'élargir. M. Cl. Duvernois écrivait à l'Empereur à la date du 14 novembre : « L'heure n'est pas loin où Votre Ma-
» jesté va recueillir le fruit de son admirable patience...
» L'avènement d'un nouveau cabinet, l'affirmation
» nette de la *politique de résistance* par un homme
» qu'on ne pourra pas accuser de vouloir la réaction,

» feront bien vite le reste. » Ce n'était point de cette façon que M. Ollivier entendait les choses ; il ne voulait être à aucun degré un ministre de combat. Il s'en était expliqué très catégoriquement : « Plus que jamais,
» écrivait-il le 10 novembre, je considère comme im-
» possible que j'entre dans une voie de répression à
» l'égard de la presse. Moi, libéral, je poursuivrais,
» alors que les réactionnaires n'ont pas poursuivi !
» Cela me coulerait du coup et pour toujours ! »

Sur d'autres questions tout aussi délicates, l'Empereur et M. Ollivier étaient loin de s'entendre. Ainsi Napoléon III avait paru froissé de la demande, formulée par M. Ollivier, d'une lettre insérée au *Journal officiel* et le chargeant de constituer un cabinet. Napoléon III éprouvait la plus grande difficulté à se plier aux exigences du nouveau régime et cela lui avait paru un abandon de ses prérogatives, plus que cela, un acte de défiance. M. Duvernois eut beaucoup de peine à faire revenir l'Empereur sur sa première impression :
« La note du *Moniteur*, dit-il, n'était pas du tout dans
» la pensée d'Ollivier une précaution contre l'Empe-
» reur ou un moyen d'amoindrir le rôle de Votre Ma-
» jesté. Ollivier est comme moi sur ce point de l'école
» de M. Guizot. Il n'admet pas du tout que l'Empe-
» reur doive avoir un rôle effacé, ni que le trône soit
» un fauteuil vide. » Il n'était pas sûr qu'Ollivier entendît les choses de cette façon ; dans tous les cas, ce n'était point ainsi que les interprétaient les hommes politiques qui aspiraient à devenir ses collaborateurs ; ils comptaient bien transformer le gouvernement impérial en simple monarchie constitutionnelle.

Il était évident que l'Empereur, après avoir souscrit

au sénatus-consulte du 8 septembre 1869, n'avait pas pris son parti des conséquences inévitables de ce grand acte. « Il flottait, comme le disait un journaliste » qui le connaissait bien, entre le gouvernement » personnel et le gouvernement constitutionnel qu'il » voudrait allier et concilier. Il voudrait qu'il fût » possible d'adopter l'un sans être contraint d'abandon- » ner l'autre. Il est ainsi retenu et poussé en deux sens » contraires. » Ce n'est pas dans son entourage que Napoléon III eût pu trouver un homme qui lui indiquât une ligne de conduite ferme et décidée ; on tenait à honneur d'imiter le souverain ; le voyant indécis, chacun se montrait plus indécis que lui. Les gens de l'intimité disaient : « On arrive encore à sa raison ; » on n'arrive plus à sa volonté. »

Cependant les mouvements qui se produisaient montraient qu'il était nécessaire de sortir au plus vite du provisoire. Depuis qu'elle s'était opposée à la manifestation du 26 octobre, la Gauche avait perdu une grande partie de son prestige. Les irréconciliables eux-mêmes étaient considérés comme des tièdes. Ils avaient vu se dresser en face d'eux l'ardente phalange des *inassermentés*. Il se produisait dans les masses une ébullition de mauvais augure. La bourgeoisie, boudeuse et mécontente, laissait faire et refusait son concours. Une sorte d'affaissement se manifestait dans les régions du pouvoir. « C'est la République » que vient de voter le peuple de Paris, » avait dit un homme d'État, en apprenant le résultat des élections du 22 novembre et la nomination de Rochefort. En nommant l'insulteur de l'Empire, Paris n'obéissait pas à une pensée de bouleversement ; mais il était certain que son choix était plus qu'un avertissement. C'était une menace.

On se rappelle la dépêche que l'Empereur adressa à l'Impératrice qui était alors au Caire : « Je n'ai que
» ce soir le résultat des élections; mais personne n'y
» attache aucune importance; que ce soit Pierre ou
» Paul, les candidats sont tous mauvais. » C'était là le langage d'un bon mari qui ne veut pas faire partager ses inquiétudes à sa femme. Au fond, l'Empereur avait ressenti une irritation profonde. Quoi! un tel vote, après les énormes concessions qu'il venait de faire! L'outrage à la place de la gratitude sur laquelle un souverain libéral a le droit de compter! Aussi toutes les tentatives pour constituer un cabinet nouveau furent-elles indéfiniment ajournées.

La session allait s'ouvrir. La chose la plus pressante, c'était de constituer une majorité. Au moment où le gouvernement s'était décidé à abdiquer entre les mains de la majorité, il se trouvait en effet qu'il n'y avait plus de majorité. Les 116 constituaient sans doute un groupe puissant; mais ils ne pouvaient avoir la prétention d'être un groupe dirigeant. Il leur fallait pour cela s'adjoindre certains éléments propres à leur assurer la confiance du pays. M. Schneider avait compris depuis longtemps cette nécessité. Dès le mois d'octobre, il me disait : « Ce dont il faut que
» je me gare le plus, c'est de paraître inféodé aux
» 116. Le but que je poursuis, c'est d'empêcher les
» 116 de former un groupe distinct qui se transfor-
» merait bien vite en coterie; je veux les amener à
» se fondre dans la majorité, en laissant de côté,

» dans leur isolement, les irréconciliables de la droite
» et les irréconciliables de la gauche. »

C'est pour arriver à ce résultat qu'il y eut le 26 novembre une réunion du groupe des 116. M. Ollivier indiqua nettement quel était l'objet de la réunion : « La constitution d'une majorité parlementaire était, » disait-il, le premier besoin de la situation. » Contrairement aux vues qu'on lui avait récemment prêtées, il déclarait que la dissolution de la Chambre serait un mal qu'il fallait éviter à tout prix, et que, sans une majorité fortement constituée, cette mesure deviendrait fatalement nécessaire. Conformément à cette pensée, les membres du Corps législatif qui adhéraient aux principes contenus dans l'interpellation des 116, furent invités à se rendre à une nouvelle réunion qui devait avoir lieu le 28.

Je retrouve dans mes notes le récit d'une entrevue entre M. J. David et M. Ollivier qui se rapporte à cette réunion. Comme cette entrevue exerça une grande influence sur la suite des événements, je transcris ici mes notes sans y rien changer.

« *27 novembre 1869*. — Je suis allé voir aujourd'hui Ollivier. Il m'a interrogé sur l'état de mes affaires ; mais nous n'avons pas tardé à aborder la question politique. Je ne lui ai pas dissimulé que la situation me paraissait mauvaise, et que les choses en étaient arrivées à un tel point qu'il fallait être animé d'un grand sentiment de patriotisme pour se dévouer à la chose publique. Ollivier en est convenu avec moi. La conversation continuait sur ce ton, quand on est venu lui apporter la carte d'un visiteur. C'était M. Jérôme David ; Ollivier m'a demandé en quels termes j'étais avec lui, et sur mon assurance que nous étions en bons rapports, il l'a fait introduire.

» M. Jérôme David s'est expliqué tout de suite sur le motif de sa visite. Les 116 se sont réunis ; ils ont déclaré que leurs rangs étaient ouverts à tous les membres de la majorité qui voudraient se rallier à eux. Sous une apparence de conciliation, il y avait là une pensée de domination qui avait déplu aux principaux membres de la majorité; les 116 tendaient de plus en plus à former une coterie exclusive qui cherchait des auxiliaires bien plus que des alliés. M. J. David venait exprimer ce sentiment à Ollivier, et lui dire que cette façon de procéder gênait beaucoup les députés dont elle froissait la susceptibilité.

» Au lieu de répondre, Ollivier s'est livré à une critique très vive des prétentions de certains membres du tiers-parti. Les d'Andelarre, les Cochery, les Latour-Dumoulin, etc., sont pressés de renverser le ministère, les uns parce qu'ils ambitionnent des portefeuilles, les autres parce qu'ils voient là un moyen d'accroître les difficultés. Ils se proposent de déposer au début de la session, un vote de blâme au sujet de la prorogation et ils comptent qu'à la suite de ce vote, le ministère se retirera. Voilà ce qu'il faut empêcher à tout prix ; car si le ministère tombe, avant que la Chambre ait retrouvé son assiette, qui sait où nous serons conduits ?

» M. J. David n'a pas caché que, dans la majorité, il y avait un grand nombre de membres que la prorogation prolongée avaient profondément irrités, et qui s'associeraient peut-être à un vote de blâme. Comme il n'est pas douteux que la Gauche voterait en ce cas avec le tiers-parti, il est probable que l'ordre du jour motivé réunirait une majorité assez forte, et qu'alors le ministère succomberait.

» Ollivier a insisté sur la nécessité d'empêcher qu'on en vînt à cette résolution. Outre qu'on ne doit pas, suivant lui, au moment où l'on inaugure de nouveau le régime parlementaire, le porter tout de suite à ses conséquences les plus extrêmes, il y a un motif pour maintenir le *statu quo*, c'est que la Chambre, constituée moralement, ne l'est pas politiquement. Les différentes personnalités qui la composent ne se connaissent point, et aucun rapprochement n'a pu encore se faire entre les groupes. Si l'on renverse le ministère, on ne saura qui mettre à la place ; car la majorité, n'étant point faite, n'a pu marquer ses tendances ou ses sympathies. On ne peut considérer comme des personnalités sérieuses les grotesques ou les nullités qui aspirent aux portefeuilles ministériels. Il faut donc aviser au plus pressé ; avant de songer à faire des ministres, il faut faire la Chambre. Le ministère actuel n'est pas viable ; il manque de force et d'autorité ; il doit tomber ; mais à quoi bon hâter sa chute ? La maison est mauvaise ; elle menace ruine ; provisoirement le toit nous abrite ; provisoirement conservons-la jusqu'à ce que nous puissions en reconstruire une autre.

» L'idée de maintenir le ministère ne paraissait pas sourire à M. J. David ; il revenait sans cesse sur l'irritation qu'avait causée aux membres de la majorité la prorogation indéfinie. Il convenait cependant que la ligne de conduite indiquée par Ollivier était la seule sage et la seule raisonnable. Une déclaration faite

par Ollivier a semblé produire une grande impression sur son esprit ; elle l'a décidé à marcher d'accord avec lui. M. Ollivier a dit que, quant à lui, il établissait dans les 116 deux catégories bien tranchées : il y avait d'une part le quémandeurs de portefeuilles avec qui il était décidé à rompre, et de l'autre des hommes d'un patriotisme sincère avec qui il était disposé à s'allier. Les premiers, disait-il, ne sont pas seulement des ambitieux, ce sont des adversaires ; ils veulent lancer l'Empire dans une voie rétrograde, rapporter les traités de commerce, la loi des coalitions et revenir sur les conséquences de l'expédition d'Italie. Les seconds sont des gens honnêtes qui sont animés d'un grand esprit de libéralisme et d'un profond sentiment de conciliation. Il faut rompre avec les rétrogrades ; il faut les refouler vers la Droite ; c'est là qu'est leur place naturelle. L'ancienne majorité doit former le Centre avec ceux des 116 qui veulent le progrès. « Seulement, ajoutait Ollivier, le moment de la rup-
» ture n'est pas encore venu ; la situation est telle que
» je ne puis rien faire avec les rétrogrades, mais
» qu'aussi je ne puis rien faire sans eux. »

» On a abordé la question pratique. M. J. David a promis de choisir dans l'ancienne majorité un noyau d'hommes avec lesquels il serait facile de s'entendre, tandis que M. Émile Ollivier ferait, de son côté, un pareil choix parmi les 116. Les deux groupes s'aboucheraient, rédigeraient un programme commun, et, peu à peu, grâce à l'esprit de conciliation dont tout le monde était animé, on ne tarderait pas à former une majorité compacte et solide.

» Au cours de l'entretien, Ollivier nous a fait

savoir que, tout récemment, l'Empereur l'avait prié avec instance d'entrer dans une combinaison ministérielle, mais qu'il lui avait fait comprendre qu'il le servirait mieux et plus utilement en restant sur les bancs de la Chambre. Il a rapporté un mot de l'Empereur véritablement touchant : « Je veux des ministres qui » aiment le peuple et qui s'occupent de lui. » Ce mot dit, le lendemain de l'élection de Rochefort, prouve que Napoléon III comprend mieux que ses conseillers la meilleure voie à suivre.

» M. J. David, de son côté, nous a fait connaître que l'Empereur partageait, au sujet de la prorogation, les sentiments d'un grand nombre de députés : « On » m'a fait prendre là, aurait-il dit, une mesure déplo- » rable. »

Le plan tracé dans cet entretien fut suivi de point en point.

Les membres de la majorité se réunirent à l'Hôtel du Louvre, et, à leur tour, invitèrent les 116 à se joindre à eux. Il y eut le lendemain une réunion des 116 dans la salle du Trône, au Corps législatif. 130 membres étaient présents. M. Ollivier proposa de renvoyer après la vérification des pouvoirs l'interpellation à adresser au ministère, tant sur les principes de sa politique que sur les motifs qui l'avaient décidé à retarder la convocation du Corps législatif.

Les « pointus du Centre gauche » repoussèrent cette motion, et constituèrent immédiatement un groupe séparé. L'élimination, que désirait si fort M. Ollivier, s'était donc, en quelque sorte opérée d'elle-même.

Le déchirement ne se produisit pas, du reste, sans

amener de grandes irritations. M. Ollivier en éprouva les effets immédiats ; il avait été nommé président du deuxième bureau dont il faisait partie. C'était la première fois qu'une pareille bonne fortune lui arrivait. Ignorant des usages et des précédents, il avait cru devoir adresser à ses collègues, en guise de remerciements, une courte allocution, dans laquelle il manifestait un vif regret d'avoir vu la fraction dissidente des 116 s'éloigner de lui et de ses amis. « J'en
» éprouve, avait-il dit, une peine extrême ; nous
» sommes débordés par les partis révolutionnaires ; il
» faut se grouper autour de la dynastie, afin de sau-
» ver l'Empire et la liberté. » M. Martel, qui faisait partie du groupe dissident, s'était écrié : « Nous vou-
» lons tout autant que vous éviter au pays une révo-
» lution et maintenir l'Empire ; mais nous croyons
» que le plus sûr moyen d'y parvenir est de dévelop-
» per largement la liberté. »

Il n'y avait qu'un moyen de sortir de cet éparpillement, c'était de consigner dans des programmes séparés, les vues communes aux deux groupes. C'est ce qui eut lieu. Quand ce travail fut fait, on s'aperçut que les 127 et les 32, comme on disait alors, n'étaient séparés que par des nuances, et que leur réunion suffirait pour former un groupe compact, capable de résister à toute tentative de réaction ou de renversement. La majorité se trouvait constituée. Les jours du ministère du 17 juillet étaient dès lors comptés. Il y avait lieu de faire appel à des hommes nouveaux.

Quand on vit M. Forcade de La Roquette adresser une circulaire aux électeurs de Lot-et-Garonne pour solliciter un siège de député, on comprit tout de suite que le centre d'action du gouvernement était changé. C'était des Chambres qu'allaient partir désormais l'initiative et le mouvement. La lettre de l'Empereur à M. Ollivier, pour l'inviter à former un cabinet « d'hommes résolus à appliquer dans sa lettre comme dans son esprit le sénatus-consulte du 8 septembre », était une sorte de consécration du nouvel état de choses. Napoléon III avait enfin compris qu'il devait se soumettre aux progrès dont il avait été le premier initiateur. Le gouvernement personnel avait pris fin; on entrait à pleines voiles dans le régime constitutionnel.

Quoique M. Ollivier se fut préparé depuis deux mois à la formation du nouveau ministère, il rencontra au dernier moment des résistances auxquelles il ne s'était pas attendu. Elles venaient toutes de personnalités secondaires, qui mettaient leur concours à un prix d'autant plus haut qu'il était plus facile de se passer d'elles. La préoccupation de M. Ollivier était de donner, dans une certaine mesure, satisfaction à ce petit groupe des 32, qui s'était placé entre la gauche et la nouvelle majorité, et qui pouvait à un moment être une cause d'embarras. Mais, enfin, après une semaine de tiraillements, le ministère put être constitué; il était, en grande partie, formé des éléments que M. Ollivier avait désignés à l'Empereur dans la première quinzaine de novembre. Le 3 janvier, le *Journal officiel* enregistrait la liste des membres du nouveau cabinet.

Ce ministère a pris, dans l'histoire, le titre de *Ministère du 2 janvier*.

Je m'étais rendu le 3 janvier au Palais-Royal dans le but de rendre mes devoirs au prince Napoléon, que je n'avais pas vu depuis longtemps. Il y avait affluence, et je fus forcé de rester une grande partie de l'après-midi dans le salon d'attente. Je n'eus pas à me plaindre du contre-temps; car je pus me rendre compte des opinions d'un grand nombre de personnes appartenant au monde officiel.

Je donne ici textuellement les notes inscrites dans mes carnets.

« Ce sont d'abord les Corses, les deux frères Abbatucci et Gavini qui voient dans le ministère une pure combinaison orléaniste : « Il n'y manque, dit Charles
» Abbatucci, que le duc d'Aumale à la guerre et Join-
» ville à la marine. »

« Puis Ollivier et Maurice Richard font irruption dans le salon. Ollivier me dit : « L'opinion ne peut
» manquer d'applaudir au ministère nouveau. » Maurice Richard est moins communicatif ; il est un peu honteux de n'avoir que la moitié d'un ministère. Ils entrent dans le cabinet du prince où ils restent une demi-heure. On s'agite beaucoup; on a l'air de préparer des listes.

» Vers trois heures, paraissent M. de Persigny et M. Bataille. On les introduit immédiatement. Ils restent avec le prince vingt ou vingt-cinq minutes. Quand ils sortent, ils ont le visage allumé. Nous les abordons. Ils n'ont que des paroles de colère à la bouche :
« On ne comprend pas, dit M. de Persigny, comment
» M. Ollivier a pu se laisser jouer à ce point. Il est
» isolé dans le cabinet. Il s'est relégué de lui-même
» dans un ministère où il n'aura pas d'influence. Il a
» donné toutes les hautes positions à ses adversaires.
» Littéralement il est étranglé. M. Chevandier de

» Valdrôme n'est pas avec lui ; sous une apparence
» d'homme du Centre droit, il fait en réalité les af-
» faires du centre gauche. L'Empereur a montré là
» une grande faiblesse ; il pouvait, sans porter atteinte
» à la saine tradition parlementaire, refuser un cabinet
» qui n'est après tout que l'expression d'une minorité
» dans la Chambre. On ne peut pas dire que tous ces
» gens-là sont décidés à trahir ; mais, par leur édu-
» cation, par leurs liaisons, par leur tempérament, ils
» seront amenés à rapetisser l'Empire à la dimension
» d'une simple monarchie bourgeoise taillée sur le
» patron de celle de Louis-Philippe. Quand on en sera
» venu là, l'Empereur sera de trop, et il suffira d'une
» simple chiquenaude pour le faire tomber. M. Olli-
» vier est un homme de bonne foi ; mais dans cette
» circonstance, il a manqué de perspicacité. »

» On parlait beaucoup, dans le salon, d'un article du *Peuple français*, auquel on attribuait, à tort sans doute, une auguste origine. L'auteur de cet article se montrait absolument opposé à une combinaison Centre gauche. On regrettait que cet article eût été publié si tard.

« Prenez la haute main, ai-je dit à Ollivier, pen-
» dant les quelques minutes qu'il m'a été donné de
» l'entrevoir. — Sans doute, m'a-t-il répondu ; mais il
» faut que je le fasse sans le dire. »

Ces paroles résumaient en quelque sorte les grosses difficultés contre lesquelles M. Ollivier allait prochainement se débattre. Il y avait dans le ministère du 2 janvier deux tendances opposées ; l'une, représentée par Ollivier, voulait conserver à l'Empereur dans le gouvernement une large part d'influence ; l'autre, représentée par MM. Daru et Buffet, tendait à faire de l'Empire libéral une pure monarchie constitutionnelle. Le Plébiscite du 8 mai mit en lumière le mal qui travaillait sourdement le cabinet; mais il eut pour résultat de rétablir les choses dans leur état normal. Il a fallu une série de circonstances fatales pour faire avorter le mouvement libéral qui avait commencé le 24 novembre et qui avait achevé sa complète évolution.

FIN

TABLE

		PAGES
Préface.		V
I.	L'élection des Cinq.	1
II.	La loi de sûreté générale.	49
III.	Les décrets du 24 novembre 1860.	87
IV.	Les réformes de M. Fould	123
V.	Les élections de 1863	157
VI.	La scission de la Gauche.	195
VII.	La lettre du 19 janvier 1867.	225
VIII.	La résistance aux réformes.	283
IX.	La manifestation Baudin.	323
X.	L'interpellation des 116.	353
XI.	Le ministère du 2 janvier 1870.	397

www.ingramcontent.com/pod-product-compliance
Lightning Source LLC
Chambersburg PA
CBHW050916230426
43666CB00010B/2192